苏州市人大常委会党组2023年度重点课题研究成果

城乡融合

高水平共同富裕的苏州实践

苏仁　侯爱敏　尚正永　柳玉梅　著

图书在版编目（CIP）数据

城乡融合：高水平共同富裕的苏州实践 / 苏仁等著.
苏州：苏州大学出版社，2024.6. -- ISBN 978-7-5672-
4844-1

Ⅰ. F299.275.33
中国国家版本馆 CIP 数据核字第 2024NP1243 号

书　　名：城乡融合：高水平共同富裕的苏州实践

CHENGXIANG RONGHE: GAOSHUIPING GONGTONG FUYU DE SUZHOU SHIJIAN

著　者：苏　仁　侯爱敏　尚正永　柳玉梅
责任编辑：冯　云　严瑶婷
装帧设计：吴　钰
出版发行：苏州大学出版社（Soochow University Press）
社　　址：苏州市十梓街1号　邮编：215006
印　　刷：苏州市深广印刷有限公司
邮购热线：0512-67480030
销售热线：0512-67481020
开　　本：718 mm ×1 000 mm　1/16　印张：21.25　字数：356 千
版　　次：2024 年 6 月第 1 版
印　　次：2024 年 6 月第 1 次印刷
书　　号：ISBN 978-7-5672-4844-1
定　　价：88.00 元

图书若有印装错误，本社负责调换
苏州大学出版社营销部　电话：0512-67481020
苏州大学出版社网址　http://www.sudapress.com
苏州大学出版社邮箱　sdcbs@suda.edu.cn

序

中央经济工作会议明确提出，要"统筹新型城镇化和乡村全面振兴""形成城乡融合发展新格局"。这为在全面建设社会主义现代化国家新征程中构建新型城乡关系指明了战略方向和实践路径。党的二十大提出，到 2035 年，基本公共服务实现均等化，农村基本具备现代生活条件，社会保持长期稳定，人的全面发展、全体人民共同富裕取得更为明显的实质性进展。共同富裕作为一项系统工程，需要立足城市与乡村的协调发展，需要城乡互为助力。以城乡融合推动共同富裕，对于推动我国城乡社会经济高质量发展和增进城乡居民民生福祉具有重要意义。

苏州自古繁华，优越的自然地理和气候条件、发达的水系网络与肥沃的土地交织在一起，素有"天下粮仓"之美誉，这为苏州的发展奠定了一定的物质基础。改革开放以来，苏州总结出了颇具"苏州符号"的实践典范，即"三大法宝"——"张家港精神""昆山之路""园区经验"，走出了一条令世人惊艳的地级市发展之路。而经济社会发展到一定阶段，必须打破城乡二元结构，实现城乡融合发展。新时代苏州城镇化率不断提高，城镇建设用地规模快速增长，农村居民点大量撤并，城乡人口流动逐渐趋于稳定，城乡融合发展水平持续提高。可以说，城乡融合发展已成为苏州在新时代科学发展的一大鲜明特色。

本书以苏州为研究对象，系苏州市人大常委会党组 2023 年度重点课题"城乡融合：高水平共同富裕的苏州实践"的研究成果，由苏州市人大常委会研究室与苏州科技大学成立联合课题组，通过召开座谈会、开展实地调研等多种形式，深入苏州农村内部，收集了诸多经典案例并加以总结，辅以丰富的图表资料，从苏州经验中探索城乡融合推动高水平共同富裕的基础、动力等，聚焦城乡要素流动、农村集体经济引领、灵活分权改革、小城镇作用发挥、现代数字赋能等多个方面，总结苏州高水平共同富裕的"成功秘诀"，具备较强的理论价值和实践价值。

本书分为以下十五章：

第一章是从整体上对城乡融合与共同富裕的概念、关系进行了概述，并阐释了城乡融合推动共同富裕的条件、路径、机理；第二章由古至今，细致梳理了苏州城乡关系的演化历程，分析了苏州城乡融合发展的地域基础、目标与底线、动力机制和运行机制；第三章总结了苏州城乡融合推动共同富裕的新进展；第四章从转变经济发展方式、扩大内需、促进区域生态环境优化三个方面，展现了苏州城乡融合推动共同富裕的深远影响。

第五章至第十三章，分析了苏州以城乡融合推动共同富裕的九个重要举措：第五章全面总结了苏州通过推动城乡要素流动、资源优化配置激发共同富裕潜力的经验；第六章分析了苏州农村集体经济中的"共富基因"、主要发展模式、主要特点，得出农村集体经济是锻造共同富裕的调节器的结论，总结出苏州农村集体经济发展方式的转型经验；第七章通过研究农民+群众性自治组织、企业+村级集体经济组织、政府三类权力主体的参与机制与权力配置，揭示了苏州灵活分权改革对增强共同富裕内生力的巨大作用；第八章阐述了农业"六化"、"四个百万亩"工程和"三高一美"的实践经验及其对筑牢共同富裕根基的作用；第九章、第十章全面总结了苏州推动城乡公共服务均衡发展和基础设施城乡一体化建设的实践经验，并分析了其对共同富裕的意义；第十一章从个体、群体、区域角度切入，探讨了苏州如何以底线思维助力补齐共同富裕的短板；第十二章总结了小城镇战略推动共同富裕的苏州特色；第十三章阐述了苏州数字乡村和智慧农业改革探索实现城乡融合与共同富裕的路径。

第十四章、第十五章深入分析了苏州城乡高质量融合发展的形势、环境和新使命，提出了未来苏州城乡融合发展的目标与任务。

由于笔者水平有限，在典型案例的选取和呈现上，本书可能还存在诸多不尽如人意的地方，敬请各位专家学者、领导同志、广大读者批评指正。

著　者

2024 年 6 月

Contents 目录

第一章 城乡融合与共同富裕概述

一、城乡融合与共同富裕的概念及其研究 / 002

二、城乡融合与共同富裕的关系 / 006

三、城乡融合推动共同富裕的条件 / 009

四、城乡融合推动共同富裕的路径 / 011

五、城乡融合推动共同富裕的机理 / 014

六、启示与思考 / 016

第二章 苏州城乡融合的地域特色

一、苏州城乡关系的演化历程 / 017

二、苏州城乡融合的地域基础 / 024

三、苏州城乡融合的目标与底线 / 027

四、苏州城乡融合的动力机制 / 030

五、苏州城乡融合的运行机制 / 035

六、启示与思考 / 054

第三章 苏州城乡融合的新进展

一、城乡要素市场化配置的体制机制持续健全 / 055

二、城乡基本公共服务均衡发展 / 058

三、城乡人居环境和乡村治理能力持续提升 / 061

四、乡村经济繁荣发展 / 065

五、农民收入水平稳定提升 / 069

六、启示与思考 / 071

第四章 苏州城乡融合推动共同富裕的深远影响

一、城乡融合推动经济发展方式转变 / 072

二、城乡融合高效助推内需扩大 / 079

三、城乡融合有效促进区域生态环境优化 / 085

四、启示与思考 / 091

第五章 要素流动激发共同富裕新潜力

一、苏州城乡要素流动与资源配置的三大发展阶段 / 094

二、苏州乡村内部要素流动与资源优化配置改革 / 096

三、苏州乡村内部资源配置范围的扩大与突破路径 / 110

四、苏州统筹城乡要素流动与资源优化配置改革 / 116

五、苏州城乡要素流动的共富效应 / 125

六、启示与思考 / 129

第六章 农村集体经济锻造共同富裕产业链

一、苏州农村集体经济中的"共富基因" / 131

二、苏州农村集体经济的主要发展模式 / 133

三、苏州农村集体经济的主要特点 / 146

四、苏州高水平共同富裕的重要调节器——农村集体经济 / 149

五、苏州农村集体经济发展方式的转型经验 / 157

六、启示与思考 / 166

第七章 灵活分权增强共同富裕内生力

一、苏州城乡融合中的三类权力主体 / 167

二、市场取向与进取型政府的有效干预 / 178

三、纵向弹性分权充分释放基层创新力 / 180

四、启示与思考 / 188

第八章 强农兴农筑牢共同富裕根基

一、苏州农业发展阶段 / 190

二、苏州农业"六化"特征 / 197

三、"四个百万亩"工程保障农业可持续发展 / 199

四、"三高一美"守住共同富裕底线 / 202

五、启示与思考 / 206

第九章 服务发展托起共同富裕平台

一、苏州城乡公共服务均衡发展基本经验 / 207

二、苏州城乡义务教育服务均衡发展特色经验 / 211

三、苏州城乡公共文化服务均衡发展特色经验 / 221

四、启示与思考 / 229

第十章 基建互联构建共同富裕通道

一、苏州基础设施城乡一体化建设取得的成就 / 230

二、苏州基础设施城乡一体化建设经验 / 232

三、启示与思考 / 235

第十一章 底线思维补齐共同富裕短板

一、瞄准个体参与共富的短板，推动"三大保障"并轨 / 237

二、瞄准群体参与共富的短板，开展薄弱村帮扶 / 240

三、瞄准区域实现共富的短板，实施生态补偿 / 247

四、启示与思考 / 254

第十二章　小镇大业成就共同富裕特色

一、苏州小城镇的发展历程 / 255

二、城乡一体化阶段苏州小城镇发展特征 / 257

三、小城镇在苏州城乡融合发展中的地位与作用 / 262

四、小城镇功能提升的路径 / 271

五、苏州顺应小城镇功能升级需求的体制机制创新 / 275

六、启示与思考 / 279

第十三章　数字赋能探索共同富裕新路径

一、苏州乡村数字赋能情况概述 / 281

二、苏州数字赋能推动城乡融合的路径 / 283

三、苏州数字赋能城乡融合的共同富裕效应 / 288

四、启示与思考 / 297

第十四章　新时代苏州城乡高质量融合发展的形势、环境和新使命

一、新时代苏州城乡高质量融合发展形势 / 298

二、新时代苏州城乡高质量融合发展环境 / 300

三、新时代苏州城乡高质量融合发展新使命 / 302

第十五章　未来苏州城乡融合发展的目标与任务

一、未来苏州城乡融合发展的指导思想 / 307

二、未来苏州城乡融合发展的基本原则 / 308

三、未来苏州城乡融合发展的主要目标 / 309

四、未来苏州城乡融合发展的重点任务 / 310

参考文献 / 321

第一章

城乡融合与共同富裕概述

全面建设社会主义现代化国家，扎实推进共同富裕，最艰巨最繁重的任务仍然在农村，必须逐步缩小城乡差距。[1]

——习近平

党的十九大明确提出，要"建立健全城乡融合发展体制机制和政策体系"，"到本世纪中叶，城乡融合发展体制机制成熟定型。城乡全面融合，乡村全面振兴，全体人民共同富裕基本实现"。[2] 习近平总书记强调，"我国发展不平衡不充分问题仍然突出，城乡区域发展和收入分配差距较大，各地区推动共同富裕的基础和条件不尽相同。促进全体人民共同富裕是一项长期艰巨的任务"[3]。共同富裕作为系统工程，需要立足城市与乡村的协调发展，需要城乡在"你中有我，我中有你"的互为助力中予以实现。然而，在全面推进共同富裕实践进程中，乡村发展滞后成为制约共同富裕实现的最大短板。乡村长期落后于城市的发展格局不仅阻碍中国现代化的进程，而且对共同富裕目标的实现构成严峻挑战。化解城乡发展失衡的关键

---

[1] 习近平听取陕西省委和省政府工作汇报［EB/OL］.（2023-05-17）［2024-04-17］. http://www.gov.cn/yaowen/liebiao/202305/content_6874465.htm.

[2] 中共中央 国务院关于建立健全城乡融合发展体制机制和政策体系的意见［EB/OL］.（2019-05-05）［2024-04-17］.http://www.gov.cn/zhengce/2019-05-05/content_5388880.htm.

[3] 中共中央 国务院关于支持浙江高质量发展建设共同富裕示范区的意见［EB/OL］.（2021-06-10）［2024-04-17］.https://www.gov.cn/zhengce/2021-06/10/content_5616833.htm.

在于城乡融合发展,促进土地、资本、管理、信息、人才与技术等资源要素在城乡之间双向流动,推动建设城乡统一市场。因此,以城乡融合推动共同富裕,对于推动我国城乡社会经济高质量发展和增进城乡居民民生福祉具有重要意义。

一、城乡融合与共同富裕的概念及其研究

(一)城乡融合的概念及其研究

1. 城乡融合的概念

城乡融合是把城市和乡村作为一个整体进行统筹规划和整体推进,通过城乡空间优化与相关制度建设,推动城乡社会、经济、生态环境全面融合,实现城乡多维度均衡发展。城乡融合强调城乡互动发展与共同发展,通过推动城乡要素自由流动与平等交换,实现城乡发展要素回报趋同,形成工农互促、城乡互补、全面融合、共同繁荣的新型城乡关系。城乡融合既不是消除城乡界限以实现乡村城镇化,也不是城乡功能、景观同化,或是城乡发展均质化,而是实现城乡等值化与空间均衡化发展。因此,城乡融合就是要彻底打破传统的城乡二元结构,形成城市与乡村竞相繁荣兴旺的格局。

2. 城乡融合的研究

城市与乡村是一个有机体,二者只有可持续发展,才能相互支撑。依据人地关系地域系统学说,城乡融合系统是认识和理解城乡关系的理论依据。城乡融合系统是由乡村地域系统和城镇地域系统相互渗透、相互交错、相互融合而形成的空间连续系统,按城乡分异形态和格局可分为地域、市域、县域"三域"层次。城乡融合系统从本质上讲是在一定区域内包含城市与乡村两种子结构的人地关系地域系统。城市和乡村作为连接区际关系的空间系统,在空间上划定了系统的地域范围。

城乡融合的思想最早由恩格斯提出,他认为城乡融合是城乡关系发展的最后阶段。例如,在霍华德的田园城市理论、沙里宁的有机疏散理论中

都蕴含着城市和乡村融合发展的思想。又如，城乡融合理论、区域网络模型理论、城乡连续体理论和城乡动力学理论等城乡关系理论都涉及城乡融合的问题。国内城乡融合的研究始见于20世纪80年代初期，部分学者认为城乡融合是城乡关系发展的一个阶段，城乡融合具有城乡功能互补、差距缩小、生活方式趋同、城乡职能兼有等特点，既是和谐社会建设的根基，也是社会主义新农村建设的理论基石。学者们构建了城市空间融合的理论框架，并进行了实证研究，分析了从城乡分割到城乡融合的发展道路，提出了城乡融合型城镇化战略和城乡融合的五种模式。刘彦随对国内外乡村振兴问题进行了研究，提出了城乡融合系统概念，分析了中国新时代城乡融合与乡村振兴研究的重点内容与前沿领域。[1] 何仁伟分析了城乡融合与乡村振兴的科学内涵，并进行了理论探讨与机理阐释。[2] 陈坤秋、龙花楼构建了城乡融合发展的概念框架，其相关理论研究有助于加强对城乡融合科学内涵的理解。[3] 陈丹、张越分析了乡村振兴战略下城乡融合的逻辑、关键与路径。[4] 郭磊磊、郭剑雄对中国西部地区城乡融合的分化进行了分析。[5] 段锴丰等对城乡融合系统进行了理论探讨与实证研究。[6]

（二）共同富裕的概念及其研究

1. 共同富裕的概念

共同富裕是全体人民共同富裕，是人民群众物质生活和精神生活都富裕，不是少数人的富裕，也不是整齐划一的平均主义。共同富裕是社会主

---

[1] 刘彦随. 中国新时代城乡融合与乡村振兴 [J]. 地理学报, 2018, 73 (4): 637-650.

[2] 何仁伟. 城乡融合与乡村振兴: 理论探讨、机理阐释与实现路径 [J]. 地理研究, 2018, 37 (11): 2127-2140.

[3] 陈坤秋, 龙花楼. 中国土地市场对城乡融合发展的影响 [J]. 自然资源学报, 2019, 34 (2): 221-235.

[4] 陈丹, 张越. 乡村振兴战略下城乡融合的逻辑、关键与路径 [J]. 宏观经济管理, 2019 (1): 57-64.

[5] 郭磊磊, 郭剑雄. 城乡融合: 中国西部地区的分化 [J]. 西安财经学院学报, 2019, 32 (1): 62-68.

[6] 段锴丰, 施建刚, 吴光东, 等. 城乡融合系统: 理论阐释、结构解析及运行机制分析 [J]. 人文地理, 2023, 38 (3): 1-10.

义的本质要求,是中国式现代化的重要特征。改革开放40多年来,中国经济长期保持高速增长,奠定了全体人民共同富裕的物质基础。党的十九大报告指出:中国社会的主要矛盾已经转化为人民日益增长的美好生活需要和不平衡不充分的发展之间的矛盾。这要求新时代经济社会工作重点应转变为逐步解决各种不平衡不充分发展的问题。党的二十大进一步明确指出:中国式现代化的本质要求之一是实现全体人民共同富裕,强调中国式现代化是全体人民共同富裕的现代化。可见,共同富裕是社会主义的本质要求,是中国式现代化的重要特征,也是人民群众的共同期盼。在脱贫攻坚取得伟大胜利后,中国已全面建成小康社会,并在此基础上开启全面建设社会主义现代化国家新征程,进入推动全体人民共同富裕的新阶段。

2. 共同富裕的研究

学界对共同富裕的研究主要从内涵的诠释、程度的评价、路径的实现等方面展开。郁建兴、任杰认为,发展性、共享性、可持续性是实现共同富裕的关键因素,发展性是前提,共享性是核心,可持续性是稳定剂。[1] 李军鹏认为,共同富裕既是物质富裕与精神富裕的统一,也是生活富裕、生态优美、社会和谐、公共服务体系完善的融合。[2] 杨宜勇、王明姬认为,共同和富裕是两个层面,共同由富裕差异性和富裕共享性衡量;富裕由物质生活富裕、精神生活富裕和生活环境宜居构成。[3] 王虎学、王薪岩从政治要求、时代特征、人民情怀和发展路径四个维度对共同富裕的含义与特征进行了论述。[4] 刘培林、钱滔、黄先海等提出了共同富裕的测度和评价问题,要求对总体富裕程度、发展成果共享状况、共同富裕实现过程和程度等进行衡量,引导缩小差距,但不搞平均主义。[5] 学界对于

---

[1] 郁建兴,任杰. 共同富裕的理论内涵与政策议程[J]. 政治学研究,2021(3):13-25,159-160.
[2] 李军鹏. 共同富裕:概念辨析、百年探索与现代化目标[J]. 改革,2021(10):12-21.
[3] 杨宜勇,王明姬. 共同富裕:演进历程、阶段目标与评价体系[J]. 江海学刊,2021(5):84-89.
[4] 王虎学,王薪岩. 新时代"共同富裕论"的四维透视[J]. 河北学刊,2023,43(2):1-8.
[5] 刘培林,钱滔,黄先海,等. 共同富裕的内涵、实现路径与测度方法[J]. 管理世界,2021,37(8):117-129.

共同富裕的所有制基础，以及共同富裕中三种分配方式进行了讨论，并强化了对共同富裕这一中国式现代化特征的阐释。一般而言，共同富裕的现实难点则集中于发展不平衡不充分、乡村公共服务效率低下及居民收入差距较大等方面，应当从健全高质量发展体制机制、加快收入分配制度改革及加强民生福祉制度体系建设等方面予以推进。蒋永穆、谢强认为，要从稳定脱贫、多渠道就业、高质量教育、平等分配、健康中国等方面扎实推进共同富裕。[1] 魏后凯认为，实现共同富裕的关键在于缩小城乡差距。[2] 吴卫星则强调推动金融改革和创新有助于共同富裕的实现。[3]

（三）城乡融合与共同富裕的关系研究

党的二十大报告明确提出"共同富裕是中国特色社会主义的本质要求"[4]，实现共同富裕首先要解决城乡发展不均衡、收入差距两极分化的问题。城乡融合与共同富裕在目标指向、过程实施上都具有契合性，引起了众多学者的关注。国外学者认为城乡融合是城乡关系发展的必然结果，城市和乡村都有双向融合的趋势，现代化发展需要城市的支持与乡村的振兴，彼此是发展共同体。国内部分学者关注城乡融合与共同富裕的关系机理，提出通过促进城乡资源要素融合、经济形态互利共生、物质文明和精神文明协调发展，缩小城乡差距，重塑城乡关系，有助于乡村的振兴与共同富裕的实现。研究者认识到，实现共同富裕需要缩小城乡居民收入差距，推动城乡融合发展；同时，城乡融合与共同富裕要立足乡村振兴战略与新型城镇化战略有机协同，巩固和拓展脱贫攻坚成果，实现以城带乡。也有学者从公共服务一体化、乡村振兴、农民主体性等角度提出促进城乡融合、实现共同富裕的优化策略，认为要以改善收入分配体系与产业集群

---

［1］蒋永穆，谢强. 扎实推动共同富裕：逻辑理路与实现路径［J］. 经济纵横，2021（4）：15-24.

［2］魏后凯. 实现共同富裕需显著缩小城乡差距［J］. 财贸经济，2021，42（8）：9-12.

［3］吴卫星. 推进金融改革创新　助力实现共同富裕［J］. 财贸经济，2021，42（8）：16-19.

［4］习近平. 高举中国特色社会主义伟大旗帜　为全面建设社会主义现代化国家而团结奋斗：在中国共产党第二十次全国代表大会上的报告［EB/OL］.（2022-10-25）［2024-04-17］. https://www.gov.cn/xinwen/2022-10/25/content_5721685.htm.

为核心,促进城乡经济融合、教育公平等,以县域为重点,促进中等收入群体的提质扩容,推动城乡公共服务融合;优化政府干预机制,引导城乡生产要素合理流动,解决要素循环受阻、要素投入不足问题,提高市场资源配置效率,克服市场资源配置局限,推动城乡区域协调发展,摒弃那种偏向于城市优先发展的战略思维;给农民更多自主权,以强化农民发展权来补齐乡村经济社会发展短板。要完善国土空间规划与管制体系,加快城乡三大产业融合发展,培育多元生产主体,构建多层级治理网络,打破城乡生产设施结构失衡及民生保障非共享的限制,促进空间、制度与资源的融合。

　　总体而言,相关研究已经关注到城乡融合发展与实现共同富裕的关联性,但仍有可拓展之处:一是城乡融合发展与实现共同富裕的耦合性关联仍有待系统论证,城乡融合发展在何种领域和以何种方式实现共同富裕仍需深入阐释;二是对城乡融合发展、实现共同富裕的难点和路径进行全面审视。共同富裕是涉及全体人民全面发展和共建共享的大课题,如何从多维度认识城乡融合发展和突破共同富裕的困境,并提出合理的路径仍有待进一步研究。鉴于此,为回应全面适应新发展阶段扎实推进共同富裕的时代要求,学界仍要深入解析城乡融合发展和实现共同富裕的内在机理,系统把握城乡融合发展推动共同富裕的有效路径,从而为共同富裕取得更为明显的实质性进展提供有益的理论支撑和实践启示。

二、城乡融合与共同富裕的关系

　　城乡融合与共同富裕具有紧密的内在逻辑关系,体现为理论基础的统一性、现实基础的统一性和阶段时序的统一性。

(一)理论基础的统一性

　　马克思和恩格斯认为,城乡关系需要经历从城乡无差别的统一到城乡分离,再到城乡融合的过程。消除城乡差别有着许多物质前提,要消除旧的分工,将农业和工业结合起来,形成按照统一的计划协调配置生产力的社会。马克思和恩格斯所设想的共同富裕状态也需要城乡融合的直接作用，即"通过消除旧的分工，通过产业教育、变换工种、所有人共同享受大家创造出来的福利，通过城乡的融合，使社会全体成员的才能得到全面发展"[1]。

马克思主义城乡关系理论和共同富裕理论具有鲜明的统一性：一是在理论目标上都指向实现人的全面发展；二是在实现路径上都强调从根本上消除旧式生产关系，改变生产方式，大力发展生产力，实现所有人的富裕。中国共产党历代领导人对马克思主义城乡关系理论和共同富裕理论都有创造性阐发，如毛泽东提出要逐步破除工业与农业发展不协调的状况，使农民过上共同富裕和普遍繁荣的生活；邓小平则提出了农村和城市相互促进的基本思想……此后，我国城乡关系理论谱系相继经历了从城乡统筹到城乡一体化，再到城乡融合发展的演变，城乡融合与共同富裕也日益紧密结合。随着中国特色社会主义进入新时代，习近平总书记多次强调重塑城乡关系，要走城乡融合发展之路，"全体人民共同富裕是一个总体概念，是对全社会而言的，不要分成城市一块、农村一块"[2]。实现共同富裕，"要自觉主动解决地区差距、城乡差距、收入差距等问题"[3]。可见，马克思主义城乡关系理论和共同富裕理论的有机统一及其在新时代的创造性转化，奠定了城乡融合发展与共同富裕协同推进的思想基础。

（二）现实基础的统一性

解决新时代社会主要矛盾是城乡融合与共同富裕相互统一的现实基础，而高质量经济发展与中国特色社会主义制度保障是二者相互统一的现实条件。

---

[1] 中共中央马克思恩格斯列宁斯大林著作编译局. 马克思恩格斯选集：第一卷[M]. 北京：人民出版社，2012：308-309.

[2] 汪晓东，李翔，王洲. 关系我国发展全局的一场深刻变革：习近平总书记关于完整准确全面贯彻新发展理念重要论述综述[N/OL]. 人民日报，2021-12-08 [2024-04-18]. http://paper.people.com.cn/rmrb/html/2021-12/08/nw.p110000renmrb_20211208_3-01.htm.

[3] 高培勇. 认识把握共同富裕的科学内涵[N/OL]. 人民日报，2022-05-21 [2024-04-18]. http://paper.people.com.cn/rmrb/html/2022-05/21/nw.p110000renmrb_20220521_5-06.htm.

1. 解决新时代社会主要矛盾为城乡融合与共同富裕设定了统一的现实目标

新时代社会主要矛盾已经转化为人民日益增长的美好生活需要和不平衡不充分的发展之间的矛盾，其中最大的不平衡不充分仍是城乡发展的不平衡不充分。城乡融合反映出多层次、多领域、全方位的融合，是满足人民高品质生活需要的重要路径。共同富裕强调的是美好生活朝富裕方向发展的同时，还要消除发展不平衡不充分的环节和因素，重视人民群众对美好生活的共享程度。因此，有效回应和解决新时代社会主要矛盾为城乡融合和共同富裕设定了统一的现实目标。

2. 高质量经济发展为城乡融合与共同富裕创造了物质基础

我国经济发展方式日益转向高质量经济发展，高质量经济发展通过建立高标准市场经济体制，打通了城乡经济内循环，为城乡要素双向流动和城乡统一市场建设提供了现实动力，有助于提高城乡居民生活水平。而共同富裕的实现既需要通过高质量经济发展持续积累物质财富，使共同富裕具备高度发达的生产力基础；又需要通过高质量经济发展不断满足全体人民美好生活需要，增加全体人民占有财富的数量，夯实物质基础。因此，高质量经济发展为城乡融合与共同富裕创造了物质基础。

3. 中国特色社会主义制度优势为城乡融合与共同富裕提供了制度保障

中国特色社会主义制度具有既利用资本又规制资本的制度特征。在城乡融合发展中，表现为注重有序引导资本下乡，坚持农村土地集体所有制不动摇，避免城市资本对乡村的"建设性破坏"。在实现共同富裕的过程中，确立了坚持以公有制为主体不动摇的制度基础，保证了社会主义财富生产和流向的人民性。中国特色社会主义制度为城乡融合与共同富裕提供了根本保障，使城乡融合与共同富裕始终坚定正确的政治方向和人民立场。

（三）阶段时序的统一性

城乡融合与共同富裕都是动态概念，二者都具有渐进性，在阶段运行过程中保持了相对统一性。根据国家对城乡融合发展的周期部署，到 2035 年，城乡融合发展体制机制更加完善；到 21 世纪中叶，城乡融合发展体制机制成熟定型。而共同富裕同样也设定在 2035 年取得明显的实质性进展及 21 世纪中叶基本实现的目标。阶段时序的统一性为城乡融合发展与共同富裕的同步推进提供了方向指引。

1. **实质性进展阶段**

当前，我国城镇化步入稳定推进阶段，而农村正处于脱贫攻坚与乡村振兴有效衔接的过渡期，全面推进乡村振兴尚处于起步阶段，城乡融合发展正处于体制机制建设时期。根据国家战略部署，到 2035 年我国城乡融合发展体制机制更加完善，这意味着城乡要素流动机制和城乡基本公共服务体系等一系列制度将全面发挥作用。届时，我国城镇化将达到发达国家城镇化历史同期水平，城镇化将进入成熟发展阶段。同时，乡村振兴也进入农业农村现代化基本实现阶段，城乡融合因此具备了坚实支撑，城乡居民生活差距将明显缩小，这同样迎合了 2035 年"共同富裕取得更为明显的实质性进展，基本公共服务实现均等化"的目标。

2. **基本实现阶段**

从 2035 年到 21 世纪中叶，我国城乡融合发展体制机制成熟定型，其中乡村全面振兴，城乡全面融合，城乡居民生活差距将缩小到合理区间，全体人民共同富裕基本实现。总之，城乡融合与共同富裕被纳入全面建设社会主义现代化国家的整体进程之中。一方面，要在城乡融合发展体制机制的持续完善中同步推进共同富裕，保证每一节点的城乡融合与共同富裕目标能够得到顺利实现；另一方面，也要充分认识到城乡融合与共同富裕实现的艰巨性和长期性，量力而行，逐步推进城乡融合和共同富裕实现。

三、城乡融合推动共同富裕的条件

城乡融合中空间融合、资源融合与制度融合对于实现共同富裕具有重要的型构作用，三者相互作用，共同推动共同富裕的实践进程。同时，推动共同富裕需要依靠空间融合、资源融合与制度融合来解决城乡关系结构性失衡的问题,利用空间重构、资源重整与制度重建来激活城乡社会的内在驱动力。(图 1-1)

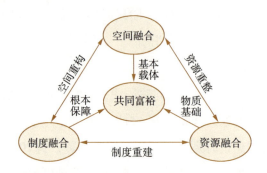

图 1-1 空间融合、资源融合与制度融合共同推动共同富裕的结构图

(一)空间融合是共同富裕实现的基本载体

空间融合不仅可以优化城乡空间结构与空间功能,还可以促使城乡社会形成功能互补与互惠共生的发展格局。城市与乡村空间资源的异质性可以转化为比较优势,以城乡生产、生活与生态的融合发展引领共同富裕。一方面,城市空间作为教育、医疗与科技等资源要素聚集的新型空间载体,能够为乡村提供生产与生活所需的多元化服务;另一方面,乡村空间拥有森林、农田、山川与湖泊等资源要素,不仅为农业生产与农民生活提供生产与生活资料,而且通过发展创意休闲农业与生态康养产业等新业态促进城乡产业融合、生态融合与功能融合。城乡资源、人口与资本的循环互动使得城市与乡村以"城市发展生态化"与"乡村空间综合化"相耦合,统筹协调生产、生活与生态三者之间的关系,扎实推动共同富裕。

(二)资源融合是共同富裕实现的物质基础

城市凭借自身拥有的资本、信息、技术和人才等资源优势,能够对周边乡村产生辐射和带动作用,资本、信息、技术和人才等资源的下乡回流能够补齐农业农村现代化发展中"人—地—资金—技术—政策"的需求短板,以城乡资源融合促进产业融合发展。资源要素只有在城乡之间实现自由流通与优势互补,才能提供共同富裕所需的物质资源。

（三）制度融合是共同富裕实现的根本保障

城乡社会的稳定运行需要制度体系的保障，制度融合是对城乡资源要素的再调节，旨在实现城乡社会福利与公共服务的均等化。资本在跨越城乡边界后会重构出新的社会经济空间，制度体系在新的社会经济空间中重新组织，并反作用于生产关系与社会秩序。《乡村振兴战略规划（2018—2022年）》与《中华人民共和国乡村振兴促进法》等顶层制度设计使得城乡二元结构逐渐松动，制度融合使得城乡生态治理政策着力点得以调整，推动治理资源、财政资金与公共服务不断向农村地区转移与延伸，在城乡之间实现均衡化配置，推进城乡公共服务均等化。与此同时，生态环境的流动性与整体性促使城乡之间在制度融合层面实现生态治理资金投入均衡、生态治理基础设施同步发展、生态治理责任共同承担、生态治理能力协同促进和生态成果共同享有，为共同富裕的实现构筑坚实的生态屏障。

四、城乡融合推动共同富裕的路径

解决城乡关系结构性失衡问题需要城市与乡村从分割对立走向融合发展，以推动共同富裕目标的实现。城乡融合推动共同富裕的实现路径如图 1-2 所示。

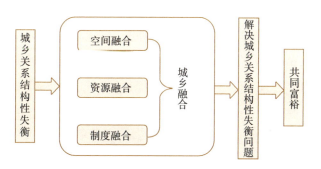

图 1-2　城乡融合推动共同富裕的实现路径

（一）城乡空间融合推动共同富裕

城乡空间融合就是将乡村的青山绿水与生态资源优势融入城市，同时将城市的工业化与现代化元素融入乡村社会经济发展大局，从而塑造古朴乡村空间与现代城市空间相互渗透的空间发展格局。正如法国历史学家费尔南·布罗代尔所言，"农村和城市'互为前景'：我创造你，你创造我；我统治你，你统治我；我剥削你，你剥削我；以此类推，彼此都服从共处的永久规则"[1]。城乡空间融合的实现需要依托这三种机制：一是城乡功能区合理定位机制。城乡空间融合需要对生态环境脆弱区、村镇空间布局与重点生态功能区进行科学合理的定位，以城乡产业功能互补与经济环境协同发展促进共同富裕。二是城乡交通畅通机制。以城乡空间融合推动共同富裕实践进程，需要对城市与乡村交通干线进行科学合理的布局，构建畅通便捷和互联互通的城乡基础设施与交通网络体系，为资源要素在城乡之间的双向流动与优化配置奠定基础。三是空间科学规划机制。城乡空间融合需要遵循城乡空间发展规律，以城乡空间资源的优化利用、空间布局的科学合理与基础设施的配套齐全为基本准则，促进城乡经济效益、生态效益与社会效益的均衡发展。

（二）城乡资源融合推动共同富裕

城市拥有资本、信息、技术与人才等资源要素，乡村则拥有森林、农田、山川与湖泊等资源要素，城乡资源融合就是促进资源要素在城乡之间实现互通有无、双向流动与平等交换，保障城乡之间以和谐共生与对等互惠引领共同富裕目标的实现。城乡资源融合需要具备三个前提条件：一是开放共享机制。促进共同富裕的重要前提是具有开放性与共享性，只有在开放和共享的环境中才能推动城乡资源要素的相互融通，促进城乡融合发展，通过"你中有我、我中有你"的资源要素融合，实现共同富裕。二是优势发挥机制。城市与乡村具有各自的资源优势，双方的优势互补是保障

---

[1] 费尔南·布罗代尔.15至18世纪的物质文明、经济和资本主义：第一卷：日常生活的结构：可能和不可能［M］.顾良，施康强，译.北京：生活·读书·新知三联书店，1992：577.

共同富裕实现的动力。城市与乡村在资源要素的优化配置中能够获取推进经济发展、服务供给与环境治理的额外利益,进而促进城乡行为主体主动采取自觉行动,积极推动共同富裕的实践进程。三是乡村振兴机制。共同富裕的重要推力来自乡村振兴战略,乡村振兴战略的实施使得城市的资本、信息、技术与人才等资源要素逐渐向农村与农业领域倾斜,以弥合城乡之间的经济发展鸿沟,为资源要素在城乡之间实现互通有无与优化配置创造可能。

（三）城乡制度融合推动共同富裕

城乡制度融合是保障资源要素在城乡之间实现平等交换与高效配置的基础性变量,关乎城乡空间结构的优化和城乡社会发展共同体的构建。城乡制度融合可依托这四种制度来实现:一是城乡要素双向流动制度。资源要素的双向流动与平等交换为共同富裕的实现提供动力支撑,城乡要素双向流动制度包括人口、资本与土地管理制度,保障农民的机会公平与结果公正。二是城乡环境协同共治制度。生态环境的外部性与关联性特征促使城市与乡村构成生态共同体,构筑城乡环境协同共治制度能够促使城乡之间以利益共生为核心共同承担环境治理责任,助推环境治理能力协同共进。三是城乡公共服务均等制度。公共服务是城乡社会成员在实现共同富裕进程中享有的生存权与发展权,这是共同富裕的应有之义。城乡公共服务均等制度就是保障公共财政与公共服务供给在城乡之间实现优化配置,满足城乡居民机会均等与服务平等的基本要求。四是城乡收入分配公平制度。共同富裕的根本目的在于保障城乡居民共享社会经济发展成果,而城乡收入分配公平是其重要体现,要以起点、过程与结果的公平公正为取向,不断调节城乡居民收入。通过上述制度建设可以促进资源融合与空间融合,有效增强城乡社会系统中制度建设子系统的组织性,助推共同富裕目标的实现。

五、城乡融合推动共同富裕的机理

共同富裕是全民富裕、全面富裕、共建富裕、逐步富裕,需要全体人民为之共同奋斗。一般而言,可以从共同富裕的四个维度对城乡融合推动共同富裕的机理进行解析。

(一) 城乡融合推动全民富裕

共同富裕是全体人民的富裕,即实现城乡不同群体之间的共同富裕。城乡融合可以推动农民共同富裕,而实现农民共同富裕具有现实紧迫性。尤其是在我国脱贫攻坚收官后,农村仍然是实现共同富裕的难点所在,脱贫后的农户具有巨大的返贫风险。城乡融合可以巩固和拓展脱贫攻坚成果,稳定既有的城乡对口帮扶机制,提升农业农村现代化水平,推进农民共同富裕。

城乡融合有利于扩大城乡中等收入群体。一方面,城乡融合将加速农民市民化进程,保障进城农民生活品质,促进农业转移人口向城市中等收入群体转化;另一方面,城乡融合使城乡之间要素配置更加合理,有助于激发乡村多元经济活力,培育乡村新产业、新业态,保证农村常住人口经营性收入和财产性收入持续增长,从而有效扩大农村中等收入群体规模。

城乡融合还有利于促进特殊群体共同富裕。针对城乡居民中的特困人员[1],城乡融合有助于建立城乡标准化、统一化的社会保障体系及普惠型的城乡生活照料体系,以保证特殊群体的生活品质能够随着经济社会发展同步提升。总之,城乡融合要促进农民共同富裕,扩大中等收入群体规模,以及保证特殊群体生活品质的同步提升,以实现全体人民共同富裕。

(二) 城乡融合推动全面富裕

共同富裕不是单纯的物质富裕,而是同时体现于物质、精神、政治、

---

[1] 特困人员主要指无劳动能力、无生活来源且无法定赡养、抚养、扶养义务人,或者其法定义务人无履行义务能力的城乡老年人、残疾人及未满16周岁的未成年人。

社会和生态领域的全面富裕。城乡融合可以通过这五个方面来推动全面富裕：一是城乡融合对物质富裕的促进机制。城乡融合主要通过城乡要素合理配置机制和城乡产业协同机制的构建，实现城乡生产力的合理布局，促进物质财富的总量提升。二是城乡融合对精神富裕的促进机制。城乡融合有助于推动城市文明和乡村文明的交流互鉴和共同繁荣，促进乡村文明传承与创新，从而为城乡居民创造更加多元的精神文化体验内容，促进城乡居民精神生活的共同富裕。三是城乡融合对政治权利保障的促进机制。城乡融合有利于实现城乡居民的身份平等、机会平等和政治权利平等，推动社会正义在更大范围内实现。四是城乡融合对社会建设的促进机制。城乡融合将有效促进城乡普惠性、基础性和兜底性的民生建设，使城乡居民生活具有底线性保障。同时，城乡融合意味着城市社区和农村社区的界限被打破，这将催生城乡一体化的治理模式，促进城乡社会治理共同体建设。五是城乡融合对生态文明建设的促进机制。城乡融合有助于推动城乡生态环境的整体性治理，为城乡居民提供普惠性的生态产品。

（三）城乡融合推动共建富裕

共建富裕不是平均主义和坐享其成，而是要依靠全体人民共同奋斗，即在共建中共享富裕。城乡融合激活了共建富裕理念，拓展了共建富裕渠道，形成了人人参与的共建富裕格局。一是城乡融合激活了共建富裕理念。城乡融合坚持工农互促和城乡共同繁荣的价值原则，这意味着城乡融合将打破城乡居民的隔绝状态，激活城乡居民的社会公共意识，推动城乡居民合作创富。二是城乡融合拓展了共建富裕渠道。城乡融合逐步打破了城乡二元结构，激活了更多新兴产业业态。一方面，通过农民市民化，引导了消费需求升级，促进了产业规模增长和供给侧结构调整；另一方面，通过市民下乡带来的新的发展机会，为乡村振兴注入了更多的社会资本，为人人创富提供了更加广阔的渠道。三是城乡融合形成了人人参与的共建富裕格局。城乡融合旨在构建政府、市场和社会三者的新型关系，搭建政府、市场和社会组织的合作共建格局。在政府和市场的关系上，表现为政府承担城乡要素流动体制机制构建和营商环境优化等服务工作，激发市场活力和财富创造力，为构建统一开放、良性竞争的有效市场提供支撑；在政府和社会的关系上，表现为政府对社会组织放权赋能，积极推动社会组织诸如专业协会、社会志愿服务组织及社工团体进入城乡公共服务和社会公益等领域，在城乡融合中助力共同富裕。

（四）城乡融合推动逐步富裕

共同富裕的实现也不是一蹴而就的。城乡融合在尊重区域和群体发展水平多样化和合理差异的基础上，有利于渐进、有序地推进共同富裕。一是不同收入群体在城乡融合中的逐步富裕。城乡不同群体的收入基础和财产积累本身有所不同，其富裕程度必然有所不同。而城乡融合则包含以城带乡、以工补农和城乡互促机制，即依托城乡功能互补协调实现城乡先富群体衔接后富群体，保证后富群体拥有更高收入和更快财产增长速度，同时通过三次分配形式的相互作用将先富群体和后富群体的差距控制在合理范围内，逐步推动城乡不同收入群体的共同富裕。二是不同地区在城乡融合中的逐步富裕。城乡融合面临城乡差距和区域发展差距的双重约束，由于不同地区的发展禀赋和发展模式不同，城乡融合的路径也呈现出多重向度，城乡融合推动共同富裕的进度也具有一定的差异性。城乡融合要立足不同地区发展阶段和乡村差异性，在此基础上探索多元化道路，同时强化城乡融合的外部区域协作机制，从而实现不同地区在城乡融合中的逐步富裕。总之，城乡融合推动共同富裕要充分考虑到人群和地区的差异性，这样才能逐步推动共同富裕。

六、启示与思考

城乡融合与共同富裕在理论基础、现实基础与阶段时序方面具有统一性，因而推进城乡融合发展，能够促进城乡居民的共同富裕。城乡空间融合是共同富裕的基本载体，城乡资源融合是共同富裕的物质基础，城乡制度融合是共同富裕的根本保障。在以城乡融合促进共同富裕的伟大实践中，需要通过城乡空间融合、资源融合和制度融合，促进城乡居民共同富裕。

第二章

苏州城乡融合的地域特色

健全城乡融合发展体制机制，完善城乡要素平等交换、双向流动的政策体系，促进城市资源要素有序向乡村流动，增强农业农村发展活力。[1]

——习近平

一、苏州城乡关系的演化历程

（一）古代苏州（1840年以前）：城乡均衡一体

古代苏州同全国大部分地区一样，既有大方向上的发展共性，又有自身发展的地域性。由于我国封建时期的城市大多是高度集权的政治经济中心，其商业的繁荣主要建立在农村所提供农副产品的流通之上，依赖小农经济的发展，因而，当时的城乡经济贸易基本上是一种单向贸易，城市几乎没有物资向农村回流。苏州更是如此。苏州位于自然环境优越的江南水乡，河湖水网密布，这一特殊的自然条件，在历史的长河中引起了连锁反应，在很大程度上决定了这一方土地的经济类型和城乡关系特点。

苏州地区由于耕作制度的改进和深耕细作技术的发展，成为江南的第

---

[1] 金观平. 促进城市资源要素有序流向乡村［N/OL］. 经济日报，2023-05-26［2024-04-19］. http://paper.ce.cn/pc/content/202305/26/content_274668.html.

一个粮仓。根据《吴县志》记载,苏州的粮食作物有六十多种,其中糯稻品种就多达二十五种。经济作物的普遍种植还促进了家庭手工业和集市贸易的兴盛。[1] 明清时期,苏州农村的广大农户走的是兼业化的道路,即以农业为主,兼有农村副业和家庭手工业。他们采取农副结合、以副养农的方式,农工相兼、以工促农的办法,使多余的劳动力继续发挥作用。从总体上来讲,明清时期的苏州农村,农业、副业、工业、商业兼而有之,生产的路子比较宽广,农村生产生活一片繁荣,沿河流交通线的农村市镇纷纷涌现。这些农村市镇成为上连城市、下接广大农村的纽带,促进了苏州与其他地区的贸易交往,推动了苏州商品经济和商品流通市场的发展,加强了城市与农村的联系,其经济上的繁荣程度已经可以与县城、府城相媲美了,有些地方甚至超过了县城、府城。例如,苏州吴江盛泽镇因绸市繁荣,客商云集,人口日增,在乾隆九年(1744年)全镇人口达16 682人。[2] 因此,它成为明清苏州农村由于丝织业兴盛而形成的专业市镇的典型。

处在农业氛围中的城市和集镇本身可以划为农村的一部分,那里的商业活动只是农业生活的补充和调节,没能成为主导。因此,这一阶段的苏州城乡关系更多地表现为乡村对城市的政治依附性和经济制约性。正如《苏州史纲》所说:"明初建立洪武模式,以小农经济自给自足为主,城市经济居于次要、从属地位,城乡一体化,城市隶属于乡村,缺乏发展的政策导向……明初苏州城市经济同全国一样,各方面受到限制。"[3] 据此可以判断,古代苏州城市和农村在总体上处于贫富相对平均的状态。

(二)近现代苏州(1840—1949年):城乡对立统一

近现代,苏州城乡关系的演变与发展有着深深的时代烙印。鸦片战争

---

[1] 曹允源,吴荫培,蒋炳章,等.吴县志:卷五十[M].苏州:苏州文新公司,1933:1-4.
[2] 中国人民政治协商会议江苏省吴江县委员会文史资料委员会.吴江文史资料:第十辑:工商史料选辑[Z].苏州:中国人民政治协商会议江苏省吴江县委员会文史资料委员会,1990:56.
[3] 王国平.苏州史纲[M].苏州:古吴轩出版社,2009:238.

以后，外国资本入侵，苏州在政治上表现为沉沦与反抗并存，在经济上表现为发展与落后并存，在文化上表现为传统与现代并存。一方面，传统的自然经济结构被逐步打破，在赋税、地租等沉重负担下的小农经济逐步瓦解；在商品经济的有力推动下，近代工业诸如棉纺织业、丝织业、火柴业等发展起来，构成了这一时期苏州多层次的经济结构。另一方面，在黑暗的政治统治下，社会阶级关系日趋复杂，矛盾日益加剧。但是这些现象的背后，隐藏的是我国封建主义牢固的经济基础——地主阶级剥削农民阶级的封建土地所有制。在这种封建剥削的土地制度下，经济剥削极为明显：占乡村人口不到10%的地主和富农占有约70%~80%的土地，而占乡村人口90%的贫下中农等只占有20%~30%的土地，无地少地的农民不得不向地主租种土地，任地主剥削。农民同时还受经济以外的剥削：地主阶级通过土地兼并、放高利贷及经商操纵着农村借贷市场，贱买贵卖，牟取暴利。农民因无力改进生产，只能因袭祖传的方法，用古老的工具，在分散的小块土地上进行生产，农业生产力的发展受到严重的阻碍，农村经济日益凋敝。在此背景下，旧式城乡平衡的状态被打破，以对立统一为特征的城乡关系的二重性逐渐显现。同时，以城市为主导，城市处于支配地位，在政治经济上统治农村，呈现出表面统一的态势。

工商业以城市为现实载体，从而使城市成为精神文化和物质文明的中心和缩影，城市逐步发展成为全社会的政治经济中心。处于社会转型期的苏州，一方面，随着城市工商业的发展，城市经济对农村辐射与吸引功能不断增强，以至于城乡之间经济联系日益加强；另一方面，城市在发展中不断加大对农村的压榨力度，农民受收取地租、赋税和放高利贷等传统方式的剥削，城乡差距呈扩大趋势。在一定程度上，城市工商业的发展动摇了传统农业的强势地位，引发城乡关系向"中心—边缘"悄然转变。这一时期，城市工商业的高速发展还得益于三个新条件：一是交通运输条件的改善，使得商业流通的范围不再仅仅局限于城市与其周围的农村，还扩展至相对较远的地区，甚至发展起进出口贸易。二是城市工业规模的扩大带来城市人口的增加，因而在城市总体消费能力得到提升的基础上开拓出城市商业发展的空间。三是受当时战乱的影响,城市与农村原有的商业流通通道被阻断,商业只能在城市自身范围内及城市与城市之间另辟发展渠道。

(三) 中华人民共和国成立至改革开放前(1949—1978年):城乡二元结构强化

中华人民共和国成立之后,受国家体制机制调整与特殊时代背景的影响,苏州城市与农村之间的二元经济结构逐渐分化,城乡的二元特性逐步锐化,二元结构的强度从总体上持续加大,突出表现为城乡差距迅速扩大,城乡关系对立统一的二重性特征日益明显。分析其中的原因,即基于当时特殊的时代背景、国家优先发展重工业的工业化战略及为发展重工业而配套建立的一系列城乡分割的政策制度安排等。中华人民共和国成立之初,国内面临诸多困难,基于对国际形势的判断,决策层选择了超越一般发展阶段的重工业优先发展的工业化战略,确立了社会主义工业化的核心环节是优先发展重工业。为此,推行城乡分割的高度集中的计划经济体制,从根本上促进了城乡二元结构的形成。其一,在生产要素的配置方面,我国实行严格的户籍管理制度,明确规定农村人口不得流入城市、农业户口不得转为非农业户口,使得城乡人口、劳动力的配置完全固化和封闭,而且在偏重工业的工业发展战略下,工业建设挤占大量农业资金,导致农业资金投入严重不足,在资金投入上呈现出城乡、工农业之间的严重不均衡,造成城乡发展的严重失衡。其二,在农产品收购方面,完全脱离市场而依赖计划的低价收购政策,导致农产品价格长期低于市场价,挫伤了农民从事农业生产的积极性,降低了农业生产的效益。其三,基于整个工业部门扩大对农产品的需求,政府不得不干预农业生产,具体表现为严格限制任何形式的农村工商业活动,农村产业结构仅为单一的种植业。其四,在城乡户籍、粮食供应、劳动就业、养老医疗、文化教育、收入分配等诸多方面的社会管理上,将广大农村置于工业化进程之外,造成城市与农村的严重分化。

这一时期,苏州的城乡二元结构状况虽然离不开全国大环境的影响,却也显示出自身的特殊性。1949年以后，苏州地区立即进行了政治、社会秩序的重建和经济的恢复工作，其中将经济工作的重心放在了农业生产的恢复和发展方面。在工业生产方面，第一个五年计划时期（以下简称"'一五'时期"），苏州开始兴建一批新兴骨干工业企业，现代工业雏形和体系由此逐步形成，苏州由典型的商业消费型城市发展为江苏省内重要的工业生产城市之一。在农业生产方面，耕作制度的变革、多种经营方式的发展、积极的水利建设及农业生产服务体系的建立等使苏州市的经济取得较快发展，人民群众的生活水平有了相应的提高，长期无法解决的失业问题也基本得到了解决。这一时期，苏州城乡之间、工农业之间的比例关系相对协调。而经历十年"文化大革命"（以下简称"文革"），在全国发展严重受阻之际，苏州又再次显现出了强大的发展力。苏州广大基层干部和民众，凭借强烈的发展愿望，努力克服困难、积极发展，全市工业总产值仍保持一定增长，并涌现出了一批填补空白、国内领先的产业和科技成果，不仅使"文革"对苏州城乡经济的破坏受到一定程度的限制，同时还实现了城乡经济的稳中有进。据统计，到1978年，苏州的GDP（国内生产总值）为1952年的7.3倍，由略超4亿元跃上了30亿元的新台阶。[1]

（四）改革开放以来（1978—2012年）：城乡二元结构变化

1978年以后，改革的浪潮席卷全国，我国经历了由计划经济体制向市场经济体制的过渡。随着国内外政治、经济环境的变化，尤其是国内改革开放的不断深入，这个阶段城乡二元经济结构的演变主要可以划分为两个阶段：一是1978—2002年，城乡二元经济结构伴随国内改革重点与力度的转变，其二元性呈现出了较为明显的波动。二是2002—2012年，城乡二元经济结构强度有所削弱，转化速度加快，城乡关系向着协调方向演进，但城乡收入差距依然在扩大。

1978—2002年，随着国家政策的调整，农民可以从事非农经济活动，

---

[1] 苏州市统计局，国家统计局苏州调查队. 苏州统计年鉴：2023 [M]. 北京：中国统计出版社，2023：28.

苏州进入内生性工业化阶段，而工业化动力和投资主要来自区域内部的农民，因此，城乡关系呈现出一种自下而上带有自发特征的二元抗衡特征。苏州农民抓住机遇，在各级党委和政府的带领下开启了改革开放和社会主义现代化建设的新征程，大胆兴办乡镇企业，使地区实现了新的崛起，这是对我国城乡二元经济结构的一次尝试性冲击，自此城乡二元经济结构出现了松动。在整个阶段，苏州与全国其他城市一样，随着改革重心在城乡之间的摇摆，城乡二元结构呈现出波动性变化：1978—1984年，农村改革如火如荼地进行，农村家庭联产承包责任制作为一种自下而上的制度在全国农村不断普及，明显弱化了城乡二元经济结构，城乡二元经济结构加速松动，到1984年，城镇居民人均可支配收入为652元，比农民人均纯收入（680元）低了28元，城乡居民收入比为0.96；1984—1993年，改革重点逐步转向城市，城市经济体制和社会管理上升为国家改革的战略重心，以城市为重心的利益格局逐渐恢复，城乡二元经济结构又趋强化，城镇居民人均可支配收入又高出农民人均纯收入1 137元，城乡居民收入比已扩大到1.44；1993—1996年，随着改革力度的加大，各种制度相对开放，城市基础设施建设、城市化速度加快，而在这个阶段，全国正处于由"短缺经济"向"过剩经济"转变的过程中，这为农村工业和乡镇企业发展预留了空间，有利于城乡二元结构强度的弱化。1996—2002年，随着改革的继续深入，国内宏观经济经历"软着陆"，受亚洲金融危机的影响，我国实行以城市为中心的发展政策，对城市建设起到很大的推动作用，而对农村的影响相对较小，导致城乡二元结构强度再次提升。城镇居民人均可支配收入高出农民人均纯收入4 477元，城乡居民收入比已高至1.73。[1]

2002年，党的十六大第一次明确提出统筹城乡经济社会发展的方略，党的十七大进一步提出要形成城乡经济社会发展一体化的新格局，国家开始了自上而下有意识解决城乡二元经济结构问题的进程，城乡二元经济结

---

[1] 黄正栋. 数字见证苏州改革开放30年巨变[Z]. 苏州：苏州市统计局，2008：114-118.

构强度减弱，转化速度加快。但是，缩小城乡差距、打破城乡二元结构是一项长期任务，这一阶段的苏州城乡二元结构依然存在。随着开发区建设的加快、乡镇企业的治理整顿，越来越多的农民离开土地，进厂进城从事非农业生产，参与工业化建设，导致苏州城乡居民收入差距有所扩大。苏州城乡居民收入比在 2002 年为 1.73，在 2003 年为 1.85，在 2007 年、2008 年为 2.03。当然，随着城乡发展的探索之路不断推进，以及苏州"张家港精神""昆山之路""园区经验"的开拓与创新，苏州对平衡农村内部利益关系更加关注，使得广大农民在"以工补农，以工建农"方针的指引下也分享了一部分的工业化红利，农民收入提高了，生活状况逐步得到了改善，农民获得了实惠。因此，尽管苏州城乡之间存在壁垒，但是这一时期，苏州仍然是全国城乡差距比较小的地区之一（图 2-1）。

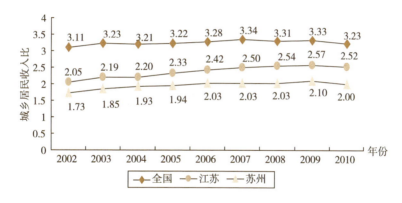

图 2-1 2002—2010 年苏州与全国、江苏城乡居民收入比统计图

（五）进入新时代（2012 年以来）：城乡一体化与城乡融合

2012 年以来，苏州城镇化率不断提高，城镇建设用地规模快速增长，农村居民点用地大量撤并，城乡人口流动逐渐趋于稳定，城乡融合发展水平指数变化也趋于稳定。这一阶段，苏州出台了大量有利于推动城乡融合的政策和措施，加快了"三置换"[1]等进程，相关政策实质赋予了农民在更大空间尺度内自由选择居住的权利，导致了农民生产和生活空间的逐

---

[1] "三置换"指鼓励农民将农村集体经济组织中的资产所有权、土地承包权及宅基地和住房置换成股份合作社股权、城镇社会保障和城镇住房，换股、换保、换房进城进镇落户。

步分离。随着城镇化的深入发展，城乡空间界限日益模糊化，城镇区域化现象日益凸显，乡村聚落工业生产空间、农业生产空间、生活居住空间在更大尺度空间内逐渐分化和分离，乡村地域多功能发展态势日益凸显，村庄功能加速多元化。

二、苏州城乡融合的地域基础

如今，苏州已步入以城带乡、以工促农、城乡联动发展时期，城乡融合已成为苏州的鲜明特色和独特优势。雄厚的经济实力、深厚的文化古蕴、优越的自然条件及良好的制度环境，共同构筑了本书"苏州模式"的整体运行环境。总体而言，正是苏州环境的特殊性为城乡融合的推进提供了重要契机，其他地方无法轻易照搬。

（一）经济社会环境：具备城乡融合发展的财力、物力基础

城乡融合发展需要雄厚的地方财政作为支撑。苏州自古繁华，有"天下粮仓"之称，农民的温饱问题相对容易解决，这为苏州经济的发展奠定了一定的基础。改革开放 40 多年，苏州创造了经济发展的奇迹，成了中国经济发展中当之无愧的耀眼明星。苏州经济的高速发展，不仅为城乡融合发展提供了雄厚财力，也为其提供了强大动力。

首先，从政府财政实力来看，苏州高度发达的工业化发展基础，以及新型农村集体经济、外资经济、民营经济和股份制经济等多元化经济格局的强力拉动，不断壮大着苏州的财力基础。经济的快速发展表明苏州已初步具备工业反哺农业、城市支持农村的基本条件，为政府实施"以工促农、以城带乡"，加快发展农村社会事业，推进城乡融合发展提供了雄厚的财力保障，政府有必要而且也有条件把以往城市居民独享的公共财政支出逐步向农村转移，让公共财政的阳光照耀到广大农村。其次，依据国际经验，当城市化水平达到 70% 时，逆城市化将出现，这有利于推动城乡融合发展。苏州 2023 年的城市化率提高到了 82.48%，逆城市化已成为苏州城乡融合发展的强大动力。最后，随着城市化水平和工业化水平的提高，

苏州建设用地紧缺趋势也愈加明显，特别是受到征地范围缩减的限制和新一轮国土空间规划的刚性约束，新增用地条件更加严苛，发展空间逼近极限。较高的人口密度、较大的环境压力、稀缺的土地资源，迫切需要通过城乡融合发展的综合配套改革，实现资源的合理优化配置，突破瓶颈，实现更高层次的发展跨越。

(二) 文化文明环境：拥有城乡融合发展的人文积淀

作为历史文化名城的苏州，自古拥有深厚的文化积淀，是人才辈出之地。依托水乡泽国便捷的水陆交通，各类人才隐居乡间或时常走入乡间，城乡之间的文化交流活动频繁且广泛；同时，许多重要的文化遗产也散落在乡间，乡村的文化环境令人向往，苏州的城市与乡村之间有着割不断的文脉。这种城乡一体的文化积淀，为城乡融合发展奠定了坚实的人文基础。

首先，在深厚的文化积淀下孕育成长的苏州农民作为文化的创造者、享用者和传承者，文化素养普遍较高，与外界交流广泛，容易融入城市文明、吸收外来文化，凸显文化的包容性。改革开放之初，苏州就涌现出了一大批在全国享有一定知名度的农民作家、农民演员、农民歌手、农民画家及农民摄影家等。其次，苏州农村具有极其丰富的物质和非物质文化遗产，例如，昆曲、吴歌、苏绣、"香山帮"建筑、桃花坞木刻年画、核雕等民间传统文化遗产，以及周庄、同里、木渎、甪直等水乡古镇。苏州传统文脉在古朴乡村的延续、继承，营造了苏州独特的人文氛围，充实了苏州城乡发展高水平的人力资本，拓宽了农民就业的渠道。最后，基于苏州城乡各地既有着丰富的文化资源，又有着一定的差别和不同特色，苏州积极构建文化交流平台，在充分挖掘软件和硬件方面的文化资源，寻求不同特色资源共享的同时，使城乡文化发展的差距逐步缩小。

(三) 自然地理环境：拥有城乡融合发展的有利格局

在苏州这片物华天宝的人间大地上，温山软水孕育和滋养了丰赡深厚的吴文化。如今，经济社会的展翅腾飞也得益于这片秀美山水背后的良好生态环境，而苏州的地理环境本身对城乡融合发展相对有利。

首先，苏州地处平原，水网密布，湿地面积大，土地肥沃。乡村的真山真水自古就为苏州城市的发展承担和提供着良好的生态涵养功能，城乡生态环境联系密切，相互依托、相互影响，为苏州的工业化、城市化提供了必要的环境容量。因此，青山绿水成就了苏州的金山银山，铸就了苏州的城市个性，导致了苏州城市与乡村在地域发展面貌上的难以明确分区，也决定了苏州城乡发展需要一体化的建设。其次，苏州地势平坦、水网密布、交通便利，孕育了密集的城镇，而且城乡之间距离相近、经济相依、文脉相连，天然阻隔比较少，要素容易流动，道路等基础设施容易联通，比较有利于推动城乡融合发展。最后，苏州各地自然环境差异不大，形成了典型的空间均衡型城镇化模式，区域差异相对较小，在城乡融合发展过程中容易形成均衡集聚，既有利于防止出现"大城市病"，又有利于发挥城市对乡村的带动作用。

（四）政府创新环境：构筑城乡融合发展的制度基础

从行政管理的角度来看，政府是社会发展的引领者、管理者和协调者，政府行为能力的高低对一个地区各项社会事业的发展来说往往起着决定性的作用。苏州，从昔日乡镇企业的辉煌到如今外向型经济的腾飞，其中包含了由曾经的"强政府"向"服务型政府"归位的转型思考，更是集中反映了苏州政府在地区发展中的引领和推动作用。也正是这样的"特色"政府和政府主导的"特色"行为，为苏州城乡融合发展的顺利推进培育了"引路人"，营造了良好的环境。

首先，从苏州的人才储备来看，在苏州这片拥有深厚文化积淀的土壤上，从不乏能人的出现。总有一帮愿意为社会事业做贡献的能人，为苏州的发展与进步注入无限的创新发展潜力。苏州古代就出过众多名闻天下的才子，比如春秋时期的政治家伍子胥、军事家孙武，北宋时期的政治家范仲淹，南宋时期的文学家范成大，等等，是他们造福了当时一方的百姓。如今，苏州农村仍然奉行"能人治村"的理念，这些能人有知识、有文化、有胆识、有闯劲、有干劲，善于谋发展、搞建设。这样的能人登上历史舞台，利用自身的智慧，结合群众的力量，为群众办实事、谋实惠，创造了苏州本地的"能人经济"。其次，从苏州政府的执政能力来看，苏州政府求突破、创发展的意识和能力成为政府推动下的城乡融合发展的制度创新源泉，比如中国、新加坡两国政府的重要合作项目苏州工业园区的顺利落成，充分体现了苏州政府在突破传统体制机制上的工作能力和领导水平。各层次行政机构的制度化安排是城乡融合发展得以实现的重要支撑。针对近年来城乡融合发展过程中存在的突出性问题和关键性障碍，苏州也基本形成了有利于改变城乡二元结构的政策体系和制度框架，包括建立健全城乡规划建设管理体系、财政支农体系、劳动力就业体系、社会保障体系，构建城乡经济社会融合发展的体制机制，探索现代农业和新型农村集体经济的动力机制，创新城乡社会管理一体化、基本公共服务均等化的机制。最后，从苏州的行政区划来看，苏州下辖的四个县级市既具有较大自主权限，又由众多实力强劲的乡镇支撑，使得苏州全市呈现出均衡发展的状态，避免了中心城区"一城独大"格局的产生，为城乡融合发展的全面推进减少了由地区性差异形成的障碍。

三、苏州城乡融合的目标与底线

城乡融合是一个漫长的历史过程。如何确保在这个过程中不走偏？这就需要正确的目标引领和底线坚守。

（一）满足城乡居民美好生活需要和综合效益最大化是终极追求

虽然城乡融合没有统一的模式，但苏州的经验揭示出城乡融合应有的方向和标准，那就是城乡居民不断升级的生活需要的满足和综合效益的最大化。2012年，习近平在答记者问时指出，"我们的人民热爱生活，期盼有更好的教育、更稳定的工作、更满意的收入、更可靠的社会保障、更高水平的医疗卫生服务、更舒适的居住条件、更优美的环境……人民对美好生活的向往，就是我们的奋斗目标"[1]。改革开放以来，苏州城乡一体化

---

[1] 习近平：人民对美好生活的向往就是我们的奋斗目标［EB/OL］.（2012-11-15）［2024-05-03］. http://www.xinhuanet.com/18cpcnc/2012-11/15c_123957818.htm.

和城乡融合改革实践，就是对这一奋斗目标由自发到自觉的响应。无论是改革开放之初乡镇企业的大发展，还是21世纪初启动的新农村建设运动，无论是城乡基础设施和公共服务的一体化、城乡生态环境建设一体化等"八个一体化"，还是"三集中"[1]"三置换""三大并轨""三大合作"改革创新，无不将增进城乡居民福祉，满足人民不断增长与升级的需求，朝着共同富裕的方向稳步前进作为出发点和落脚点。在这个过程中，城乡居民收入与生活质量差距逐步缩小，最终无论居住在城市还是居住在乡村，都能够满足自己对美好生活的向往。

然而，城乡融合并不意味着城乡一样化。相反，从"城市让生活更美好"和"乡村让城市更向往"可以看出，城乡融合是城市与乡村能够各司其职、各显其能、各展所长，要素与资源自由流动、优化配置，不因人为分割、制度上的不平等和外部性而造成资源配置效率、社会效益和生态效益的低下，实现总体经济效益、社会效益和生态效益的最大化。事实上，在苏州城乡一体化和城乡融合的实践中，经济效益的诉求是最早被意识到的，随着市场化程度的提高，市场较早地驱动着要素突破城乡壁垒自由流动，最终实现城乡资源配置的一体化。人们对生态效益的认识要相对滞后，社会效益受到关注就更迟，这就导致在早期的城乡融合改革中，社会效益被忽视，这不仅在一定程度上阻碍了改革的进程，还遗留下了诸如社会网络断裂、社会资本弱化、地域文化受损等问题。

（二）底线思维下的多元目标诉求是立足点

城乡融合改革中最大的困惑之一在于空间的形态与格局，尤其是农村居民点的集聚，诸如向哪里集聚、集聚到多大规模、如何集聚等都是现实问题。从"三集中"到迁村并点、乡镇撤并、动迁安置，苏州在短短几十年间就把西方几百年的城镇化过程走完了，这并非自然演进的过程，因此，西方的花园城市、灰色区域等理论都无法指导苏州的实践，最终的格

---

[1] "三集中"指工业企业向工业园区集中、农业用地向规模经营集中、农民居住向新型社区集中。

局只能是人为设计与推动的结果。回望这个结果，成就与问题共存。从成就方面来看，"四个百万亩"[1]生态格局逐步形成，耕地的规模化与集中化为农业产业化、信息化、现代化提供了坚实基础，数百万农村居民通过集中居住享受到了现代化的基础设施和公共服务，散乱的工厂向工业园区集聚，实现了生态效益和经济效益的共同提升，人口与工厂的集聚使得一个个小城镇向小城市跃升。与此同时，问题也清晰地暴露出来：一是缺乏理想格局的终极蓝图，产生了许多短期化行为，使得部分村落反复动迁。二是忽略了时间问题，一方面，过多、过快地动迁村落，导致成本较高、财政不堪重负，妥协与折中在所难免；另一方面，忽略了一些保留村落的现实需求（比如年轻人盖房、结婚等），引发诸多社会矛盾。三是早期因缺乏系统思维，忽略了社会、文化等目标，简单追求经济上的规模效益，有的地方甚至打出"拆迁就是生产力"的标语，这不仅造就了众多巨型安置社区，带来后续的诸多社会难题，还盲目拆掉了大量承载着地域文化与社会资本的村落，使地域社会文化遗产迅速流失。

  40多年成就与问题共存的实践使得一些结论更为清晰：其一，城乡一体化的空间格局需要有底线思维，这里的底线不仅包括生态底线，也包括文化底线、社会底线和经济底线。其中，生态底线就是城乡一体化的生态本底与生态安全格局不能被突破，这是首先被人们认识到的一个方面，却也时常屈从于经济利益而被突破。文化底线和社会底线是指保留维护地域文化与社会资本不可或缺的空间格局，譬如一些长期传承着地域文化遗产或拥有独特且强大社会资本的传统村落，保留着地域独特耕作技艺的村落与传统作物种植区等，这条底线由于其表现出的无形性，时常被遗忘而最终造成无可挽回的后果。经济底线包括两个层面：一是成本效益的平衡底线，集聚不足可能带来基础设施与公共服务配置缺乏规模效益，但集聚过度也可能带来规模不经济的问题。二是集聚产生的短期效益与长期持续

---

[1] "四个百万亩"指"百万亩优质水稻""百万亩特色水产""百万亩高效园艺""百万亩生态林地"。

投入之间的平衡底线。从这一点来看，城乡融合发展理想格局必然是有地域性的，因为每个区域的生态本底、社会文化传统等皆有不同，不可能存在一个普适性的城乡一体化理想格局。其二，空间格局的确立必须是经济、生态、文化、社会等多元目标追求的平衡，绝不能仅仅为了经济目标而忽略生态、文化、社会等目标。其三，必须有系统思维，拆掉一个村落、乡镇，打造一个集聚区，只是一个开端，后续的社会治理、繁荣发展等问题才是长远问题，这不仅需要生产与生活、生态空间的协调，还需要治理体系的创新，更需要基础设施和公共服务质量与容量的匹配。没有系统思维，就会出现诸如许多撤并镇走向衰败与萧条、许多大型安置社区矛盾多发等问题，这些必须引起高度重视。

四、苏州城乡融合的动力机制

城乡融合的动力机制是一个研究热点，众多学者从不同角度做过大量论述。有人认为，社会需求导向、城市工业推拉作用、交通网络与信息系统改善、中心区域人地矛盾压力、城乡经济差异、社会文化因素、区位优势是城乡融合发展的动力；有人认为，城市集聚经济的拉力、农村工业化的推力及城乡之间统一的要素市场和基础设施的融合作用力是实现城乡融合发展必不可少的动力；有人认为，经济发展水平、工业化水平、社会人口动力因素是主要驱动力；有人认为，城乡融合发展动力包括产业发展、城乡利益差异、政府利益驱动、政府制度、信息化等；也有人认为，动力机制包括区位优势、中心城市的向心力和离心力、城市行政办公中心的搬迁、工业集聚区的建设、新农村建设、农业的产业化和现代化、生态旅游休闲区的建设等方面。

具体到苏州，到底有哪些动力在推动着城乡融合发展演进呢？我们发现，城市工业拉动、工业集聚区建设、新农村建设、城乡利益差异等表述，只能反映出表象而非本质。从本质上看，动力可以归结为三个：社会力、政府力和市场力。

（一）社会力来源于人民群众不断升级的生活需求

之所以首先谈这个动力，是因为这是一个时常被忽略的动力，也是一个持续动力，还是一个不断升级变化的动力。前文提过，乡村居民的需求经历了从改革开放之初的吃饱穿暖，到改善居住、提高消费水平，再到优化生态、就业、教育、医疗、文化等方面的环境阶段。而城市居民对乡村的需求也在变化，最初仅关注乡村的农副产品供应，之后对乡村地区生态环境的需求不断提升，随着城市化的推进逐渐开始对乡村地区的开敞空间、人居环境、文化传统等扩大需求。这些需求的变化不仅推动着政府的政策目标调整和制度优化，还影响着市场资源配置走向，成为城乡融合发展的一个根本动力。人民对生活的需求是一个阶段性螺旋上升的过程，遵循着从物质到精神，从初级到高级，从经济到文化再到政治的演进次序，每一个阶段都有不同的主导性需求，若不能得到满足，就很难进入下一个阶段；而过早进行针对下一个阶段需求的改革，其行动是无法得到民众支持的。

以民众需求为动力是一个普遍现象，但苏州的独特之处在于，强大的农村集体经济带来了加速效应：一方面，农村集体经济组织由于贴近民众因而能够在政府介入之前较早发现这些需求；另一方面，农村集体经济组织有实力替代政府迅速响应和满足这些需求，从而推动需求加快升级。以张家港市南丰镇永联村为例，2006年，由强大的农村集体经济作为支撑，永联村投资15亿元建起集居住、餐饮、娱乐、休闲、文教、卫生于一体的永联小镇，按照低于成本价每平方米1600元的价格分配给村民集中居住，并给老人分配入住每户80平方米的老年公寓；还投资建设社区服务中心、联峰广场、文化活动中心、图书馆、影剧院等文化基础设施，开展丰富多彩的群众性文化活动；斥资建设屠宰场、农贸市场、医院、小学、幼儿园、超市、带自动扶梯的地下人行通道等基础配套设施，满足村民在家门口看病、买菜、上学等愿望。事实上，强大的农村集体经济，本身就是由村民自身发展需求在适当政策环境下塑造出来的，反过来又突破了政府在发现和响应民众需求方面的滞后及能力限制，成为苏州独特的响应和满足民众需求、推动城乡融合发展的关键力量。

（二）政府力的自觉推动从21世纪开始不断强化

以党的十六大为分界点，政府力对城乡统筹、城乡一体化与城乡融合发展的推动经历了一个从忽视到自觉重视并不断强化的过程。在党的十六大之前，政府力是通过推动城乡经济社会发展，促进市场化改革而间接、无意识地作用于城乡融合发展；之后，政府力成为城乡统筹、城乡一体化的自觉且不断强化的推动力。

1. 中央层面

党的十一届三中全会后，国家首先推进的是以家庭联产承包责任制为中心的农村改革，工作重心从城市转向农村，促进了农村经济的繁荣；1984年，党的十二届三中全会召开，工作重心从农村转向工业和城市，从1987年到2003年国家没有发布关于"三农"工作的中央一号文件，包括公共产品和公共服务等各级政府的财政投入都在县城以上，优先保障工业和城市的发展，对农业、农村不仅没有什么投入，还要被征收各种名义的税费，农业、农村的发展逐渐进入困难时期。2002年，党的十六大正式提出统筹城乡经济社会发展，开启了中国城乡关系的历史性转轨。党的十六大之后，为让"三农"工作在中国社会主义现代化建设时期保持"重中之重"的战略地位，连续下发关于"三农"工作的中央一号文件，突出以农村繁荣、农民增收、农业增效为主线，以缩小城乡差距为重点，围绕着"三农"问题出台了农业税免征、粮食保护收购价、粮食补贴、农机补贴、社会医疗保险（以下简称"医保"）、最低生活保障（以下简称"低保"）、九年义务教育、乡村公路建设、农电改造、危房改造、农村信息化等方面的一系列强农惠农富农政策，不断加大对"三农"的财政投入。2003年，党的十六届三中全会将"统筹城乡发展"放在"五个统筹"之首。2004年，关于"三农"工作的中央一号文件以促进农民增收为主题推出一系列惠农政策，首次对农业、农村、农民提出"多予、少取、放活"的方针，逐渐开启了"工业反哺农业、城市支持农村"的历史变革。自2004年起至2006年止，全国各省先后全部取消了农业税，终结了中国历史上存在了2 000多年的"皇粮国税"。2007年召开的党的十七大把城乡关系推向前所未有的历史新方位，提出要在2020年形成城乡经济社会发展一体化新格局。"十二五"规划中将城乡经济社会发展一体化列为国家发展的重大战略。2008年召开的党的十七届三中全会对农村改革发展做出的战略部署，把实现城乡基本公共服务均等化作为统筹城乡发展和形成城乡经济社会发展一体化新格局的重要任务，把扩大公共财政覆盖农村范围，发展农村公共事业，使广大农民学有所教、劳有所得、病有所医、老有所养、住有所居作为根本措施。党的十八大以来，习近平总书记反复强调："中国要强，农业必须强；中国要美，农村必须美；中国要富，农民必须富。"[1] 这就是说要把农业能不能实现现代化，农村和农民能不能实现小康作为评判全面建成小康社会的根本标准，把农村、农民脱贫摆到治国理政的重要位置，纳入"五位一体"总体布局和"四个全面"战略布局进行决策部署。他进一步提出，要将工业与农业、城市与乡村、城镇居民与农村居民作为一个整体纳入全面建成小康社会的全过程中，逐步实现城乡居民基本权益平等化、城乡公共服务均等化、城乡居民收入均衡化、城乡要素配置合理化，以及城乡产业发展融合化，为从根本上打破城乡二元结构、构建新型城乡关系确定了路线图、时间表和任务书。2013年，党的十八届三中全会把广大的农村地区作为脱贫攻坚、全面建成小康社会的主战场，提出必须以健全城乡发展一体化体制机制为着力点，赋予农民更多财产权利，推进城乡要素平等交换和公共资源均衡配置，形成以工促农、以城带乡、工农互惠、城乡一体的新型工农城乡关系，让广大农民平等参与现代化进程，共同分享现代化成果，在制度上、政策上纠正一些过去城市化的偏差，确定农业、农村的现代化和农民的市民化为城镇化的核心。由此可见，从中央层面对城乡融合发展的推动是方向越来越准，标准越来越高，领域越来越广。

---

[1] 于子青，王潇潇. 农业强 农村美 农民富 习近平这样关心三农问题：写在第二个"中国农民丰收节"到来之际［EB/OL］.（2019-09-22）［2024-06-09］. http://politics.people.com.cn/n1/2019/0922/c1001-31365976.htm.

2. 地方政府层面

由于中国独特的财政分权制度和政绩考核制度，加上地域差异的存在，地方政府在努力落实中央战略意图的同时，也会有自己独特的利益诉求。苏州是强势进取型政府模式的典型代表，无论是从改革开放之初通过农村经济改革使农民致富，还是进入21世纪之后的城乡统筹、城乡融合发展改革，其政府不仅全力落实国家战略意图，还敏锐识别并及时响应市场变化和民众需求变化，评估并放大实践经验，推动经济发展，优化政府服务和制度设计，均衡公共品供应。通常而言，人们只看到了苏州的"强政府"，却忽略了这个"强政府"所具备的勤勉、灵活、能干的特征，正是这些特征使得苏州城乡融合发展的各项改革始终处在全国先导、引领、示范的地位。勤勉，是指政府绝不懈怠，更不"等""靠""要"，而是有极高的成就欲，永远以最严格的标准衡量区域发展成就，并有严格、高标准的政绩考核制度予以保证。灵活，一是体现在落实中央战略意图时，绝不机械套用，而是结合自身的地域特色进行创新。二是在区域内部不同板块上绝不"一刀切"，而是尊重各地因地制宜的创新做法。三是能够准确把握时势变化，及时调整目标与策略，绝不会因循守旧。能干，是指拥有强大的治理能力，能够确保战略意图的实现。不具备这三个特征，政府力的强大，未必就能带来好的结果。

（三）市场力的推动作用不断强化，但局限性明显

改革开放40多年是一个市场化程度不断提高的过程，也是市场力在城乡融合发展演进中作用不断提升的过程。在苏州这个地处城镇密集区、经济相对发达，尤其是外向型经济特色鲜明、商品经济历史悠久的地区，市场力的作用表现得更早、更强、更明显。20世纪80年代初，农民洗脚上田开办乡镇企业，是在我国市场取向改革的宏观背景下发展起来的，市场的缺口或空白对乡镇企业的成功起到关键性作用。到外向型经济时代，国际市场与投资强力驱动着遍布城乡的各级各类开发区的建设，不仅以强大的组织力量推动着城乡产业的融合发展，还带动着空间、劳动力等资源的融合发展及城乡之间基础设施的对接。随着城市的扩张和城市内部存量

空间的耗尽，市场力量不仅将乡村地区的土地、资金、劳动力等资源从效益偏低的农业、农村吸聚出来，还顺应城市居民对乡村开敞空间、娱乐休闲设施的需求，驱动大量工商资本流向农村的生态、文化等领域。由此可见，市场力在城乡融合发展进程中影响范围越来越大，强度也在持续提升。然而，由于市场的局限性，单纯由市场力推动城乡融合发展必然是不均衡、不公平、不可持续的，需要引起高度的重视。

（四）三力协同共同助力城乡融合发展

尽管社会力、政府力和市场力三种动力在苏州的城乡融合发展中发挥了重要的作用，且每种动力发挥作用的领域、强度各有不同，会随时间发生变化，但三种动力的协同存在不足，未能发挥出强大合力。例如，在国外，地方政府对区域空间体系的优化通常采用严格限定基础设施和公共服务供应边界的方式，利用民众需求和市场力量来实现政府意图。而在苏州的实践中，更多的是政府大包大揽地大拆大建，不仅政府部门人员疲于奔命，还造成人员之间出现众多矛盾与摩擦。又如，乡村地区的基础设施与公共服务建设，在很大程度上依赖农村集体经济，政府应该承担的服务职能存在缺位，又因此赋予了农村集体经济特殊的待遇，使其无法真正成长为市场化经济体，阻碍乡村地区治理体系的现代化、经济与社会的现代化。再如，在当前体制下，如果单纯地依靠市场力，则人才、资金、技术难以突破障碍向乡村地区流动，无法实现乡村地区资源配置效益的最大化，而政府的各项人才工程、技术和资金下乡的项目由于未能驱动市场力发挥作用而收效甚微。因此，从长远来看，在发挥好三种动力优势的基础上，必须强化三力协同效应，确保城乡融合朝成本低、效益高、持续性强的方向发展。

五、苏州城乡融合的运行机制

城乡融合的运行机制是指推动城乡融合的动力和产生作用的机理，包括激发城市和农村之间相互融合的经济关系、制度组织、人文社会关系等内生力量和外生力量，以及维持其融合发展的动力运作系统。（图2-2）

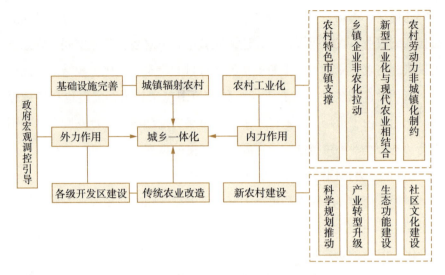

图 2-2　城乡融合的运行机制示意图

在三种动力的作用下，苏州的城乡融合从曾经创造的"苏南模式"发展到如今的"苏州模式"，其运行机制的主导系统也在不断演变中逐步完善：一是农村工业化发展，增加了农民收入，带动了农村非农产业经济发展，也改变了农村的文化面貌，最终缩小了农村与城市的差距，推动了农村与城市的协同发展。二是农村城镇化和开发区建设模式下的城市化，推动了城乡空间融合、产业发展，提升了城乡公共服务均等化水平。三是新农村建设，实现了城乡社会形态、城乡发展方式、城乡功能布局及城乡文化建设的"四个融合发展"。四是政府的宏观调控引导，打造制度收益，成为苏州推进城乡融合发展的动力源泉。

（一）农村工业化推动

在城乡二元结构转化过程中，农村工业化的作用尤为突出，它改变了传统的以城市为核心的工业化战略，使传统农村地区的形象发生了巨大变化，在传统农村农业和现代城市工业之间架起了桥梁。苏州的农村工业化在起步之初，就推动着农村与城市之间界限的逐步淡化，而这种自生型工业化的不断发展，进一步加强了农村与城市的人员往来、生产流通、技术交流和信息传递等，使苏州城乡之间在发展上关联互动。在苏州城乡融合

的各个阶段，农村工业化均发挥了重要的推动作用。（图2-3）

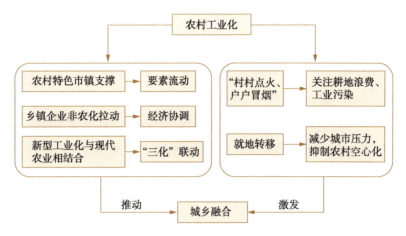

图 2-3　农村工业化推动城乡融合的示意图

1. 农村特色市镇支撑，助推城乡社会转型

苏州的农村工业化道路最早可以追溯到明清时期农村家庭手工业的产生，尤其是之后特色专业市镇的兴起，推动了早期苏州专业化商品经济的形成和发展，改变了苏州传统的以农业生产为主的农村经济模式。得益于江南水乡泽国特殊的自然环境下富足有余的物产及河湖纵横交错带来的便捷水运交通，苏州广大农村居民沿江南河流交通线买卖交易，形成众多的商业性市镇。众多市镇的繁荣发展，使得苏州农村地区早早便呈现出城市化的景象。农村与城市市场交易、人员往来等生产要素的频繁流动，使商品性农业迅速发展，引发了自给自足的小农经济结构的瓦解，促进了农村社会的进步，推动了城乡社会的转型。

2. 乡镇企业非农化拉动，促进城乡经济协调发展

苏州的农村工业和非农产业曾以社队企业的形式在20世纪80年代之前有过一段发展历程，率先迅速提升了农村地区的经济发展水平。有数据显示，1973年，苏州全地区社队企业超千家，产值超亿元，到1976年增加到10 513家，社队企业对苏州农村经济的促进作用开始全面显现，实现工业总产值[按苏州1983年后所辖六县（市）范围统计，下同]5.1亿元，工业总产值占地区工业总产值的比重由1965年的6.8%上升到

35.7%，转队工资占农民人均纯收入的比重近15%，全地区财政收入增长部分的2/3来源于社队企业。[1] 1978年，全市6县（市）社队两级集体工业企业已发展至7 508家，拥有固定资产3.35亿元、职工40.91万人，占农村劳动力的17%；工业总产值9.92亿元，占农村工农业总产值的37.36%。[2] 到20世纪80年代，乡镇企业异军突起，推动着苏州农村工业化大踏步前进，农村经济结构因此发生重大改变，农村经济总体水平也得到很大程度的提高。由此也拉开了苏州城乡协调发展的序幕，为苏州实现城乡二元结构的转化架起了桥梁。

（1）乡镇企业成为苏州农村剩余劳动力的巨大吸纳器

乡镇企业突破传统的"农村—农业""城市—工业"分工格局，促成劳动力、土地、资本等农村生产要素的非农化流转。如表2-1所示，乡镇企业吸纳的劳动力由1978年的44.14万人增加到1988年的124.19万人。1978—2006年，苏州市乡镇企业职工人数均超过国有企业职工人数，20世纪90年代初，在乡镇企业就业的劳动力已占到农村总劳动力的1/2左右，并且整体呈增长趋势。

表2-1 1978—2006年苏州市乡镇企业主要指标选年统计表

年份	1978	1980	1982	1984	1985	1986	1987
工业总产值/亿元	11.14	23.10	29.73	56.09	96.34	123.37	171.62
乡镇企业职工人数/万人	44.14	56.09	64.38	90.68	110.00	116.33	123.76
国有企业职工人数/万人	34.47	40.32	44.28	42.61	45.74	47.23	48.90
年末农村总劳动力/万人	244.55	250.74	260.04	267.21	269.24	267.47	268.65
年份	1988	1990	1992	1994	1995	1996	1998
工业总产值/亿元	211.91	276.51	887.56	1 784.50	2 100.50	1 425.60	1 161.90
乡镇企业职工人数/万人	124.19	116.67	123.66	119.96	105.42	96.93	87.83
国有企业职工人数/万人	50.39	52.49	54.11	55.33	54.14	53.72	44.87
年末农村总劳动力/万人	265.71	260.51	250.43	234.89	230.96	228.45	223.14

---

[1] 苏州市经济贸易委员会，苏州市乡镇企业管理局，中共苏州市委党史工作办公室. 苏州乡镇工业 [M]. 北京：中共党史出版社，2008：2.

[2] 王荣，韩俊，徐建明. 苏州农村改革30年 [M]. 上海：上海远东出版社，2007：111.

续表

年份	2000	2001	2002	2003	2004	2005	2006
工业总产值/亿元	1 891.60	2 251.00	2 779.60	3 546.40	4 705.10	6 483.70	8 339.00
乡镇企业职工人数/万人	104.29	123.20	137.96	164.47	195.11	239.97	268.20
国有企业职工人数/万人	37.53	34.32	29.84	25.53	22.58	22.63	21.14
年末农村总劳动力/万人	213.75	212.22	210.55	209.42	207.60	207.20	206.90

（数据来源：王荣，韩俊，徐建明. 苏州农村改革30年［M］. 上海：上海远东出版社，2007：116-117；黄正栋. 数字见证苏州改革开放30年巨变［Z］. 苏州：苏州市统计局，2008：141，146.）

（2）乡镇企业的发展带来了农民收入的增加

乡镇企业的蓬勃发展，为苏州农民提供了新的致富门路，乡镇企业对农民人均纯收入的贡献份额不断增大，改变了农民以农业生产为唯一收入来源的局面，使工资性收入成了苏州农民收入的主要来源。同时，从资本流转角度来看，用于兴办乡镇企业的这部分非农化资金最终通过增加农民收入或改善农业农村基础设施，以增加农民福利的形式回流给了农民。

（3）乡镇企业催生大批小城镇，推动了农村城镇化进程

小城镇成为连接城乡的枢纽，大批农民实现了非农就业，农民的生产生活水平和质量得到了提升，土地利用方式也实现了向非农转换。

3. 新型工业化与现代农业相结合，"三化"联动助推城乡融合发展

进入20世纪90年代，苏州的农村工业化更多地表现出开放性、创新性和融合性的特点。具体来说，就是在农村传统工业形式的基础上，运用新型工业化与现代农业相结合的发展方式，以工业化理念谋划现代农业发展，用市场化手段发展现代农业，通过合作化、园区化、农场化"三化"联动改造传统农业，助推城乡融合发展。时任农业部（今农业农村部）部长的韩长赋对苏州新型工业化带动现代农业发展的评价是取得了发展水准高、科技含量高、服务水平高、综合效益高的显著成效。

依托现代科学技术、物质技术和科学化管理的苏州现代农业，不仅为城市工商业发展提供了广阔的消费市场，而且在城乡之间构建了生产要素

和产品互通的良性发展关系。这使得更多的劳动力从传统农业生产中得到了释放，为城市发展提供了充足劳动力、优质原料和丰富农产品、融合发展的配套设备，扩大了集约用地空间，开拓了广阔的城乡市场。现代农业为实现城乡协调发展发挥了积极的推动作用。首先，在合作化发展方面，通过土地流转机制的积极创新，土地得以节约集约利用。通过引导农民通过入股、转包等形式把土地向合作社和生产大户集中，积累土地要素，让更少的农民种更多的土地，得到更多的收益。到2014年，苏州90%以上承包耕地实现规模经营，90%以上农村土地承包经营权实现流转，流转土地中有90%以上流转到村集体。依托土地集中规模经营，苏州构建了一个以"四个百万亩"为核心的现代农业体系[1]，还出现了一批流转土地接近100%的镇（街道）、村（社区）。其次，在园区化发展方面，苏州把农业产业园区作为推进现代农业建设的关键主体，高起点的规划、高标准的要求、高投入的建设及高平台的运作，使得苏州农业产业园的规模越来越大、档次越来越高、空间越来越广阔。农业产业园区通过将生产加工、现代营销、古镇旅游有机结合，将生产、生活、生态有机结合，实现了区域化、规模化、产业化、专业化、生态化发展，促进了城乡产业融合发展。最后，在现代农业的"农场化"建设方面，推进合作农场发展，形成规模化经营、标准化生产、机械化耕作；积极培育和壮大"苏字号"特色农产品，重点对产业关联度高、市场竞争力强、辐射面广的农业产业化龙头企业进行扶持。

4. 农村劳动力"离土不离乡，进厂不进城"的特征，从正反两面影响着城乡融合发展

依据前文的分析，农村工业化的发展，吸收了大量的农业劳动力就业，增加了农民的收入，使长期以来以农业为主的农村传统产业结构得到了优化和升级，农村基础设施诸如交通、通信和居住环境等得到了改善，为生产要素在农村和城镇之间的流转与转移做出了积极贡献，全方位推动

---

[1] 庾康，李仲勋. 苏州制度化　培育职业农民[N]. 新华日报，2014-12-29（1）.

着城乡融合发展。

苏州的独特之处在于，农民"离土不离乡，进厂不进城"的农村工业化发展模式，并没有切实带动相应的农村城镇化，农业劳动力非农化不等于城镇化。这种特征对城乡融合既具有制约作用，又在一定程度上具有推动作用。乡村工业化导致的大量耕地被占用、分散工业企业制造的污染等问题对城乡融合发展的制约效应非常明显。首先，20世纪80年代农村工业企业"村村点火、户户冒烟"的分散布局方式，造成占用土地的不合理，特别是对耕地资源的大量占用引发耕地资源的巨大浪费，对农业增长构成直接威胁。其次，分散布局导致农村工业污染难以得到有效治理，对生态环境产生破坏，严重影响农业发展和农村居民生活质量。最后，在这种以农村剩余劳动力"就地转移"为主的模式下，非农化的农村居民仍然生活在农村，享受不到现代城市文明，严重阻碍现代城市文明在农村的普及。

这种农村工业化模式在一定程度上制约了城镇化，引发了土地资源浪费、环境污染等问题，是在当时特定的体制条件下的无奈选择。例如，城乡严重隔离的户籍制度，限制农业劳动力向城镇转移的就业制度，限制土地流转的家庭联产承包责任制，等等。有意思的是，这些问题的出现，从客观上讲，对城乡融合发展也起到了一定的推动作用。一是矛盾的不断激化引发社会的普遍关注，对苏州的城乡融合发展发出了预警信号，在思想认识上有利于城乡融合发展的推行。二是客观上也避免了因农村人口大规模流入城市而引发的一系列社会问题，减轻了城市发展压力，也使农村资金、人才等没有过度向城镇集中，缩小了城乡差距，抑制了农村空心化发展。

（二）城镇化推动

苏州的城镇化主要有两种模式：一是由乡镇工业化推动的农村城镇化；二是20世纪90年代初各类开发区建设推动的城镇化。独特的农村城镇化道路，使得苏州改变了纯粹追求"农民进城"的发展路线，而是优化了城乡生产要素的配置，促进了发展方式的转型升级。特别是苏州将小城镇建设作为改革推进的重要载体，为吸纳农村剩余劳动力、发展农村非农经济、拉动农村消费、加快城镇化进程做出了巨大贡献。在开发区建设驱动下的城镇化阶段，各类开发区在特殊政策和管理手段的支持下，吸引外部生产要素，大力发展外向型经济，从而带来持续、快速、健康的城镇化发展。这种模式推进下的城镇化，不断优化着三大产业的结构层次，实现了农村用地向城市用地的土地利用形式的转变，以及城市地域空间的不断扩大及其向农村的扩散延伸。然而，无论是农村城镇化模式还是开发区建设模式，皆在推动城乡空间融合、加快城乡产业发展、加速农村人口集聚、促进公共服务均等化等方面发挥了重要作用。

1. 城镇的集聚与辐射作用，带动城乡整体性发展

早期，苏州的城镇化发展走的是一条发展乡村企业、使农民致富、建设小城镇、繁荣农村的道路，兼有城市和农村双重特点的小城镇作为城市和农村的一种特殊结合体，成为苏州城乡融合中新的增长极。城镇对农村腹地的辐射、城市通道及沿线走廊对周边地区的辐射，以及城镇体系对区域的辐射，带动了经济要素、人文要素等在城乡之间的互通，这在分担了大城市压力的同时，促进了城乡之间的优势互补和合理分工，城乡之间也因此构成了带有开放性、网络性特征的大系统。城镇拥有的经济优势和科技优势在此过程中得到了发挥，对周边广大农村起到了辐射和带动作用，形成了城乡整体性发展。具体表现为以下两点：

第一，空间扩散。苏州在"以镇带村"的发展格局下，不断加大对城镇建设的投入。小城镇在空间结构上表现为空间密度不断增大，社会经济活动出现集聚效应，通过城镇建设实现城乡基础设施的共享。同时，城镇交通的便捷、信息的畅通、市场和劳动力的充足等优势，降低了城乡资源配置的交易成本。在规模上，苏州城镇用地规模、人口规模几乎达到小城市的水平，集聚效应和规模经济效益导致产业逐渐向近郊农村转移。苏州最终通过人口、资金、物流、信息、技术等的集散，带动了农村经济的发展。

第二，产业扩散。苏州的小城镇较之农村，拥有相对成熟的生产技术和组织机构、较高素质的劳动力及相对稳定畅通的交易网络。城镇产业在技术创新和成本节约的过程中会寻找合适的新区位，而与城镇具有良好的通达性、劳动力与地租优势明显的农村便成了首选，这推动了城镇产业向农村的扩散。随着层次较低的第二产业向农村地区转移，农村产业结构不断优化，苏州的小城镇实现了相关技术、企业管理和市场渠道向农村的转移与接替。

2. 专业市镇培育农村市场经济，改变城乡经济面貌

早在20世纪80年代初期，苏州小城镇就出现了农副产品交易和小型集贸市场，形成了当时农村经济发展的初级市场；而到了80年代中期，国家有关政策鼓励农民自带口粮进入小城镇从事非农产业，城镇化进一步加快，苏州小城镇随之就出现了一批专业市场，诸如盛泽镇的丝绸交易市场、董浜镇的蔬菜交易市场、渭塘镇的珍珠交易市场、元和镇的家具交易市场、巴城镇的大闸蟹交易市场等。这些专业市场使农村市场得到了有效规范，逐渐培育了市场经济在农村的良好运转环境，带动了农村经济结构的优化和升级，使城乡面貌发生了显著变化。

3. 基础设施的配套和完善，强化城乡之间经济合作与社会交往

随着经济的发展和社会的进步，基础设施在城乡关系发展中的重要性日益凸显。伴随着城镇建设投入的加大，苏州小城镇相应的基础设施逐步得到完善，镇村公共服务覆盖面不断扩大。由高速公路、村村通公路构成的县、乡道路网等赋予了苏州小城镇发展的高通达性，减少了苏州城乡之间经济联系的空间阻隔，降低了城乡交流的时间成本，增强了城市对农村的辐射效应。同时，先进的通信技术冲破了苏州传统城乡空间分割的阻碍。通过网络信息技术平台，城乡之间可以实现大量资金、业务等的高速流通。农村接受城镇经济、社会、文化的辐射更加便捷，农民的生活方式也逐渐由农村型向城市型转变，农民生活水平大大提升，城乡之间的经济合作和社会交往持续加强。可以说，基础设施的配套和完善在很大程度上为苏州的城乡融合发展扫清了要素流通的障碍，推进了城乡关系的协调发展。

4. 颇具特色的开发区建设，自上而下推动"三农"形态转变

开发区是苏州经济国际化的主要载体，20世纪90年代以后，开发区

建设蓬勃发展，各级各类开发区规模不断扩大，辐射带动功能增强，聚集优势日益显现，成为拉动苏州城乡融合发展的强大引擎。截至2024年，苏州拥有省级以上各类开发区20个，其中有14个国家级开发区，6个省级开发区。这些颇具特色的各级各类开发区建设，实现了城市空间再造，促进了各类要素集聚，促使了城市发展从分散走向集中，自上而下地推动着城乡融合发展。

从经济意义上讲，依托良好投资环境的营造，开发区以对外贸易为先导，以利用外资为重点，使产业技术得到了提升，产业结构从整体上由以第一产业为主向以第三产业为主转变，大大提升了城乡劳动就业层次，促进了城乡要素流动。例如，苏州的电子信息等高新技术企业90%以上集中在开发区，形成了以光电技术、环保科技、新能源、汽车及航空零部件为主的高新技术产业群，成为推动苏州区域经济发展的重要力量。2020年，苏州全市省级以上开发区实现地区生产总值1.63万亿元，占全市的80.7%；一般公共预算收入1 794亿元，占全市的77.9%；固定资产投资4 115.8亿元，占全市的78.8%；实际使用外资47.3亿美元（约343亿元），占全市的85.3%；进出口总额3 046.8亿美元（约2.2万亿元），占全市的94.5%；有高新技术企业7 859家，占全市的80.4%；[1] 全社会研究与试验发展经费投入占地区生产总值的4.1%，比全市平均高0.4个百分点。从社会意义上讲，开发区通过统一规划、集中投入，使被征地农民在安置后从原本的农村生活方式逐渐向城市生活方式转变；高标准的基础设施和完备的公共设施，使居民生活质量不断提升。因此，可以说，开发区建设必然促进着"三农"形态的转变，推动着城乡经济社会的协调发展。

（三）新农村建设推动

苏州的新农村建设，主要包括新型农民、服务型农业和创新型农村的

---

[1] 全市开发区高质量发展大会举行　李亚平讲话［EB/OL］．（2021-06-02）［2024-06-09］．https://www.suzhou.gov.cn/szsrmzf/szyw/202106/d94ab21d16804b4d860504265613428e.shtml．

"新三农"建设。基于农村工业化和城镇化的快速发展,新农村建设的战略部署进一步推动农村经济和社会结构的深刻变化,农业结构向着外向型、质量型方向逐步优化,广大农民的传统生产方式和生活习俗也在不断发生变化。新农村建设是苏州城乡融合发展大脉络上的重要一环,在空间形态上,使城市更像城市、农村更像农村、工业园区更像工业园区;在社会形态上,使城乡居民经济收入差距缩小、城乡居民社会保障和公共服务优质均衡,从而促进了城乡经济社会全面协调可持续发展。新农村建设是苏州城乡融合发展顺利推进的现实动力。具体体现在以下四点。

1. 科学规划,推动城乡社会形态变革

苏州的新农村建设非常有特色,各类村庄建设被分为五种类型:有地处城郊很快就要融入城市的村庄;有以工业经济发展为主导的村庄;有基于生态环境保护而限制开发的村庄;有典型的具有田园风光的村庄;还有颇具独特风格的古村落。工业与农业、城镇与农村、开发区与保护区不再就城市考虑城市、就农村考虑农村,而是将农村的发展放在与城市同一个体系和框架下统筹考虑。就是在这种"一揽子"规划理念和因地制宜的分类指导思想下的规划先行,强化了村庄特色,优化了农村生活环境,充分体现了苏州城乡融合发展的新水平,展现了苏州城乡融合发展的新面貌。例如,对于确定为保留、保护的村庄,按照"地上乡村化,地下城市化"的规划实施。其中,地上通过环境整治、公共服务设施建设,保持并强化村庄特色;地下则按照城市标准实施各类管线配套,普及城市的现代文明,在形态上保留乡村的田园风光,在功能上呈现城市的现代文明。

2. 产业转型,推动城乡产业发展方式转型

乡村传统工业企业经过特定的历史发展阶段后,高能耗、低产出的矛盾逐渐显现,资源环境压力日趋增大,再加上工业技术改革的不断深入和市场竞争压力的不断加大,产业转型升级的需要日益迫切。站在这样一个新的发展起点和战略高度,苏州的新农村建设高度重视在加快转变产业发展方式上下功夫,通过发展农村经济、推进"三集中"、发展现代农业等措施,有效推动了城乡融合发展。

新农村建设通过土地流转，大力发展以特色农业、高效农业、生态农业为主体的规模经营，实现农业集约化、规模化发展，推动农村集体经济的增长。产业转型升级的积极推动、产业发展步伐的统筹协调，增加了农村集体经济发展总量，提升了农村集体经济发展水平，为城乡融合发展的农村建设夯实了坚实的经济基础。

苏州的新农村建设在转变产业发展方式方面做出了许多积极的探索，诸如加快落实土地的流转，建设科技创新型企业，发展现代化农业和现代服务业，等等。例如，为了促进农业的产业化经营，加快现代农业建设，苏州制定了一系列相应的措施，包括出台财政扶持政策、规范承包管理及中介组织建设、建立完善的农村社会保障体系、促进农民劳动就业等，积极推进"三集中"，使有限的土地资源得到更合理的配置和使用，为农业生产创造有利条件，为建设用地腾出空间，从而提高土地增值效益。又如，张家港市南丰镇永联村，通过转变产业发展方式，从曾经的苏州面积最小、人口最少、经济最落后的行政村华丽转变为"苏州首富村""全国文明村"。从上述有益探索中可总结出这三点经验：一是注重实施人才战略，每年坚持从高等院校引进约250名冶金、自动化等方向的专业技术人才，通过校企联合，将干部和员工的学习情况与年终工资、奖金、股份分红挂钩，实行严格的人才引进、培育和管理制度，为企业发展转型提供人才动力。二是注重项目投资，钻研项目的技术改革和产能升级，提升企业科技发展水平。三是注重技术研发平台的搭建，依托省级技术研发中心、研究生工作站、博士后创新实践基地等研发平台，提升企业自主创新能力，开发具有自主知识产权的新产品、新工艺，提高企业综合生产效益。

3. 生态保护，推动城乡功能布局优化

首先，通过确立"四个百万亩"的优质水稻、特色水产、高效园艺、生态林地的空间布局，在加快农业结构调整、优化农业产业布局的基础上，探索多种形式的农业适度规模经营。同时，发挥生态农业功能，丰富休闲观光农业内涵，构筑起现代农业的产业体系，适时解决苏州城乡发展中环境容量不足的难题。其次，强化建管并举。通过适度集中的生活污水

处及"户集、村收、镇运、县处理"的生活垃圾收集和处置系统,改善农村人居环境,提升农村环境质量,确保农村经济发展与环境保护的和谐同步。最后,通过新型农村社区建设,以水环境治理、污染治理、农田整理、村庄整治、农村绿化、基础设施完善为重点,规划调整生态村、环境优美镇等的创建,不断改善农村整体生态环境,以强化农村作为城乡融合发展中的生态涵养地的保障功能。

4. 社区建设,推动城乡文化事业发展

新型农村社区作为苏州新农村建设的有效载体,充分发挥了其在继承和发扬传统文脉、培养农民人文素质方面的积极作用。社区文化的大力建设,有效提升了苏州农民的文化素质、技术能力和思想道德水平,成了苏州城乡发展进程中城乡文化互动与融合的推动力,促进了城乡文化建设的协调并进。张家港市积极推广科技早市(周末早市)、服务街市、文化夜市、社区书市"四个市"等活动,打造"一地一品"的特色文化、"一区一品"的社区文化、"一企一品"的企业文化、"一校一品"的校园文化。这些带有乡土特色的文化类型异彩纷呈,对城乡文化融合发展起到重要作用。张家港市南丰镇永联村作为苏州城乡文化融合发展的先行者,率先投资7 000多万元,新建了包括大剧场在内的综合性文化活动中心和文化广场,在搭建城乡文化融合发展平台方面成效显著。

(四) 政府宏观调控引导推动

前文指出,政府在政策制度方面的引导和推进,成为苏州逐步破解城乡二元分割、分治格局的改革动力,最大限度地促进了生产要素的流动,激发了生产活力,促进了城乡融合发展(图2-4)。这里从以下七个方面概述苏州地方政府在推动城乡融合发展中的着力点。

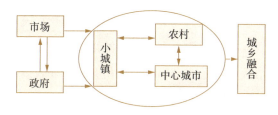

图2-4 政府宏观调控引导与城乡融合发展的关系

1. 放宽户口准入条件，促进城乡居民融合

我国传统户籍管理制度，以出生地为基础，将社会全部人口划分成农业户口和非农业户口，同时严格规定两种户口不能随意转换，从而既把劳动力生产要素固定在农村中，又将享受低保的城镇居民人数固定下来，城镇和农村被截然分开，限制了城乡人口的流动，最终导致了过多的劳动力滞留在农村，农业生产效率低，从根本上制约了农村的发展和农民收入水平的提升。城镇也因缺乏与农村的互联互通，得不到农村人力、资本供给而发展缓慢。

针对这种阻碍城乡人口流动的户籍管理制度，苏州开启了循序渐进的户籍制度改革进程。2003 年，苏州在全国率先提出在全市范围内取消农业户口、非农业户口，凡居民在本市登记的户口，统称"居民户口"。2007 年，苏州对《苏州市户籍准入登记暂行办法》重新修订并规定，本市居民在市区范围内的户口迁移和农民子女出生、录取学生办理的迁移登记，只做户口变更登记，不与经济利益挂钩。2010 年，苏州出台《关于鼓励农民进城进镇落户的若干意见》，实行换股、换保、换房进城进镇，使农民由在城镇"落脚"变为在城镇"落户"。依据这一政策，苏州累计 30 多万农户、近 100 万农民通过"三置换"实现了农民居住地的转移和身份的转变。此外，在流动人口管理方面，苏州创新居住证制度，提升流动人口待遇，淡化户籍观念，增进非本市户籍人员对苏州的城市认同感和归属感，逐步形成了具有苏州特色的外来人口管理服务工作体系。2012 年，苏州又开启了以合法稳定住所为登记户口、以身份证为核心凭证的新型户籍管理制度改革。

苏州在城乡户籍制度改革方面的努力，为城乡之间的人口流动打开了通道。其一，大大促进了人口的非农化转移，为苏州农民全面享受与城镇居民同等的权益保障和公共服务提供了可能性。其二，在农民身份转变的同时，更多地为农民带来了去城镇就业的机会，使非农就业人口增多，农民收入增加。其三，基于城乡人口的快速流动，城乡思想、文化的交流通道也更为通畅，城乡的发展更具活力。其四，更多的劳动力从农村农业中得到了释放，为城镇提供了发展所需的充足劳动力、资金、人才等生产要素。户籍制度改革，推动了城镇和农村在互通有无中的融合发展。

2. 畅通农民进城就业渠道，增加农民非农收入

我国的劳动就业制度，起初准确地说应当称为"城镇就业制度"，因为在当时的历史条件下，完全出于保护城镇就业市场的目的，不允许农村人口进入城镇寻找工作。农村劳动力进城务工受到种种限制，比如一些城市明确规定诸多岗位不许雇佣外地民工，以各种名义和手段诱导企业偏向雇佣本地失业工人，利用各种收费名目增加农村劳动力进城就业成本，致使大量劳动力滞留在农村，影响农民收入的增加。

针对传统劳动就业制度给城乡融合发展带来的这种体制性障碍，苏州创新劳动就业制度，通过采用城乡统一的失业登记办法，出台就业促进政策和创业扶持政策，建设职业培训制度，引导农民进入城镇就业、创业和定居，确立城乡就业观念。例如，张家港市 2011 年出台《张家港市城乡一体就业创业三年行动计划》，因势利导开展特色培训，助推城乡失业人员实现再就业。又如，吴中区在加快城乡就业创业制度建设中，以就业服务平台城乡一体、就业创业机制城乡一体和职业培训体系城乡一体为工作核心。

城乡劳动就业制度的创新，打破了农村劳动力和城市劳动力在政策制度上的界限，主要表现在这三个方面：一是农村劳动就业权益得到了保障，就业质量获得了提升，为城乡经济社会的融合发展创造了稳定的环境。二是加速了城乡人口流动，改变了传统城乡人口转移格局。三是农民非农就业比例不断提高，带来了产业结构调整效应，从根本上改变了农村长期以来以农业为主的传统产业结构，增加了农民非农收入，缩小了城乡居民收入差距。

3. 改革农村土地制度，突破土地要素瓶颈

农村土地制度对城乡融合发展的阻碍主要表现为农村土地所有权界定不清晰、使用权残缺及土地使用权交易市场缺乏。这不仅不利于农村土地资源的合理配置，还使农村呈现出封闭性特征，各要素难以自由组合、流动,从而限制了城乡融合发展。

苏州的农村土地制度创新主要表现为:探索集体建设留用地、城乡建设用地增减挂钩和"万顷良田"建设等政策;以"三置换"转动土地"魔方",形成增量土地。这些形成的增量土地从原则上讲40%用于农民居住安置,20%用于新型工业化建设,40%用于发展服务业;土地增值收益主要归农民所有,落实在现代农业的发展、农村基础设施的配套改善及农村社会保障、公共服务体系的建设方面;建设土地流转管理服务中心,以土地股份合作等新型合作经济组织为载体,通过土地流转,实现规模经营。根据2006年编制完成的苏州镇村布局规划,原苏州市域2万多个自然村,户均占地面积为0.96亩[1],通过实施用地调整,适度归并,最后可节约村庄建设用地28万亩。

苏州通过积极改革农村土地制度,有效地避免了传统土地制度带来的农民积极性不高、土地利用行为短期化及土地利用效率低等负面效应。通过盘活城乡存量建设用地,推进土地节约集约利用,实现农村土地资源的合理流动和优化配置,在带动农村经济发展的同时,使城镇经济基于农村土地的供给也获得了更多的发展养分。

4. 创新股份合作制度,促进农村经济发展

在扶持农村集体经济相对薄弱村(以下简称"薄弱村")脱贫转化方面,苏州各地形成了以兴建、联建标准厂房和集宿楼等,实行"一次扶持、长期得益"为主要形式的"造血型"帮扶机制;在强化市场化运作方面,太仓市及吴江区和相城区等建立镇级农村集体资产经营公司,使资源变资本,搭建起推进农村建设的平台。苏州富民强村经营机制,已经形成产权上明晰、业态上以物业经济为主、目标上促进农民共同富裕的新型农村集体经济;对于农民专业合作经济组织,各级财政每年安排一定数额的支农资金,简化登记手续,减免有关税费、相关规费,加大信贷支持力度,扶持农民专业合作经济组织发展;富民合作社、社区股份合作社自用

---

[1] 1亩约为666.67平方米。

房产和土地的房产税与城镇土地使用税，合作社可按规定申请困难性减免。截至2023年年底，苏州全市审核通过村级集体经济组织家庭123万个，村级集体经济组织成员426万人。

苏州推行股份合作制改革加快了城乡融合发展的进程。其一，通过明晰集体资产和承包土地的权属，确立了农民市场主体地位，促进了农村经济的发展。其二，提高了农民组织化程度，大大增强了城乡融合发展的战斗力。其三，在农业资源日益减少的情况下，股份制激活了农村经营管理制度，实现了组织成员利益的最大化，保障了农民的持续增收。其四，股份合作制有利于农民民主化管理，推动了基层组织建设逐步完善，构建了农村和谐社会。下面是苏州市股份合作制改革相关政策的部分文件列表（表2-2）。

表2-2 苏州市股份合作制改革相关政策的部分文件列表

年份	文件
2005	《关于加快发展农村专业合作经济组织的意见》
	《关于加快推进和完善农村社区股份合作制改革的实施意见》
	《关于积极探索农村土地股份合作制改革的实施意见》
	《关于规范农民专业合作社等各类农村新型合作经济组织工商登记管理的通知》
	《关于农村合作经济组织奖励实施细则》
2006	《关于扶持发展农村富民合作社的意见》
2008	《关于进一步规范各类农村合作经济组织工商登记管理的通知》
	《关于农村合作经济组织税收扶持若干意见》
2009	《关于农村新型合作经济组织换届选举工作的指导意见》
	《关于规范完善农村新型合作经济组织收益分配工作的指导意见》
	《关于推进农村专业合作社规范化建设的意见》
2010	《关于开展"五好"农民专业合作社示范社建设行动的通知》
2011	《关于加快发展农村劳务合作社的意见》
	《关于加快股份合作经济转型升级的若干意见》

5. 加大支农力度，提供财政金融有力保障

公共财政和农村金融是推动城乡融合发展的重要保障，但在我国城乡二元经济结构下，财政、金融等资源的配置向城镇倾斜的问题比较严重。财政和金融方面的支农结构不合理，支农资金的使用和管理效率低，支农力度明显不足，阻碍了农业、农村的经济发展，制约了城乡融合发展。

苏州以公共财政制度改革为重点，完善农业支持保护制度，在江苏省率先对粮食规模经营户实施收购价外补贴，率先探索出基本农田保护和生态补偿机制，不断增强农业发展支撑力。如：苏州市各级财政建立专项资金用于农业园区建设；基本建成国家、省、市、县四级保险体系；开创性地设立"农贷通""农利丰""采购通""金色计划"等支农品牌，累计担保量位居全国第一；创建农村小额贷款公司，其注册规模和数量位居江苏省第一。苏州通过加大财政金融的支农力度，破除了农村在财政、金融方面的种种限制，取得了一定的成效。其一，有效防止了农村资金的严重外流。其二，平衡了财政、金融资源在城乡之间的分布。其三，为农民解决了贷款难等问题。这些措施促进了农村经济的发展、农业产业结构的转型和农民的持续增收，为城乡融合发展提供了财政、金融方面的有力保障。

6. 创新生态补偿制度，改善城乡生态环境

为加大生态保护力度，提升农民的收入水平和生态保护积极性，苏州出台了《关于建立生态补偿机制的意见（试行）》（以下简称《意见》），明确生态补偿标准。按照《意见》提出的逐步扩大生态补偿范围，增加补偿内容，提高补偿标准的要求，部分区（县级市）在实施生态补偿中，从政策、机制上积极探索实践，突出特色，创新举措，积极完善区域生态补偿机制（表2-3）。生态补偿机制进一步调动了干部、群众保护生态的积极性，使其主动参与生态建设与生态保护的意识得到了明显增强，为城乡融合发展奠定了良好的生态环境基础，同时也在一定程度上提高了农村经济发展的整体水平。

表 2-3　苏州市部分区（县级市）生态补偿机制情况

区（县级市）	生态补偿机制内容
吴中区	制定了生态补偿专项资金管理办法，并与接受生态补偿的镇（街道）、村（社区）签订生态保护责任书，用责任书的形式明确生态保护责任。将镇级集中式饮用水水源地、连片 200 亩以上的水稻田及与阳澄湖水面相接的村（社区）纳入生态补偿范围，并增加耕地保护专项资金来源，明确凡基本农田按标准整治改造的，按 1 000 元/亩予以补偿
相城区	实行生态补偿标准动态调节，出台《相城区生态补偿管理办法（试行）》，对太湖、阳澄湖沿岸纵深 1 千米范围内涉及的村（社区）按户籍人口数划分不同标准，实施生态补偿，对户籍人口数少于 3 000 人的村（社区）每年补偿 25 万元，对户籍人口 3 000 人以上的村（社区）每年补偿 30 万元
高新区（虎丘区）	扩大生态补偿金使用范围，生态补偿资金的 1/3 将用于社区股份分红，一部分用于对本村村民因病、因残致贫的特困户补助，一部分用于环境保护和修复及蓝藻打捞、水环境维护等
太仓市	出台了《建立生态保护建设补偿机制的意见》，对 4 项补偿对策进行调查摸底，比如 2010 年安排补偿资金 1.6 亿元，着力加强农田保护、水稻田保护，推进高标准农田建设

7. 破除城乡二元分割的社会保障与公共服务制度，缩小城乡差距

在我国，农村一直面临着社会保障制度缺失的问题，与城镇形成强烈的对比。此外，除社保方面的城乡差距之外，在公共医疗、义务教育等基本公共服务的供给上也呈现出城乡之间的严重失衡，进一步拉大了城乡差距。城乡二元分割的社会保障与公共服务制度，不利于和谐社会的构建，已无法适应构建城乡经济社会融合发展新格局的紧迫要求。

苏州致力发展城乡一体的社会保障制度，建立城乡融合发展的公共服务体系，让农民与市民共享社保，让农民与市民均等受惠。在社会保障方面，积极探索建立城乡一体化的养老保险制度、医疗保险制度、生育保险制度。在全国率先全面实现农村社会保障全覆盖，城乡社会保障全面并轨。在公共服务方面，苏州已形成了"一个平台、四个体系"，即行政村（社区）基层人保服务机构及平台，城乡融合发展的就业创业公共服务体系、社会保障公共服务体系、职业培训公共服务体系、信息网络公共服务体系。城乡统一的社会保障制度及公共服务的均等化发展，为农民解决了后顾之忧，扩大了农

村公共服务产品的供给，引导了城市公共服务资源向农村流动，保障了城乡居民共享城乡融合的发展成果，助推了城乡融合顺利、有序发展。下面是苏州市社会保障与公共服务相关政策的部分文件（表2-4）。

表2-4 苏州市社会保障与公共服务相关政策的部分文件

年份	文件
2003	《苏州市农村基本养老保险管理暂行办法》
	《苏州市农村合作医疗保险管理办法》
	《苏州市农村特困人群医疗救助管理办法》
	《关于加快实施现代农民教育工程的意见》
	《关于加强农村文化广播电视事业建设的实施意见》
	《关于进一步加强全市农村卫生工作的意见》
2004	《苏州市征地补偿和被征地农民基本生活保障试行办法》
2005	《关于进一步完善苏州市城乡社会救助体系的实施意见》
2009	《关于进一步做好市区被征地农民就业和社会保障工作实施意见》
2010	《关于调整苏州市区被征地农民保养金标准的通知》
	《苏州市新型农村社会养老保险管理办法》
	《关于进一步做好城乡五保供养工作的通知》
	《关于加快实现城乡教育融合发展现代化的意见》
	《关于深化城乡融合发展人口和计划生育综合改革的意见》
2011	《关于加强城乡基层劳动就业社会保障公共服务平台建设的意见》
	《关于调整2011年社会保障对象生活救助（补助）标准的通知》

六、启示与思考

苏州城乡一体化与城乡融合是一个因地制宜、循序渐进的推进过程。在推进城乡融合、促进共同富裕的征程中，我们要有战略定力，遵循经济社会发展规律，根据地域资源禀赋与发展阶段，制定科学的战略目标，发挥政府、市场与社会的力量，将眼前利益与长远利益相结合、局部突破与全局统筹相结合，有破有立，有建有管，方能确保稳健、持续地接近理想状态。

第三章

苏州城乡融合的新进展

如何处理好工农关系、城乡关系，在一定程度上决定着现代化的成败。[1]

——习近平

一、城乡要素市场化配置的体制机制持续健全

（一）深入推进农业转移人口市民化

2016 年，苏州加快深化户籍制度改革的步伐，率先实施市区积分落户办法，正式实施《苏州市流动人口积分管理办法》，持续放宽和放开高校毕业生、技术工人、留学归国人员等重点群体落户限制。2020 年，苏州进一步推出人才落户新政，对大专及以上学历人员大幅放宽落户条件，对其中部分人员实行"先落户再就业"的新落户方式。2016—2022 年，苏州通过放宽落户条件，使市外迁入人数达 101.4 万人，年均增长 23.22%。2020 年，苏州发布的《关于进一步推动非户籍人口在城市落户的实施意见》，提出进一步放宽人才落户条件，租赁房屋常住人口经房屋所有权人同意可以在房屋所在地落户，也可以在房屋所在地的社区落户，

---

[1] 习近平. 把乡村振兴战略作为新时代"三农"工作总抓手 [EB/OL]. (2019-06-01) [2024-05-03]. https://www.gov.cn/xinwen/2019/06/01/content_5396595.htm.

破除隐形门槛。同时，该文件还提出江苏省内特大城市苏州与南京在实施积分落户时，实现居住证年限和社保年限积累互认；探索苏州与无锡、常州等具备条件的都市圈率先实现户籍准入年限同城化积累互认；将持续推进常住人口基本公共服务全覆盖。2020年，苏州还成立了江苏省首家设区市流动人口综合服务管理机构——苏州市新市民事务中心，统筹流动人口服务管理机制，全面深化"放管服"（简政放权、放管结合、优化服务）各项工作。

（二）鼓励和引导人才入乡

苏州出台实施《姑苏乡土人才培养集聚行动计划》，分三个层次遴选出能工巧匠类乡土人才培养对象，择优建立姑苏能工巧匠工作室，下发资金奖励做出突出贡献的各类文化传承类人才，诸如资助文艺创作、授徒传艺、文化采风、课题研究、专著（音像）出版、专业培训、学术交流等。为此，还组建了苏州市乡土人才系列中级专业技术资格评审委员会，组织开展乡村振兴技艺师职称评审和新农村建设者、新型农民、传统工艺新人等重点乡土人才职称专项评审工作，努力打造一支强大的乡村振兴人才队伍。苏州定期开展"苏州民间工艺家"评选活动，扩大苏州民间工艺在全国的影响力，激励民间工艺人才不断钻研。此外，在基层事业单位，苏州还针对专业技术人员大力开展"定向设岗、定向评价、定向使用"工作，用足、用好岗位设置管理的有关政策，在职称评聘和人才流动中注重向基层一线倾斜，切实加强基层专业技术人才队伍建设，持续激发基层事业单位专业技术人员创新、创造活力，为乡村振兴提供强有力的人才支撑。部分区（县级市）教育部门已落实职称申报条件向乡村学校教学一线岗位倾斜的工作，实现"即评即聘"，对聘用到相应岗位的乡村教师，兑现相关待遇，有效激发乡村教师队伍活力；同时，围绕新时代优秀村党组织带头人、优秀村"两委"班子成员、优秀青年骨干三类人才，积极培养和集聚乡村治理类人才。

（三）健全财政金融有关政策支持

第一，苏州全市各级财政坚持农业农村优先发展，优先保障与乡村振兴相关的投入。2022年，苏州农林水预算支出为127.58亿元，占全市一般公共预算支出的5.1%，加上中央、江苏省转移支付资金预计12.8亿元，2022年苏州财政对农林水的投入达到140亿元左右，投入继续保持只增不减。苏州财政出资设立10亿元乡村振兴基金，带动社会资本投资支持苏州乡村振兴产业项目，截至2022年6月底，累计资金规模达137.1亿元；推动农业保险高质量发展，推出险种39个，提供农业生产风险保障478亿元；设立7 000万元农业担保贷款基金，为新型农业经营主体提供信贷担保。在江苏省下达的政府债务限额内，鼓励无收益的农业农村建设项目申报政府一般债券，鼓励有一定收益且符合专项债券条件的农业农村建设项目申报政府专项债券。2022年，苏州发行用于农业农村建设的政府债券3.27亿元。

第二，积极完善政府性融资担保体系，做好"三农"市场主体的融资担保服务。积极引导融资担保机构专注主业，提升对小微企业和"三农"市场主体的服务质量，形成"1+4"政府融资担保机构布局，督促政府性融资担保机构严格落实"四个不得"[1]要求，着力缓解小微企业和"三农"市场主体融资难、融资贵的状况。根据地方金融组织支持企业融资和发展的情况，引导符合条件的融资担保机构接入苏州综合金融服务平台，为它们提供征信大数据支撑和银行信贷合作支持。

第三，发挥综合金融服务体系作用，加大对"三农"市场主体的信贷支持。优化和升级苏州综合金融服务平台，打造全国领先的数字化综合金融服务平台，着力提升金融服务"三农"市场主体的覆盖面、精准性和数字化程度。引导金融机构积极开发并推出针对性强的"三农"金融产品，加强对"三农"市场主体的金融支持。为解决涉农小微企业尤其是农户的融资需求，积极发挥征信大数据作用，组织推进农村信用建档评级试点工作，以户为单位建立信用评分机制，通过专属平台实现精准画像，提升农

---

[1] "四个不得"指不得偏离主业盲目扩大业务范围，不得为政府债券发行提供担保，不得为政府融资平台融资提供增信，不得向非融资担保机构进行股权投资。

户的获贷能力。江苏昆山农村商业银行股份有限公司已初步构建起昆山市农村动态信用积分体系,以网格员评议、村民自评来实现信用积分的积累。

二、城乡基本公共服务均衡发展

(一)推进城乡教育均衡发展

第一,推进集团化办学。苏州市深化集团化办学改革,通过名校设立分校(校区)、学校发展共同体、校际协作帮扶等多种形式,输出名校先进办学理念、成功管理模式、有效课程教学和优秀教师团队,充分放大名校示范和辐射作用,切实打破城乡学校、区域划界形成的"壁垒"。截至2022年,苏州共有幼儿园教育集团45个,义务教育阶段教育集团196个,高中教育集团13个,跨学段教育集团41个,集团成员学校1 105所,覆盖在校学生约138.79万人,基本实现义务阶段集团化办学全覆盖。

第二,实施云上教育同城帮扶行动。为了促进教育公平,推动优质教育资源共享,实现中小学生同城同等待遇,启动实施云上教育同城帮扶行动,出台《苏州云上教育同城帮扶计划》等文件,完善顶层设计,明确发展目标、实现途径和激励机制。聚焦课堂教学帮扶,开展课堂讲授、问答互动、作业布置、同考同批等教学工作;聚焦教师帮扶结对,搭建教师共同成长平台,充分利用信息化技术缩短薄弱学校教育教学质量与优质公办学校的差距。2021年,苏州利用线上、线下相结合的方式开展4 000次同城帮扶教研活动,受惠学生超过50万人次。

第三,推动教师交流轮岗。探索推进"县管校聘"管理体制改革,加强教师之间的沟通交流,以突破政策制度方面的瓶颈。组织各地立足区域实际,制定教师交流3—5年规划和学年度计划,各地通过组建教育集团、学校联盟等方式,推动优质公办学校与乡村学校、薄弱学校之间的校长、教师交流轮岗。2021年,苏州参加交流的教师有5 239人,占符合交流条件教师人数的22.47%,骨干教师交流人数2 305人,占符合交流条件骨干教师人数的28.23%,超过"两个15%"的省定要求。

（二）健全乡村医疗卫生服务体系

第一，扎实推进基本公共卫生服务项目实施。苏州全面推进居民健康档案管理、健康教育管理、预防接种管理、传染病防治管理、儿童健康管理、孕产妇健康管理、老年人健康管理、慢性病患者健康管理、重性精神疾病患者管理及卫生监督协管服务、中医药健康管理服务等方面的工作。截至2021年年底，居民健康档案建档率达92.86%，儿童健康管理率达98.11%，一类疫苗接种率均在99%以上，65岁及以上老年人健康管理率达64.25%，高血压患者规范管理率达75.63%，2型糖尿病患者规范管理率达74.18%，严重精神障碍患者规范管理率达94.63%，老年人中医药健康管理率达68.83%，儿童中医药健康管理服务率达92.11%。

第二，全面开展健康镇村建设。苏州将健康镇村作为打造健康中国典范城市、促进共同富裕的重要载体和抓手，根据江苏省健康镇村建设标准，围绕普及健康生活、优化健康服务、完善健康保障、创设健康环境等开展工作。截至2023年年底，苏州累计建成省级健康镇42个、省级健康村（社区）637个，健康镇比例达到87.5%。[1]

（三）加强乡村文化供给工作

第一，探索主客共享公共文化空间。苏州将乡村文化、旅游服务功能与新农村发展内涵有机统一，提出"8+X"建设模式，即将"宣传栏目+图书馆、文化馆分馆+标识导视+中老年文体室+妇女儿童活动室+公益性文化岗位+文体设施设备+多功能室"功能融合。打造村民与游客互动、互用、互乐的交流空间，诸如张家港市南丰镇永合社区综合性文化服务中心、张家港市金港镇南沙社区综合性文化服务中心等，为游客了解当地生活情景、乡村民风民俗提供场所，提高村民与游客的黏合度和认知度。

第二，持续开展"公共文化配送"文化惠民工程。突出以需定供，落实"菜单式"点选、"订单式"配送机制，按照群众喜爱程度采购公共文

---

［1］苏州市卫生健康委员会.2023年江苏省健康镇村、健康社区评估结果公布［EB/OL］.（2024-01-10）［2024-06-09］.https://wsjkw.suzhou.gov.cn/szswjw/bdxw/202402/892914770d074efa9ac42ba9b4cd63fa.shtml.

化产品。其中，以戏剧曲艺、音乐舞蹈为代表的文艺演出类产品，以人文历史、国学经典为主要内容的讲座导赏类产品，以城市微旅行为主要形式的文旅融合类产品，以全民阅读、亲子活动为主的特色活动类产品，以文化艺术、非遗文物为主题的展览展示类产品颇受欢迎。突出市域一体化，提升公共文化服务地域均等化水平。2021年，苏州10个区（县级市）全部纳入公共文化配送范围，实现市域全覆盖。全市镇（街道）、村（社区）点选的项目，创下了历年新高，吴江区、工业园区、高新区（虎丘区）等分别开展了区级配送服务，全年累计采购活动超千场。

（四）健全城乡社会保障体系

苏州全面落实企业职工养老保险全国统筹制度，系统推进失业保险、工伤保险省级统筹工作；全面开展参保扩面提质行动，推动农业转移人口等"应保尽保"。完善被征地农民社会保障制度，确保符合条件的新增被征地农民"应保尽保"，制定和发布《苏州市被征地农民社会保障资金个人分账户余额处理办法》，切实维护被征地农民权益。2022年8月，苏州市政府印发《苏州市城乡居民基本养老保险办法》，将政府补贴标准调整为按缴费档次给予相应补贴，进一步提高缴费档次和补贴标准。建立基本生活和照料护理相结合的特困供养标准调整机制，首次明确特困人员照料护理指导标准。扩大长护险惠及人群面，拓展护理项目，提高待遇标准，落地实施居家医疗护理政策，探索长期护理保险异地享受。截至2023年年末，苏州全市企业职工基本养老保险缴费人数为601.68万人；城镇职工基本医疗保险参保人数为836.04万人，比2022年年末增加11.34万人；全市失业保险、工伤保险、生育保险参保人数分别为554.76万人、633.82万人和569.18万人。苏州全市城乡居民低保标准提高到1 115元/月，市区城乡居民基本养老保险基础养老金标准提高到655元/月，全市最低工资标准为2 280元/月。[1]

---

[1] 苏州市统计局，国家统计局苏州调查队. 2023年苏州市国民经济和社会发展统计公报[R/OL].（2024-03-13）[2024-06-09]. https://www.suzhou.gov.cn/szsrmzf/ndgmjjhshfztjsjfb/202403/24da355e7a19462a8116aa36896738c1.shtml.

三、城乡人居环境和乡村治理能力持续提升

（一）加强城乡发展统筹规划和合理布局

第一，积极推进国土空间总体规划的编制工作。苏州建立市域统筹协调的国土空间规划体系，科学划定生态保护红线、永久基本农田、城镇开发边界等控制线；完成镇村布局优化工作，根据2020年全市镇村布局规划完善成果。苏州所有自然村被划分为2 061个集聚提升类村庄、690个特色保护类村庄、94个城郊融合类村庄、3 975个搬迁撤并类村庄和6 308个其他一般村庄，分别执行不同的规划建设标准。有序推进村庄规划编制，出台《苏州市村庄规划编制细则（试行）》，有效指导村庄规划编制和"规划师下乡"活动。根据国家、江苏省不片面追求村庄规划编制全覆盖的要求和应编尽编、解决实际问题的原则，截至2023年年底，苏州已全面实现城镇开发边界外村庄规划的全覆盖。全市共形成467个"多规合一"实用性村庄规划成果，这些成果覆盖了819个行政村，为苏州的村庄融合发展绘制了一幅清晰的蓝图。[1] 同时，苏州积极开展"规划师下乡"活动，创建挂牌"规划师下乡"工作站，实现所有涉农板块全覆盖。

第二，积极推进农村道路建设。苏州科学编制路网规划，从建设、管理、养护、运营四个维度规划公路网高质量发展。在"十二五"时期投资300亿元的基础上，"十三五"时期投资近80亿元，进一步提升农村公路通达深度、技术等级和安全保障水平，截至2023年8月，苏州农村公路里程接近1万千米，占公路总里程的85%，实现了农村物流网络100%覆盖，农村公路通达条件、技术等级、路况水平持续保持全省领先。[2] 苏州推进"城乡统筹、以城带乡、城乡一体、客货并举、运邮结合"模式，

---

[1] 王安琪. "多规合一"成果覆盖819个行政村　苏州持续推动村庄规划水平提升［N/OL］. 苏州日报，2024-03-14［2024-06-09］. http://www.subaonet.com/2024/szyw/0314/861130.shtml.

[2] 侯成成，顾小洁，张红军. 苏州交通：构筑美好农路，铺就"诗与远方"［N/OL］. 新华日报，2023-08-11［2024-06-09］. https://xh.xhby.net/pc/con/202308/11/content_1228314.html.

构建城市公交、城镇公交、镇村公交的城乡公交三级网络架构体系，全市镇村公交开通率达100%；实现全域公交一卡通乘，解决了"最后一公里"的出行难题。苏州已开通毗邻公交线路54条，其中与沪、浙毗邻线路31条。苏州城乡公交运营线路639条，营运里程1万多千米，道路客运融合发展水平达5A级，以农村客运站、公交首末站建设为重点，建设标准化农村客运站（公交首末站）、候车亭，行政村候车亭（牌）覆盖率达100%。此外，苏州还推进新能源镇村公交发展，新能源及清洁能源公交车占全市城乡公交的69.76%，并仍在持续增加；农村物流网络体系实现苏州大市范围内全域覆盖，城市配送或农村物流服务实现大市范围内100%覆盖。

第三，持续推进城乡生活污水治理。苏州以城乡污水"全覆盖、全收集、全输送、全处理"为目标，构建"源头管控到位、厂网衔接配套、管网养护精细、污水处理优质、污泥处置安全"的污水治理新格局，努力将城市建成区和江南水乡古镇区75%以上面积、乡镇建成区65%以上面积建成污水处理提质增效达标区（以下简称"达标区"）。截至2023年，苏州全市国省考断面水质优Ⅲ比例为95%，太湖苏州片区水质达"十三五"时期以来最高水平，连续16年安全度夏；基本消除城乡劣Ⅴ类河道，累计建成幸福河湖超2 200条，[1]高新区（虎丘区）等部分区域已实现"达标区"全覆盖。

（二）推进城乡基础设施融合发展建设

第一，开展公共基础设施城乡融合发展管护体制改革试点工作。苏州从开发区、经济发达镇、经济薄弱镇三个维度，在昆山选取昆山高新区（虎丘区）、周市镇、淀山湖镇三个区镇作为重点区镇，率先开展设施管护体制改革，探索深化设施管护改革的有效形式和成功做法。以养老类、交通运输类、水务类、文化类、卫生健康类、绿化景观类、环卫设施类七个

---

[1] 龙美娟，王亚男. 苏州全面加强现代水网建设 "东方水城"交出治水新答卷［N/OL］. 新华日报，2024-05-10［2024-06-09］. http://jswater.jiangsu.gov.cn/art/2024/5/10/art_42852_11240382.html.

领域为重点，通过统一城乡管护机构、统一经费保障、统一标准制定等方式，逐步将城市公共基础设施管护资源、模式和手段延伸到区镇，突出特色、打造亮点、树立标杆、做出示范，形成可复制、可推广的管护经验，梯次分级、分领域推进全市各类设施管护体制改革。

第二，统筹城乡供水管理体制，完善农村供水设施的布局和改造。为了保证县级以上供水企业将水厂生产的水向镇村供应，苏州大力推进水厂新扩建工程和供水干管工程，确保输送系统的完善和向镇村供水有足够的水量；积极开展水源地达标建设，积极创建水厂深度处理工程。2022 年，苏州共有 12 个区域供水水源地，且全部具备深度处理能力，水质综合评价均为 Ⅱ 类水。[1] 城乡统筹区域供水乡镇覆盖率达 100%，乡镇范围内区域供水入户率达 100%。

(三) 加强乡村治理体系建设

第一，规范村（居）委会换届选举。苏州完善村居选举操作指引，制定《苏州市居民委员会直接选举操作指引》《苏州市居民委员会居民代表方式选举操作指引》，梳理选举全部环节，首次明确居民代表、小组长、兼职委员等推选流程；健全村（社区）"两委"成员联审机制，制定《苏州市村（社区）"两委"人员联审实施办法》，从"选任审查""常态筛查"两个层面和"对象""内容""流程""结果运用"四个维度，全面、具体明确村（社区）"两委"成员联审工作要求，重点就受过刑事处罚、存在"村霸"或涉黑涉恶问题等情形明确了处置原则和要求，严防黑恶势力侵蚀基层政权。2021 年 3 月底，苏州全面完成村（居）委会换届选举，全市 902 名村党组织书记、1 166 名社区党组织书记通过民主选举兼任村（居）委会主任，"一肩挑"比例分别达 95.86%、99.49%，其中 5 个区（县级市）整体实现村（社区）书记主任 100%"一肩挑"。

第二，完善基层自治机制。苏州健全治理队伍，以村（居）委会换届

---

[1] 苏州市水务局. 2022年苏州市水资源公报［R/OL］.（2023-12-06）［2024-06-09］. http://water.suzhou.gov.cn/slj/tzgg/202312/e8d25e8bb54744c4a37a92147b0a04fd.shtml.

选举为契机，全面完成村（居）民代表、村（居）民小组长和村务监督委员会成员推选工作，选齐配强村民议（理）事会等议事组织成员；完善自治机制，加强村（居）委会规范化建设，建立健全村（社区）"两委"议事决策、工作例会、财务管理等各项工作规章制度，落实村（居）民代表会议制度及重大事项"四议两公开"等要求；创新协商实践，推动城乡社区进一步健全完善村（居）民议事会、恳谈会、协商共治小组等城乡社区议事组织和议事清单、议事规则、成果运用等协商机制，持续深化"院落楼栋居民自治"和"以村民小组或自然村为基本单元的村民自治"等"微自治"实践。

第三，加快推进动态巡防管控平台等建设。苏州推动巡防勤务扁平化指挥、可视化管理、流程化运作、移动化采集，依托科技化、智能化手段推动乡村治安防控体系建设，实施"雪亮工程"，建设满足大规模前端联网接入的资源池，继续推进二、三类视频监控联网。

第四，构建基层"互联网+政务服务"平台，推动政务服务向基层延伸。从2018年开始，按照分类管理的理念，苏州进一步推动自然人服务向基层延伸，线上建成以多业务专网对接为支撑的基层"互联网+政务服务"平台，线下全面推进基层公共服务重心下移、布局均衡、一窗受理、联动办理，高标准打造市、区（县级市）"1+10"基层"互联网+政务服务"线上平台；全面推动镇（街道）便民服务中心、村（社区）便民服务站建设，形成"集中办理、一站式办结"模式。为了让城乡居民在家门口就能办成事，苏州高质量打造"15分钟政务服务圈"，完善以"市—区（县级市）—镇（街道）—村（社区）"四级政务服务网点为主体，"政银合作""融驿站"等社会多元主体参与的政务服务体系，持续建设四级"帮办代办"队伍，创新"政务+警务""政务+银行"等举措，为企业、群众热心服务，打通基层政务服务"最后一公里"。截至2023年，苏州实现便民服务中心"综窗"全覆盖，便民服务站"全科社工"全覆盖，还专门为有办事需求但行动不便的老年人提供"跑腿式"上门帮办、代办服务，力争让老年人线下办事"无障碍"。

四、乡村经济繁荣发展

（一）强化农业科技创新和推广

第一，开展农业科技应用示范。以提高农业科技创新能力、培育和壮大区域农业特色产业为目标，苏州重点围绕农业新品种、新技术、新装备开展农业科技研究成果集成创新与应用示范，引导农业企业在现代产业领域持续进行研究开发与技术成果转化，获取核心自主知识产权，提升现代农业特色产业水平和规模，发挥其对当地农民的较强示范和带动作用。2022年，苏州培育农业上市企业10家，昆山市获评全国农业科技现代化先行县。

第二，推进农业科技园区建设。通过市级农业科技发展计划，苏州鼓励引导农业科技园区组织园内企业开展农业共性关键技术研发与示范，在促进现代农业发展、增加农民收入和推进农村城镇化等方面发挥先行示范作用，促进区域科技创新能力和服务能力的提升。苏州已建有1家国家级农业科技园——江苏常熟国家农业科技园区及7家省级农业示范园。

第三，加强省级农村科技服务超市建设。以农村科技服务超市为依托平台，面向农业企业、专业大户、小农户等在农业领域的实际需求，开展综合性的科技服务，加快科技成果转化与新技术、新产品的示范推广，支持和促进农业科技创新发展。截至2022年9月，苏州共有省级农村科技服务超市31家。

第四，加强农业"星创天地"建设。以构建农业众创空间为目标，依托农业园区和涉农高校等，苏州利用线下孵化载体和线上网络平台，为科技特派员、农村中小微企业、大学生等提供创意创业空间、创业实训基地、农业种植养殖示范基地，构建科技咨询、质量检测、创业培训及辅导、管理、法律、财务等方面的新型综合服务体系。截至2022年9月，苏州已建成省级及以上农业"星创天地"22家。

（二）构建现代农业产业体系

第一，加强农村第一、第二、第三产业融合发展用地服务保障。苏州建立了市级农业农村项目库，对全市 22 个挂钩联系乡镇进行了新增建设用地计划指标差额奖励，专项用于农村民生、公共基础设施建设和第一、第二、第三产业融合发展等乡村振兴配套项目，共计用于奖励计划的土地为 210 亩。此外，苏州还全面推进"三优三保"[1] 升级版行动，立足当地资源禀赋和经济社会发展需求，明确增减挂钩拆旧复垦和新建使用的规模，加快编制增减挂钩专项规划；进一步严格了新增耕地项目立项选址论证、项目入库和用地审批、新增耕地质量建设，同时探索土地整治项目入库现场踏勘机制和土壤污染准入机制，加强新增耕地项目准入和全过程监管，实行"耕地质量等别评定后预验收"和"耕地质量等级评定后正式验收"的分阶段验收机制，保证新增耕地质量经过多层把关。2017—2021 年，苏州共制定 61 个"三优三保"专项规划，规划盘活存量用地 23.43 万亩，其中原地盘活 2.85 万亩，异地盘活 20.58 万亩，全市共验收复垦项目 1 881 个，实现新增农用地 6.28 万亩，其中新增耕地 5.91 万亩。数据显示，苏州市单位建设用地 GDP 产出从 2016 年的 41.6 万元/亩提高到 2020 年的 50.08 万元/亩；单位建设用地税收收入从 2016 年的 7.92 万元/亩提高到 2020 年的 9.63 万元/亩。[2] 由此可见，苏州在土地资源集约节约利用水平提升、生态环境保护优化、乡村振兴战略实施上取得了明显成效。

第二，强化品质培优、品牌强农。苏州加强农产品质量安全管理，做优、做强农产品区域公用品牌，制订洞庭山碧螺春、苏州大米等品牌发展方案，累计培育农产品地理标志 17 个、农产品区域公用品牌 33 个。苏州实施机械化、智能化提升行动，加快智慧农业、数字乡村建设，核定轮作休耕面积 15.44 万亩，做好长江"十年禁渔"，组织"亮剑 2022"系列行

---

[1] "三优三保"中，"三优"是指优化建设用地空间布局保障发展，优化农业用地结构布局保护耕地，优化镇村居住用地布局保护权益；"三保"是指保障土地空间优化配置，保障土地资源集约利用，保障生态环境显著提升。

[2] 朱雪芬. 推进"三优三保"积蓄发展动能：苏州市人大常委会主任会议听取相关情况报告 [N/OL]. 苏州日报, 2021-08-06 [2024-06-09]. http://www.subaonet.com/2021/szyw/0806/331404.shtml.

动，非法捕捞案件查处率、移送率均达100%。

第三，推动农文旅深度融合。苏州打造农文旅融合新型实体，建设共享农庄（乡村民宿），以特色农业和乡村民宿为主要特征，坚持规划先行、以农为本、多元融合的原则，培育一批具有较强示范和引领作用的乡村休闲旅游综合体。截至2022年年底，苏州共有国家级、省级乡村旅游重点村19家，省级乡村旅游区52家，具有苏州特色的共享农庄（乡村民宿）77家，乡村精品民宿80家。为整合乡村旅游资源，苏州每年推出10条乡村旅游精品线路，全市现有乡村旅游精品线路60条。2023年，苏州乡村旅游共接待游客2 907.7万人次。[1] 同时，苏州还发挥本土企业熟悉乡情、沟通顺畅、资金雄厚等优势，鼓励国有、乡镇企业集团内部成立乡村旅游发展专业公司。张家港市南丰镇永联村成立苏州永联旅游发展有限公司，立足农业特色，深入挖掘传统江南农耕文化，打造出苏州江南农耕文化园，促进当地2 000多名村民就业。依托环太湖公路，"太湖蓝、滨湖红"成为苏州惬意的骑行道路，苏州太湖国际马拉松赛成功发展为中国田径协会A类赛事、中国马拉松"金牌赛事"，该赛事与环太湖国际公路自行车赛、昆山淀山湖追日半程马拉松等体育赛事在全国都具有较大影响力。

（三）加大乡村人居环境建设力度

苏州坚持从"全面、全域、全力、全民"四个维度发力，扎实开展农村人居环境整治提升行动，建设"五美五好"（生态美、绿色发展好，环境美、生活品质好，业态美、产村融合好，人文美、乡风治理好，常态美、长效管护好）宜居宜业和美乡村。2019—2021年，昆山市、太仓市、苏州市本级农村人居环境整治提升工作先后获国务院督查激励，实现"三连冠"。2023年3月，中国农业科学院发布《中国农村人居环境发展报告（2022）》。该报告显示，苏州连续两年综合评分在95个参评城市中位列第一。到2023年5月，苏州累计建成71个江苏省特色田园乡村（数量并列全省第一），建成市级92个特色精品乡村、4 100个特色康居乡村和85

---

[1] 资料来源于苏州市文化广电旅游局（内部资料）。

个特色康居示范区，康居和宜居乡村占比超99%（除搬迁撤并类村庄之外）。[1]

（四）探索生态产品的价值实现机制

第一，开展自然资源调查监测。苏州强化重要生态功能区、生态敏感区及各类生态空间管控区域的生态产品监测，启动林草湿调查监测，准确获取林草湿资源种类、数量、结构、分布、质量、功能、保护利用状况等年度指标；实施野生动物专项调查、野生植物资源普查、外来入侵物种普查，进一步摸清全市野生动植物资源现状，累计记录到陆生野生动物494种。依托江苏太湖湿地生态系统国家定位观测研究站，对鸟类、水环境等开展连续监测，开展湿地智慧感知系统建设。此外，苏州还开展城镇地价动态监测、城镇基准地价、集体建设用地基准地价、农用地基准地价和城镇标定地价制定工作，构建完整的政府公示地价体系，启动园、林、草地分等定级与估价。

第二，推进生态保护修复。苏州加强山水林田湖草系统性保护修复，围绕水质净化、生物多样性保护等方面，有效加强各类生态系统提供的生态产品调节服务功能；重点实施高等级公路绿色通道森林抚育市级试点示范工程、丘陵山地低效林改造市级试点示范工程，以试点示范工程引领造林绿化重点转向森林质量精准提升；开展湿地保护小区划定工作，实施吴中区金庭镇消夏湾、吴江区黎里镇章湾荡中央财政资金湿地保护修复项目，打造长江经济带、长三角融合发展湿地修复示范工程。

第三，提升生态产品物质供给能力。苏州依托优美自然风光，打造旅游与康养休闲融合发展的生态旅游开发模式，组织申报省级森林步道，其中苏州吴中区缥缈峰森林步道、苏州上方山森林步道成功列入2022年江苏省政府民生实事工程。此外，苏州还开展病虫害绿色防控工作，提升生态产品品质，创新建立苏州市山区生物防治示范林，探索"以虫治虫、以

---

[1] 苏州市农业农村局.对市政协十五届二次会议第449号提案的答复（苏市农复〔2023〕38号）[EB/OL].（2023-05-23）[2024-05-10]. https://www.suzhou.gov.cn/szsrmzf/bmwj/202312/8f3aa9859dac4cba9fa54fd2b0557bf3.shtml.

菌治虫"的病虫害绿色防控新模式。2010年7月，苏州出台《关于建立生态补偿机制的意见（试行）》，在江苏省率先实施公益林、湿地生态补偿。2014年10月，《苏州市生态补偿条例》正式施行，将重点公益林、重要湿地纳入了补偿范围。2015年，苏州市政府制定出台《苏州市生态补偿条例实施细则》，明确了获得公益林、湿地生态补偿的对象须履行的保护职责。此外，苏州还根据生态公益林实际管护支出成本，每3年调整完善生态补偿政策标准。自2010年实施生态补偿到2023年年底，苏州共安排生态补偿资金129亿元，共有117.3万亩水稻田、31.4万亩生态公益林、171个湿地村、51个水源地村、10.26万亩风景名胜区得到了补偿。[1]

五、农民收入水平稳定提升

（一）增加农民工资性和转移性收入

第一，提升农民素养，促进农民就业。苏州落实《姑苏乡土人才培养集聚行动计划》，选派优秀年轻干部到镇挂职，落实激励关爱驻村第一书记"八条举措"；建立覆盖城乡的就业服务体系，在涉农区域开发乡村公益性岗位，扶持农民创业；印发提升高素质农民培育质效实施意见，联合多部门签订全面推进乡村振兴、全民健身、全民健康深度融合合作框架协议，开展农民体育文化系列活动。

第二，培育新型农业经营主体，推动农业企业做精做强。2021年，苏州新增市级农业龙头企业20家、省级农业产业化重点龙头企业3家，全市314家县级以上龙头企业预计实现销售收入1 530亿元，带动农户270多万户。

第三，持续开展精准帮扶。苏州开展50个机关部门和企事业单位挂钩联系、帮扶结对50个薄弱村，做好挂钩联系全覆盖。2021年，苏州市

---

[1] 李文娣，康小娟. 万顷湖光尽凝碧：江苏省苏州市太湖生态岛生态补偿机制建设发展纪实[N]. 中国财经报，2024-05-30（6）.

级财政安排 5 000 万元用于支持 29 个富民载体项目建设和薄弱村公共服务支出补贴，进一步增强薄弱村的造血能力，着力构建薄弱村增收长效机制。

（二）增加农民经营性和财产性收入

第一，深化农村集体产权制度改革。苏州完善农村产权线上交易平台，制订苏州市农村集体资产商业化保险实施方案。2023 年，苏州村级集体总资产为 1 325 亿元，其中经营性资产为 895 亿元。[1]

第二，深化农村土地制度改革。一方面，巩固承包地确权登记颁证成果，苏州成功申报全国农村承包地确权登记颁证工作典型地区，成为全省唯一入选的地级市。另一方面，开展宅基地资格权认定工作，在昆山实施全国农村宅基地制度改革试点。

第三，推进集体经营性建设用地入市试点。张家港、常熟、吴江等地先后启动集体经营性建设用地入市试点，使农民不仅能获得土地收益，还能享受持续增值，实现了集体建设用地与国有建设用地同等入市、同权同价，从而有效壮大农村集体经济，增加农民财产性收入。建立了以"两确保、一增强"为核心的土地增值收益分配机制，有效保障地方政府、农村集体经济组织、农民群众三方共赢；协同自然资源和规划局、国家金融监督管理总局、中国银行保险监督管理委员会、中国人民银行等部门，推动集体土地抵押融资体系建设，保障抵押权能。

第四，拓宽投入渠道。苏州提高土地出让收入用于农业农村的比例，集中支持乡村振兴和农业农村现代化重大工程、重大项目；全面推行涉农资金统筹整合长效机制，实行"大专项+任务清单"管理模式；发挥财政资金杠杆作用，做强做优乡村振兴产业发展基金，2023 年基金规模达137.1 亿元。[2]

---

[1] 资料来源于 2024 年 4 月 24 日查颖冬在苏州市第十七届人大常委会第十四次会议上的讲话《关于苏州市农村集体经济发展情况的报告》（内部资料）。

[2] 资料来源于 2024 年 2 月 29 日中共苏州市委农村工作办公室发布的 2023 年度乡村振兴工作进展情况及 2024 年重点工作安排通报（内部资料）。

六、启示与思考

苏州推进城乡一体化改革与城乡融合发展，产生了深远的影响。在实施乡村振兴战略的过程中，苏州通过城乡融合发展，促进了城乡要素自由流动，推进了城乡经济社会协调发展，改变了经济增长方式，扩大了内需，促进了消费，保护了生态环境。

第四章

苏州城乡融合推动共同富裕的深远影响

> 推进中国式现代化，必须全面推进乡村振兴，解决好城乡区域发展不平衡问题。[1]
>
> ——习近平

苏州实践证明，加强城乡深度融合，不仅是共同富裕的必由之路，还将对经济高质量发展、扩大内需、生态环境可持续发展产生不可估量的影响。这既有助于人们在城乡区域发展战略中统一思想，把城乡融合发展放到更加重要的位置，也有助于人们认识到城乡融合发展的重要价值。

一、城乡融合推动经济发展方式转变

（一）要素配置效率提高是转变经济发展方式的关键环节

所谓经济发展方式，就是推动经济发展的各种要素投入及其组合的方式，其实质是依赖什么要素、借助什么手段、通过什么途径来实现经济发展。经济发展方式转变的目标是资源的有效配置和高效利用。

美国经济学家克鲁格曼等人的研究发现，中国的经济增长之所以长期

---

[1] 朱隽，贺林平，常钦，等. 推进中国式现代化，必须全面推进乡村振兴[N/OL]. 人民日报，2023-04-16[2024-05-03]. http://paper.people.com.cn/rmrb/html/2023-04/16/nw.D110000renmrb_20230416_2-01.htm.

保持较高速度，主要源于两个方面：一是要素投入量的不断增加，并非单要素生产率和全要素生产率的提高；二是要素成本低带来的竞争优势，并非竞争性收益率提高促成的优势。这种低生产率、低成本下量的投入扩张带来的高速增长，不仅难以持续，而且必将带来经济泡沫。所以，增长能否真正建立在要素配置效率提高的基础上，是能否转变发展方式、实现可持续发展的关键。

然而，要素配置效率的提高，不仅依赖土地、劳动、资本本身质态的提升和科学技术的进步，还依赖影响这些资源如何配置的体制机制。其中，要素市场的完善和相应的配置体制改革是关键。在市场机制作用下，资源只有从低效率的部门转向相对高效率的部门，才能大幅推动经济增长效率的提升。因此，大力推进市场化进程，完善竞争秩序，将极大地推动我国经济增长要素配置效率的提高。然而，由于我国的要素市场化尚处于发育初期，劳动、资本、土地等要素市场的发育较为滞后，无论是各类要素市场的竞争主体机制（主要是产权制度），还是要素市场的竞争交易机制（主要是价格制度），都还处在形成和构建过程中，而且不同的要素市场发育在总体水平不高的基础上存在着发展不均衡的状况。对我国当前的经济状况来说，推进这一历史进程具有极为重要的意义，特别是对转变发展方式、提高经济增长率有着极为重要的作用。

（二）城乡二元结构严重制约着要素配置效率的提高

长期的城乡经济社会双重二元结构，固化了资源之间的组合，割裂了城乡之间经济要素的自由流通，降低了资源配置的效益和效率，造成了城市与乡村发展的严重分化，进一步拉大了城乡差距。具体表现在：其一，城乡二元户籍制度造成了城乡市场的分割，阻碍了全国统一大市场的形成和市场经济体制的完善。城乡劳动力流动和城乡市场相对分割，极大地限制了城乡生产要素的合理流动和优化组合，使城乡之间在资金、劳动力、技术发展上出现失衡，构成了农村人口就业的体制性障碍，降低了经济投入的产出和效益。其二，城乡二元结构下的土地制度将集体土地排斥在土地流通市场之外，限制了集体土地的流通，导致经济发展效益的降低。同时，在土地征用的过程中，由于现行土地要素的产权及配置方式问题，农民往往处于弱势，农民的土地权益往往得不到很好的保障。其三，城乡二元结构下的公共服务和社保、财税金融结构，使得农民在享用公共服务、社会保障和资金支持等方面的机会无法与城市居民相提并论。一系列的不平等使得大部分农民的受教育程度偏低，农村高素质人力资源缺乏；农村的社保水平低下、覆盖面窄，土地成为绝大部分农民的唯一保障；用于农村发展的资金严重不足；农业产业结构极其不合理，农村发展缓慢乃至停滞，农民增收困难；等等。而城市在国家政策的支持下迅猛发展，导致城乡收入差距进一步扩大。其四，以公平为目标追求的农村土地制度，固化了土地、劳动力、区位、资金等之间的关系，无法实现资源的优化组合，也就无法实现配置效益的最大化。

（三）苏州城乡融合提高了要素活力和效率

城乡融合的提出源于我国典型的城乡二元社会格局，人们对其内涵和目标有众多不同的理解。然而，不管如何定义，打破城乡二元结构，促进城乡之间人口、资金、技术、信息和物资等要素的自由流动，提升城乡居民生活质量，实现城乡共同繁荣，是人们不变的追求目标。苏州以打破城乡壁垒、促进城乡有机融合和高效互动作为最终追求城乡融合发展的目标，首先把解决城乡二元结构所导致的资源环境约束、资源配置低效等现实问题作为核心任务之一。在这一核心任务的驱动下，苏州通过独具特色的城乡融合发展，打破了原本低效配置的要素组合模式，对经济要素质态的提升、要素市场化的推动、要素配置的优化产生了巨大的推动作用，促进了经济发展方式的转变。

1. 城乡融合发展使经济要素质态得到了提升

（1）劳动力素质得到了提升

第一，从劳动力的流动来看，在城乡二元结构下，农村的高素质劳动力长期处于流失状态，而城乡融合发展逐步消除了城乡壁垒，尤其是通过"三大合作"改革，使苏州农村就业创业的渠道不断开辟，农村发展环境得以改善，人才有了用武之地。这不仅使原本大量流出的劳动力实现回流,还将吸引更多外来的高素质劳动力流入农村。

第二,苏州城乡融合发展过程中逐步建立了富民强村长效机制和完善的社会保障体系,对劳动力素质的提升具有极大的促进作用。2023年,苏州村均集体经营性收入超1 001.68万元,农村集体经济人均分红802元[1],全市农村居民人均可支配收入4.64万元,城乡居民低保标准提高到1 115元/月,位居江苏省第一。[2] 解决了农民的后顾之忧后,农民收入的增加,尤其是财产性收入的增加,使农村劳动力有钱、有闲来参加各种教育和培训活动,并更加重视、更有能力增加下一代的教育支出,这将极大地推动农村劳动力素质的提升。

第三,公共服务均等化运行机制的建立,尤其是教育、医疗、体育、文化、就业等公共服务均等化水平的提高,进一步提升了农村劳动力的身体和文化素质。从教育方面来看,苏州按照城乡融合发展的要求,大力调整农村的教育布局和结构,加快农村地区中小学标准化建设,将优质的教育资源向农村延伸,并从2006年秋季开始,全面实行九年制义务教育,对贫困家庭的学生免费提供课本和寄宿生活补助,相当一部分镇(街道)还为农民子女上高中提供了补贴,对农民子女读大学(含大专)进行奖励。从医疗服务方面来看,苏州通过全面整合城乡卫生资源,鼓励城市的卫生医疗机构拓展乡村医疗市场,深入开展城市医师支援农村卫生工程等活动,强化农村公共卫生事件的预防控制监督体系建设,广泛开展创建"文明村镇""文明户"等群众性的精神文明创建活动,持续组织文化、科技、卫生"三下乡"等活动。同时,苏州按照建立"15分钟服务圈"的思路,高标准地建设集行政办事、商贸超市、社区卫生、警务治安、文化娱乐、体育健身、党员活动等功能于一体的"七位一体"农村社区服务中心。此外,为了提高农民就业技能水平,苏州还积极实施免费就业培训

---

[1] 资料来源于2024年4月24日查颖冬在苏州市第十七届人大常委会第十四次会议上的讲话《关于苏州市农村集体经济发展情况的报告》(内部资料)。

[2] 资料来源于2024年2月29日中共苏州市委农村工作办公室发布的2023年度乡村振兴工作进展情况及2024年重点工作安排通报(内部资料)。

制度，每年免费培训城乡劳动者达 25 万多人次。这些措施从多方面综合提升了农村劳动力的身体和文化素质。

（2）土地质态实现了飞跃

无论是耕地的质态还是建设用地的质态，都在城乡融合发展过程中实现了飞跃，这主要是通过以下四个途径实现的。

第一，土地整理、万顷良田建设等项目大幅度提高了土地利用率和产出率。在大范围推进的万顷良田建设工程中，苏州各地依据土地利用总体规划、城镇规划，按照城乡统筹发展、加快社会主义新农村建设的要求，以土地开发整理项目为载体，以实施城镇建设用地增加与农村建设用地减少相挂钩政策为抓手，对田、水、路、林、村进行综合整治。一方面，大幅增加了有效耕地面积，提高了耕地质量，调整和优化了土地关系，解决了耕地经营分散、生产方式落后、农业保障水平低等问题，促进了农业由分散经营向规模经营转变、传统农业向现代农业转变，使土地利用率和产出率大幅提高，农业生产条件和生态环境明显改善；另一方面，通过将农村居民迁移到城镇，节约集约利用了建设用地，优化了区域土地利用布局，实现了农地集中、居住集聚、用地集约、效益集显目标。

第二，"三集中"等相关土地政策的推进极大地提高了土地的利用效率。"三集中"、土地流转和土地股份合作制等，使土地实现了集中、集约使用，分散、零星布局且分属不同产权人的耕地集中连片、统一安排，为农业的规模化、产业化、机械化、现代化扫除了障碍，杜绝了原本粗放的耕作方式和土地分散使用、劳动力转移等造成的抛荒、废弃等问题；通过工业向规划区集中、"退二进三""腾笼换凤""退二还一"、异地置换等模式，工业用地由分散到集中，由次优区位到最优区位，由设施滞后到配套完善，实现了质态的跃升。

第三，农田基础设施的投入增加将进一步提升耕地的生产力：苏州要求各区（县级市）自 2009 年起，安排将当年土地拍卖净收益的 15% 作为改革试点的启动资金，同时积极向上争取，拓展新增建设用地有偿使用费、农业重点开发资金、农业土地开发资金、耕地开垦费等专项资金的用途，用于农田基本建设、耕地质量建设、农业产业化、农业科技研究、农业生态保护及农业综合开发等，并按照"三个大幅度"的要求，不断加大各级财政对于农业和农田水利等基础设施的投入力度。如此大量的投入必然会进一步提高农田的生产力。

（3）资本质态获得了升级

苏州的城乡融合发展不仅激活了众多沉淀、固化的资金，促成了分散、零星资金汇聚形成规模效益，还搭建了平台，带来了众多外来的资金。首先，通过社会保障制度的完善，解决了农民的后顾之忧，使农民可以把原本分散固化在银行中的资金使用起来，激活了存放在银行中的资金。其次，通过宅基地和住房的货币化置换，使沉淀在农宅上的巨额资金得到了释放。再次，通过社区股份合作社、富民合作社、创业型农村的建设，使农民手中释放、活化的闲散资金得以集中并得到规模化使用，使资金的形态有所跃升。最后，现代农业园区等载体平台，吸引了外来优质资金注入，同时集聚了伴随这些资金而来的技术、人才和管理经验。

2. 要素市场化大幅推进，要素配置得到了优化

只有在市场机制的作用下，才能实现要素资源从低效率部门向相对高效率部门的集聚，进而大幅推动经济增长和效率提升。对于我国来说，推动要素的市场化进程是转型升级的一个关键着力点。我国农村长期以公平为目标，土地、人力、资金、技术等要素形成了封闭、固化的组合，无法实现最优配置。苏州在城乡融合发展进程中，通过"资源资产化、资产资本化、资本股份化"等大胆的体制创新，解除附着在这些要素上的种种桎梏，先将沉淀的要素激活，再以巧妙的制度设计推动要素的流动和优化组合，推动农村生产要素由封闭循环向开放结构转变，极大地推动了要素市场化的进程，使要素的配置走向优化，最大限度地提高了要素配置的效率。

（1）能人与土地、资金实现了优化组合

通过社区股份合作社、富民合作社、土地合作社，分散在农民手上的土地、资金得以集中，实现了土地、资金的规模化和优化组合。由于各类合作社的实际经营者主要还是村干部，为了确保规模化资金和土地使用效率的最大化，苏州农村创新性地实施了"能人治村"战略，把致富能人培养成村干部，把村干部培养成致富带头人，有的地方甚至规定要做村干部必须有自己成功经营的企业或至少有成功经营企业的经验。这就确保了各类村干部具备企业家的素质，能够把能人、土地和资金优化组合起来，实现效益的最大化。苏州还积极探索政、经分离改革，力图将村（社区）社会管理与经济管理职能分开，最终目标是将经济职能推向市场，面向市场整合高素质的经济管理人才，实现资本效益的最大化。

（2）土地与资金和技术实现了对接

以前，拥有土地的人未必拥有资金和技术，拥有资金和技术的人往往得不到土地的使用权。在城乡融合发展中，苏州通过土地的集中流转和土地股份合作社、现代农业园区的建设，加上农业保险、贷款担保制度等的完善，实现了土地与资金和技术的对接。首先，拥有种养技术的人可以承包流转集中的土地，实现规模化经营，并可以通过农业保险降低风险，通过小额担保贷款解决发展中的资金问题，而资金问题的解决连带解决了市场信息、技术投入等问题，实现了土地与资金和技术的对接。其次，农业"三化"联动发展模式，构建了开放式的现代农业发展平台，可以通过招商引资吸引外来优质资金、技术、人才、管理经验、市场渠道等。

（3）生产力布局实现了优化

在传统城乡二元结构下，由于用地权属的分割和固化，无法实现生产力布局的优化。苏州在城乡融合发展中，通过城乡规划的一体化，对城镇和乡村空间结构进行调整与优化，突出不同区域的发展方向和特色，并根据功能特色的不同实施不同的财政、投资、产业、土地、环境政策，配套相应的基础设施，使城乡资源得到有效配置，实现生产力布局的优化。为了确保生产力布局的优化得到落实，苏州又创新性地通过异地发展、干部考核制度及财政制度改革、生态补偿机制等加以引导。其中，异地发展，就是建立通道让没有条件的农业镇（村）到有条件的地方去发展第一、第二、第三产业，以此实现生产力的优化布局和资源的优化配置。主要有三种模式：一是第一产业的异地发展。通过实施农业走出去战略，由农民投资人带领被征地的中老年农民，到异地发展种植业、养殖业，再将优质农产品返销到苏州，形成"两头在内、一头在外"的发展格局，即在苏州本地进行农产品种植和发展农产品市场，在外地进行农产品加工，把外地农村变成苏州农产品的"外发加工车间"，从而既满足苏州的市场需求，又促进被征地农民就业，同时有力地支持外地农业的发展。二是第二产业的异地发展。引导农业镇（村）在自己的土地上进行农业生产，到别的地方进行工业建设，完成工业建设之后，再反哺农业。三是第三产业的异地发展。在城镇规划区、村级社区服务中心等地区，由各农业镇（村）联合投资建设商业用房或打工楼等并进行出租，通过出租取得收入后，实行按股分红。干部考核制度和财政制度改革，主要包括两个方面：其一，对农业镇（村）改革进行考核，不再考核 GDP、工业招商引资等指标，改为考核现代农业发展相关指标。其二，改革财政体制，加大对农业镇（村）的财政转移支付力度。生态补偿机制的建立，合理补偿了因保护环境的需要而退田或退养的农民，补贴了养殖业废弃物的资源化利用、秸秆综合利用、有机肥与生物农药购买和使用等项目。通过以上措施，不同的功能区实现了差异化发展，城乡融合优化的空间分工得到了落实。

二、城乡融合高效助推内需扩大

扩大内需是经济转型升级的关键战略之一，而城乡融合则从多个层面推动着扩大内需战略的实现。

（一）城乡二元结构严重制约着内需的扩大

1. 农村居民消费不足成为扩大内需的障碍

在城乡二元结构下，农村经济发展迟缓，农民收入增长缓慢，制约着农民消费能力的提升。国际经验显示，人均 GDP 达到 2 000 美元（约 14 444 元）时就会出现供过于求的现象，而我国人均 GDP 在不足 1 000 美元（约 7 222 元）时已经有 85% 以上的商品供大于求，主要原因就是当时占总人口70%的农村人口购买力太低，导致社会有效需求不足。这主要表现在，农村居民不仅人均消费水平低，消费层次也偏低，如果就现金消费而言，5个农民才相当于1个市民，而农村的消费主要集中于吃饭、穿衣等基本生活需求，用于自身发展和享受的消费比例偏低。以2008年为例，我国农村居民家庭人均纯收入为4 761元，比城镇居民收入低11 020元，城乡社会消费零售总额绝对差距达到3.1万亿元；农村居民恩格尔系数高达43.7%，比同期城镇居民高出5.8个百分点。[1] 如果能够把农村居民消费水平提高到城镇居民平均消费水平，新增的消费规模就将超过3万亿元，这将为扩大内需提供重要支撑。

2. 城乡二元结构阻碍农民消费升级

首先，由于附着在户籍上的诸多限制，大量从事非农产业的农民无法彻底脱离土地，其众多的生活消费仍存在自给自足的特点，无法彻底转换为商品型的消费。尤其由于宅基地制度等相关制度的约束，农民最大的耐用消费品——住房无法上市交易、自由流转，这就严重限制了农民消费的规模。其次，农村地区基础设施和公共服务的落后，也使得农民即使有资金和意愿消费，也缺乏消费的条件。最后，由于农村地区社会保障严重滞后，农民只得提高储蓄率，不敢大胆消费。

3. 城乡二元结构制约着城市投资需求的增长

城乡融合发展过程，既是农村人口向城市转移的过程，也是城市持续建设的过程。城市之所以拥有乡村不可比拟的人口承载力和劳动生产率，是源于它不仅具有许多工业、商业设施，并且拥有完善的基础设施和庞大的公共服务系统，能够有效地满足市民的各种需求，解决人口集聚带来的种种问题。这种较高的人口承载力和劳动生产率，既是城市持续投资的结果，也是城市集聚乡村地区的人口、资源等要素的结果。城乡二元结构阻碍了乡村人口、土地等要素向城市的彻底转移，不仅限制了城市的集聚效

---

[1] 商务部市场建设司. 加快农村市场体系建设 扩大农村消费需求[EB/OL].（2009-06-16）[2024-06-09]. http://www.mofcom.gov.cn/aarticle/ae/ai/200906/20090606335567.html.

应和功能的发挥,也限制了城市建设投资的增长。

4. 城乡二元结构制约民间投资和消费增长

在城乡二元结构下,从乡村地区转移出来的劳动力如果无非农业户口,在城镇无固定住所和正式职业,便不能享有普通市民待遇。他们即使积累了一定数额的资金,在缺乏保障的条件下,一般也不愿意在城市投资消费,而回到家乡则由于种种约束,更是缺乏投资条件,因此,除了在农村盖房,余下多数会选择储蓄,如此一来,大量的资金积累无法转化为有效投资和消费。

(二) 城乡融合发展大幅度拉动消费增长

1. 农民收入增加能够大幅拉动消费增长

中国庞大的农民群体是潜力巨大的消费群体。据统计,从消费总量来看,2007 年我国农村人口大约是城镇人口的 1.3 倍,但在 2007 年前 11 个月实现的消费品零售额仅为城市居民的 26.8%。农村市场对社会消费品零售总额增长的贡献率,2003 年只有 20.8%,2006 年也仅为 30.2%。[1] 2009 年,我国城镇居民每百户拥有空调 106.84 台,而农村居民只有 12.23 台;城镇居民拥有家用计算机 65.74 台,而农村居民只有 7.46 台。这说明像空调、家用计算机这样的高档次耐用品的消费在城镇已经处于高峰,而在农村才刚刚起步。相对于城镇居民耐用品消费市场来讲,我国农村居民高档耐用品消费市场潜力巨大。[2] 国家统计局曾做过测算,农村人口每增加 1 元的消费支出,就将给整个国民经济带来 2 元的消费需求;农村居民对任何一种家电产品的普及率增加 1 个百分点,就可增加 238 万台的消费需求。[3] 可见,一旦农村消费市场被真正启动,将对我国经济增长格局产生深刻影响。有人甚至认为,只有真正启动了农村消费市场,中国经济才有望保持 20 年以上的持续高速增长。

---

[1] 浙江省统计局. 浙江农村居民消费与农村市场问题研究 [EB/OL]. (2018-08-27) [2024-06-09]. http://tjj.zj.gov.cn/art/2018/8/27/art_1569290_23331949.html.

[2] 袁国方. 农村耐用品消费市场的潜力研究 [J]. 开发研究, 2012 (2): 95-98.

[3] 浙江省统计局. 浙江农村居民消费与农村市场问题研究 [EB/OL]. (2018-08-27) [2024-06-09]. http://tjj.zj.gov.cn/art/2018/8/27/art_1569290_23331949.html.

2. 城乡融合发展有利于增加农民收入

苏州的实践证明，城乡融合发展从多个途径大幅度地增加了农民收入。

（1）农业生产力的提高大幅度增加农民经营性收入

苏州在城乡融合发展中，通过优化农业产业布局、深化农业结构战略性调整、打造特色产业基地、加大投入推进农业科技创新、大力发展现代农业、切实完善农业基础设施、培育农业龙头企业、加强农产品流通体系建设等措施，积极推进农业标准化、品牌化、集约化、基地化、机械化生产，不断提高农业产业化经营水平，增强农产品市场竞争力，提高农产品附加值，最大限度地挖掘了农业增效和农民增收潜力，使农民收入实现了持续快速增长。

（2）推进农村合作经济组织，创新土地使用制度，增加农民财产性收入

通过优化合作经济组织发展环境、大力推动"三大合作"、建立留用地制度等一系列的创新性措施，大力扶持和引导各类农村合作经济组织，逐步形成了"户户有股份、人人是股东、年年有分红"的农民增收格局，苏州农民的财产性、投资性收入实现了持续快速增长。2022年，苏州农民财产投资性收入比重超过10%。[1]

（3）鼓励农村劳动力充分就业和自主创业，增加农民工资性收入

促进农村劳动力充分就业、增加农民工资性收入是苏州在城乡融合发展中重点关注的领域。为此，苏州全面建立了被征地农民失业登记制度，积极鼓励和引导企业使用本地农村劳动力，努力探索政府购买公益性岗位的就业方式，建立了完善的登记、培训、中介、用工衔接配套的农民就业培训服务体系和覆盖城乡、统一规范的劳动力就业市场，所有就业登记人员可以免费接受就业指导培训、职业技能培训和创业培训。在大力抓就业

---

[1] 苏州市统计局，国家统计局苏州调查队. 苏州市统计年鉴：2023 [M]. 北京：中国统计出版社. 2023：408.

的同时,苏州还积极鼓励和支持农民自主创业。首先,做好农民创业园区、原创型企业基地等载体的规划和建设,引导农民投资向创业园区、原创型企业基地集中。其次,鼓励支持农民投资农产品精深加工业和"房东经济"、农家乐旅游业等服务性领域,鼓励支持农民从单独创业向合伙创业、联合创业转变,引导和组织农民多方位寻求低成本创业之路。再次,从财政、技术等多方面对自主创业的农民给予扶持。最后,努力培养一批有经验、有技能的农民成为企业技术骨干和有能力、有实力的农民企业家,引导他们成为农民创业的榜样,带领其他农民致富,并为农民的就业提供更多的岗位。通过就业、创业措施双管齐下,苏州大大提高了农村劳动力的就业和创业比例,增加了农民的工资性收入。

(4) 完善农村社会保障体系,提高农民保障水平,增加农民转移性收入

通过不断扩大农村社会保障覆盖面、提高保障水平,苏州农民的保障性收入实现持续增长。例如,苏州对低收入农户重点抓好"开发式"帮扶,通过做到扶资金、扶技术、扶市场"三扶到位",增强低收入农户自身的增收能力;同时,还通过配送股份、结对帮扶等形式,建立起低收入家庭持续增收的长效机制。

3. 城乡融合能改善消费环境,使城乡消费观念渐趋一致

研究发现,随着城乡融合水平的不断提高,乡村地区的消费观念正逐步向城市靠拢或趋同,逐步出现城乡消费观念一体化的倾向。农村消费观念向城镇靠拢,农村消费者把城市当作消费潮流的榜样,在言行上不由自主地模仿;同时,小城镇的消费观念也深受大城市的影响,大城市的消费理念和消费潮流正通过各种媒介向中小城市、小城镇传播与渗透。

与此同时,城乡融合发展的推进,也不断改善农村地区的消费环境,而消费环境的改善又从多方面影响城乡居民的消费。随着城市的商业网络和商业模式逐步向农村地区延伸,连锁经营、网络配送、打包销售等便捷服务,以及物质生活和精神生活方面层出不穷的服务产品,极大地激发了农民群众的消费热情,在一定程度上起到了"供给创造需求"的作用,为

农民消费创造了条件。因此，城乡融合发展从不同的层面改变着社会大众的消费观念，进而与消费环境改善、收入增多等诸多要素共同促进消费升级，不断扩大内需。

4. 城乡融合发展能提高农村基础设施水平，改善消费环境

农村地区消费滞后的一个重要原因是落后的基础设施和公共服务使农民的消费需求无法得到满足。在很长一段时间，中国城市与乡村的彩电、冰箱和洗衣机等家电的普及率相差数倍，根本原因就是城市有发达的给排水和电力体系作为依托，而农村没有。富裕起来的农民在文化、卫生、教育、娱乐等领域的需求也不断增加，但农村地区落后的文化、卫生、教育等事业无法使这种需求得到满足。

在城乡融合发展中，苏州通过重点推进城乡基础设施和公共服务的一体化，大力加强乡村地区基础设施建设，使道路、水、电、通信、医疗卫生、文化娱乐等基础设施和公共服务得到了改善，为耐用消费品尤其是家用电器的推广和普及创造了条件；同时，通过交通、通信等基础设施的改善，农民可以更为便捷地享用相对优越的文化、卫生、教育、娱乐等城市公共服务设施资源，这为农民精神文化消费的扩大提供了渠道。这样，更多的现代化生活消费品将进入农民家庭，提升农民的生活消费层次，使家用电器消费出现新的高潮。

5. 城乡融合发展能提高农村社会保障水平，使农民敢于消费

农村社会保障制度不完善是影响农民消费需求扩大的重要制度性因素。受城乡二元结构的影响，我国农村社会保障体系不够健全，农民主要依靠家庭养老，生老病死等风险主要由自己承担，土地仍是保障的重要基础，这大大影响农民的消费预期。完善的社会保障制度不仅具有互助共济和收入支持等功能，而且对促进消费和提高福利水平具有重要作用。建立完善的农村社会保障体系，有利于改变农民的消费观念和消费方式，减少农民在消费时的后顾之忧，化即期收入为即期消费，具有消费乘数效应。

苏州从 20 世纪 80 年代便开始探讨城乡社会保障的一体化，通过持之以恒的努力，持续缩小城乡社会保障水平的差距，使得农民也能享受到和城里人一样的社会保障。随着社会保障水平的提高，农民没有了后顾之忧，自然就敢于消费了，拉动内需的潜力也逐步得到释放。

三、城乡融合有效促进区域生态环境优化

在城乡区域生态环境建设中，农业、林业、养殖业及农村生活污染等非点源污染往往是生态环境恶化难以得到有效遏制的主要原因。这是因为这些污染防治工作，并非单纯的技术问题，而是长期的城乡二元结构下社会、经济、制度等多种要素交织作用的结果，具体表现为：居民点和工业的分散布局导致的生态基础设施建设规模不经济，耕地的小块分散经营导致农药和化肥污染难防难治，农村地区的财力和动力不足导致生态建设能力不足，等等。这些问题单靠技术手段难以解决，需要综合运用社会、经济、制度等多种手段系统推进。从苏州的实践来看，在城乡融合发展过程中，农村污染防治的这些瓶颈被逐步突破，城乡生态环境得到明显改善，长效污染防控能力得到持续提升。

（一）居住区和工业区的集中扫除了农村生活污染治理障碍

在长期的城乡二元结构下，农村的生活方式与生活设施未能与城市有效接轨，农村生活污水、人畜粪便、生活垃圾基本上都不做处理而是直接排放，一般是随意倾倒在道路两边、田边地头、水塘沟渠，之后经降水和地表径流进入水体中，成为重要的氮、磷等元素的污染源头。农村生活污染的治理主要依托农村垃圾和污水收集处理系统等环境基础设施，但在城乡二元格局下，传统农村村落布局零落分散，缺乏足够的规模效益，制约了环境基础设施建设；同时，在城乡二元财政体制下，农村地区往往缺乏足够的财力建设和运营环境基础设施；此外，部分基层干部、群众受不良传统习惯的影响，环境意识有待提高，缺乏动力和技术来建设和运营环境基础设施。苏州在城乡融合发展过程中，通过集中居住区和工业区，逐步扫除了这些障碍。

首先，通过"双置换"等形式，将分散居住在零星村落中的农民向设

施完备的城市（镇）住宅小区集中，使70%左右的农民实现集中居住。例如，昆山市千灯镇在中心城区集中兴建近8 000套动迁住宅，通过"双置换"等形式，将除3个古村落以外的全部农民都迁至城市（镇）居住，城市化水平提升到90%以上；花桥镇动迁率达100%，城市化率达100%，所有农民均转变为居民。其次，苏州通过规划调控与设施引导的有效结合，促使小而散的工业企业集中到以镇为中心的工业区，引导符合产业发展方向和环境保护要求、满足地均产出要求的农村工业企业逐步向规划工业区集中，逐步淘汰不符合相关要求的工业企业，农村地区禁止新增工业用地。以上这些操作，不仅克服了传统村落布局零落分散导致的生态基础设施建设规模不经济的困难，也改善了生态基础设施建设、运营中资金和技术缺乏的状况，同时通过农民生活方式的转变，使其环境意识得到逐步增强。

（二）耕地规模化经营有利于突破农田耕作污染的防控瓶颈

在农村，农田中大量甚至过量施用的化肥、农药和除草剂、露天焚烧的农作物秸秆是导致水体富营养化、水质恶化的重要元凶。这些非点源污染的发生受到农药化肥的使用、农田灌溉、农事活动的时间、耕作方法、土地利用类型、土地利用结构的影响。因此，农田非点源污染的防控是一个系统工程，其关键就是生态化耕作和科学管理手段的运用。例如，化肥污染的防治措施有：推广应用测土配方施肥，推广品种结构优化技术，推广微生物肥、控效肥等新型肥料，发展绿肥种植，提倡使用有机肥，推广化肥增效技术，推广肥料的精准化技术，选择合适的施肥时间，运用科学的施肥方法，等等。又如，农药污染的防治措施有：综合利用物理、生物等手段防治病虫害，推广高效、低毒、低残留、易降解的新型农药和农药降解菌，适时、适量、科学合理施药。再如，秸秆污染的防治措施有：推广秸秆还田技术、秸秆饲料化技术、秸秆育菇技术、秸秆燃料化技术和材料化技术等。此外，还要实行保护性耕作技术，推广节水灌溉技术，建立合理的作物配置、轮作系统，推广生态田埂、生态沟渠、生态隔离带等技术，并通过土地利用方式的调整对潜在的污染物质进行有效的截留，以此减少非点源污染物的形成，防止其扩散迁移进入水体。

然而，这些防控措施在城乡二元结构下难以得到有效实施：其一，在城乡二元结构下，农业生产仍维持着小农经济的格局，农民在小块土地上分散经营，无法取得规模优势，只能依赖相对廉价的化肥、农药替代稀缺的土地资源，而受到投入效益边际递减规律的影响，农民需要不断投入更多的劳动力和化肥、农药才能维持稳定的农业增长，从而带来农业污染指数的不断增长。其二，传统小农经济和农产品价格的市场扭曲使农民对农业生产和农业投入缺乏兴趣，加上太湖流域是工业化快速发展的地区，务农机会成本增加导致农业劳动力缺乏的现象日益严重，因而不少农民在播种时将化肥一次性全部施足，施用农药时也往往急功近利地一次性多施或选用长效、高毒性农药，而不是更有效、更环保地分次施用。其三，有机肥和缓释肥等新型高效肥料由于使用成本相对较高，只有规模化的大田施用才能节约成本，同时其本身存在见效相对缓慢、不能按农作物生长需求释放养分等不足，因而农民使用积极性不高，在包产到户的苏南地区化肥减施难度较大。其四，农民环境意识淡薄，对化肥、农药过施的危害与生态农业的好处认识不足，或对生态型农业技术掌握不足，导致技术推广的阻力较大。其五，农村资金的匮乏使许多农田生态设施无力建设，符合生态要求的农机农艺不配套、技术体系不健全，相应激励政策不足，等等，导致许多防控措施无法落到实处。

苏州的实践证明，上述问题都可以通过耕地的规模化经营得到解决。在城乡融合发展中，苏州通过土地承包经营权置换成土地股份合作社股权等措施，促使分散在农民手中的零星耕地实现流转，逐步将分散、有限的耕地集中到部分种养能手手中；同时，大力发展多种形式的适度规模经营，创建了一批高科技农业、都市设施农业、有机农业、高效渔业等功能园区，不断引进农业经营新技术、新品种、新模式。在此基础上，苏州按照市场经济要求，不断加大对农业生产经营方式和组织管理方式的创新，比如昆山市针对 1 000 名农民开展了三年轮训计划，对其中规模经营的大户进行培训，造就了一批具有丰富种养经验、文化层次较高的大农户。这些实践从多个方面突破了农田非点源污染防控的瓶颈。首先,规模化经营有利于农业技术的应用和机械化、现代化程度的提升,不仅降低了农业收益对廉价化肥、农药的依赖,还减少了劳动力不足造成的不合理施肥、施药方式,有利于从源头减少污染。其次,规模经营提高了农业经营的效益,不仅使农户有更多的资金对农业生态设施进行建设,还使政府对农业生产设施的投资易于落到实处。再次,规模经营优化了农业管理服务模式,使管理和服务对象由千家万户转变为少数农业大户,原本因土地分散小块经营而难以推行的生态化耕作措施得以顺利实施。在这方面,苏州有大量成功的探索。如:通过补贴和奖励的发放,引导和鼓励农业大户采用保护性耕作技术、秸秆还田及其他生态化利用技术;通过农业设施统一建设后由经营户租用,改善农田耕作条件;通过化肥、农药等农用物资的统一免费发放,使原本难以推行的化肥测土配方及适时、适量、适类施用化肥、农药等工作得以顺利开展。最后,农业经营户素质的提高,减少了生态型农业技术推广的阻力。

(三) 生态基础设施的统一规划建设加强了环境治理能力

农村地区的生态基础设施薄弱是农村非点源污染肆虐的重要原因。苏州以基础设施一体化为保障打破城乡二元建设体制,以生态文明建设一体化为支撑打破了城乡二元环保机制,促进了城乡环境的共同改善。例如,昆山市统一规划了24个污水处理厂,污水处理管网基本覆盖了集中型的农村社区,实现了城乡污水处理设施的共建共享;在分散的保留村庄,则通过转移支付等多种途径,创建小型生活污水处理设施,对污水进行收集和处理,使农村生活污水不再直接排放;农村垃圾实行"村收集、镇转运、市处理",做到"一个炉子"焚烧,一举解决了农村居民点垃圾乱堆、乱放问题;新农村建设与自然村落整治、村庄污水处理、示范公厕改造、村庄绿化建设等结合起来,按照规划实施对保留村庄的综合环境整治工作,开展环村林带、公共绿地和庭院的绿化,生活污水处理,道路亮化,外墙美化,公厕及垃圾箱站配套设施建设,极大地优化了村庄的生态环境;大力推进农村绿化建设,重点加强沿湖、沿河、沿路的村庄绿化,每年新增绿地面积不少于1 000万平方米，所有乡镇成为全国环境优美乡镇；突出水环境综合整治工作，通过拆坝建桥、河道清淤、生态修复、圩堤达标，进一步理顺水系，畅通河道，确保"水畅、水活、水清、水生态、水安全"。此外，苏州以"生态养殖、净化水质"为目标，削减湖泊围网养殖，控制和治理农业非点源污染，试行农村村庄、河道、公路主干道"三位一体"长效保洁机制。

对于区域污染的防控来说，这些措施的意义不仅仅在于直接改善了农村生态环境，提升了农村环境治理能力，解决了分散的农村生活垃圾、生活污水等直接排放带来的非点源污染问题，更重要的意义在于两个方面：一是建立并理顺了农村生态基础设施的投资渠道和运营的长效机制，克服了资金、技术、人才匮乏导致的农村基础设施无力建设，或建设后无法长效运营等困难；二是改善了农村居民千年不变的生活方式，增强了居民的生态意识和环保理念，这对农村非点源污染的防控产生了更为深远的影响。

（四）生态补偿及相关措施提升了污染防治能力和动力

长期受城乡二元财政体制的影响，农村地区缺乏资金积累，投资建设生态基础设施的能力不足；同时，处于重要生态功能区（如基本农田保护区、水源地保护区）内的农村居民点，由于许多生产、建设项目不能发展，失去了许多发展机会，农村居民收入明显低于城镇居民收入，这些农村往往成了薄弱村，在以经济发展为主的考核体制下，不仅没有能力，也没有动力开展生态环境建设工作。苏州通过建立生态补偿机制、加大财政转移支付、推行薄弱村帮扶、改革乡镇考核体制等多种措施，极大地提升了农村地区防治污染的能力，对优化区域生态环境具有巨大的推动作用。具体而言，有以下三个方面的措施。

第一，在城乡规划一体化的基础上，通过生态补偿机制的建立，引导不同类型的生态功能区实现差异化发展，合理补偿因保护环境需要而退田、退养的农民，补贴养殖业废弃物资源化利用、秸秆综合利用、有机肥和生物农药购买与使用等项目。例如，按照规划，昆山市的周庄镇、锦溪镇、巴城镇等承担着重要的生态功能，经济发展的环境门槛较高，政府通过财政转移支付，对这些区域进行补偿。补偿机制的建立不仅提升了周庄镇这类城镇的生态建设能力，还使其有动力开展生态环境建设。

第二，为了使不同功能区的效益得到更为充分的提升，使城乡一体化的资源配置和产业布局落到实处，苏州创新性地进行了乡镇干部政绩考核制度创新，针对不同乡镇，按照不同的主体功能和定位，实施因镇制宜的差别化评价。例如，昆山对于作为旅游古镇的周庄镇，自2005年起，不再考核GDP和工业项目招商引资两大主要经济指标，而是突出考核其发展旅游业、高科技产业的业绩，引导其集中精力建设"生态周庄""和谐周庄"。又如，据五湖之利的巴城镇，肩负保护阳澄湖和傀儡湖饮用水源的重任，其考核指标中降低了对招商引资等指标的要求，重点突出了对生态环境建设的业绩考核。

第三，为了进一步提升广大农村区域的发展水平，苏州在多个领域加大了财政转移支付力度，反哺农业经济，其中包括薄弱村帮扶、农村职业培训、农民创业激励等多种措施。例如，在薄弱村帮扶中，苏州通过广泛开展村企结对帮扶等"结对服务"活动，在就业、就学、就医、居住等各个方面落实帮扶措施，实施扶贫帮困载体项目建设，帮助发展长效增收项目，力争实现最大限度的村强民富。这些措施极大地提升了广大农村地区的经济发展水平，增加了农民收入，提升了农民素质，从客观上增强了农村地区防控污染的能力和意识。

（五）城乡融合发展推进了生态建设的制度设计

从城乡融合发展的内涵来看，人们关注更多的是城乡生产要素的合理流动和优化组合，并没有明确提出城乡生态建设的内涵；从我国各地的实践来看，城乡融合发展没有一个标准的范式，其内涵、目标、措施、模式和相关的制度安排等都是在实践中不断丰富和完善的，不同的实践对生态环境的影响也不同；从苏州的实践来看，尽管城乡一体化在部分领域的推进客观上有利于城乡区域污染的防治，进而使生态环境得到改善，但更多的是通过有意识的制度设计，将生态环境建设的目标纳入城乡融合发展各领域改革的总体目标和模式设计中，并有强大的财力作为支撑，只有这样才能真正发挥政府对非点源污染防治的提升作用。

因此，各地在城乡融合发展推进中需要合理吸收苏州经验，依据城乡融合发展推进污染防治、强化生态建设的机理，把防治污染、优化区域生态环境的需求，更加有意识、更为系统地渗透进各个领域的制度设计中去，可以充分整合力量，使城乡融合发展在区域生态环境建设中发挥更大的作用。

四、启示与思考

从苏州的实践可以看到，城乡融合发展可以对优化要素配置、激发内需活力、促进区域生态环境持续发展产生深远影响。一旦认识到这些影响，将有助于人们加强对城乡融合发展的理解，并有意识地将城乡融合战略与经济转型升级、区域高质量发展等战略相结合，在实践中形成合力，协同发展。

（一）提高城乡融合在高质量发展战略中的地位

由于认识不到位，许多地方干部、群众往往只是把城乡融合当成破解"三农"问题、缩小城乡差距、实现城乡共同繁荣的途径，而没有认识到城乡融合对于解决城市在新的阶段所面临的发展问题的必要性和在经济转型升级中的重要性。因此，在实践中就难免从比较狭隘的角度看问题，比如把城市向乡村的财政转移支付只看作城市对乡村发展的支援，把增加农民收入、缩小城乡居民收入差距只看作维持社会稳定的手段。认识上的不足难免造成行动上的怠惰，最终影响到城乡融合发展对推动经济转型升级效益的提升。因此，必须加强宣传，使干部、群众深刻地认识到城乡融合在推动经济、社会和生态高质量发展中的关键作用及其发挥作用的机理，以便在更大的范围内思考、在更高的层次谋划、在更广的领域部署城乡融合发展。

（二）将是否有利于高质量发展作为城乡融合发展的标尺

从我国各地的实践来看，城乡一体化和城乡融合发展没有一个标准的范式，其内涵、目标、措施、模式和相关的制度安排等都是在实践中不断丰富和完善的。在苏州城乡融合发展改革实践中，也时常会有很多质疑的声音，其到底应该包括哪些领域、采取哪些措施、实现哪些目标都是在反复争论中不断完善的。一方面，是由于城乡融合还未形成一套完善的理论体系，国际上也缺乏现成的经验可以借鉴；另一方面，是由于城乡融合的许多做法是从问题出发的，缺乏从更高的层次指导和目标导向的战略部署。为了减少以往摸着石头过河在实践模式中出现的试错成本，必须基于高质量发展与城乡融合之间相互推动、互为动力的关系，根据发展方式转型的总体战略，强化目标导向，以是否有利于高质量发展作为衡量城乡融合发展的标尺，解放思想，鼓励大胆创新，使城乡融合发展走向科学、有序和高效。

（三）将城乡融合发展目标渗透进高质量发展战略部署中

高质量发展是一场涉及众多领域的、深刻的社会经济大变革，它将为城乡融合发展提供强大动力，也从多个方面推动着城乡融合发展。为使高质量发展的各个领域形成合力，并更加有意识、更加深入地发挥对城乡融合的推动作用，必须健全机制，鼓励和引导每个领域在推进转型升级的过程中都将城市和乡村看作一个整体来思考问题，将本领域一切导致城乡二元分割的因素、影响城乡资源自由流动的障碍、导致城市偏好的制度顽疾逐一去除，将城乡融合发展的目标渗透进转型升级各个领域的战略部署中。

第五章

要素流动激发共同富裕新潜力

> 健全城乡融合发展体制机制，完善城乡要素平等交换、双向流动的政策体系，促进城市资源要素有序向乡村流动，增强农业农村发展活力。[1]
>
> ——习近平

畅通城乡要素流动是释放资源、优化配置红利和实现共同富裕的前提之一，因此，它既是城乡融合发展的重中之重，也是最大难点之一。在苏州城乡融合发展推进之初，不仅城乡之间各类资源因二元壁垒分割而只能单向流动，乡村内部还因制度约束而表现出土地碎片化，人、财、地组合固化，资源配置效益低下的问题。苏州城乡一体化和城乡融合发展的整个过程，不仅是乡村人、财、地等核心资源的活化、集中和优化配置的过程，还是通过城乡要素的双向流动，将要素优化配置的范围从村（社区）扩大到镇（街道），跨镇（街道）再到区（县级市）乃至更大范围的过程。在此过程中，要素配置的效益持续提升，目标追求从单纯的经济效益，到社会效益、生态效益并重，且社会效益和生态效益的获取反过来又促进了经济效益的提升，形成良性循环，促使共同富裕迈向更高水平。

---

[1] 金观平. 促进城市资源要素有序流向乡村［N/OL］. 经济日报，2023-05-26［2024-05-09］. http://paper.ce.cn/pc/content/202305/26/content_274668.html.

一、苏州城乡要素流动与资源配置的三大发展阶段

从发达国家和地区的历史经验来看,城乡资金、土地、人才等资源配置的城市偏向普遍存在,尤其是在工业化发展的初级阶段,这几乎是必然现象。这一问题的最终解决依赖生产力水平的进一步提高和城乡关系改革的深化,苏州面对这一问题也不例外。改革开放之后,苏州城乡资源配置经历了三个阶段,即乡村工业化时期要素从大城市向乡村流动阶段、开发区建设时期资源配置的城镇偏向阶段、城乡融合发展时期城乡统筹资源配置阶段。在这三个阶段中,资源配置也经历了从城市偏向到城市反哺,再到城乡并重的转变过程。但在20世纪50年代的起点上,苏州的城乡资源配置是有一定的农村偏向特征的。

(一)苏州城乡资源配置实践的农村偏向

20世纪50年代后期,人民公社开始创办农村社区企业,以农具修配、粮食加工和砖瓦土窑等极其粗放的企业形式起步,后经县域范围内工业技术装备的支持,社队企业又延伸至农机、棉花加工、纺织服装等机械化程度较高的工业企业。以农村集体经济积累为物质基础,以共同富裕为社会目标,县域范围内先进的生产技术向农村流动的资源配置方式成为苏州城乡资源配置的起点。农村社区在非常特殊的历史条件下被注入农村工业化的经济社会要素。这种以农村为偏向、由基层政权推动、以政企合一为依托的资源配置活动,孕育了苏州改革开放初期的农村工业化推动型资源配置模式。

(二)农村工业化时期要素从大城市向乡村流动

在改革开放初期,苏州乡村社区工业企业充分发掘政企合一这种组织形式特有的双重属性——市场机制的灵活性和行政机制的权威性,悄悄冲破计划经济的长期束缚,抢抓短缺经济下供不应求的市场机遇,以踏尽千山万水、吃尽千辛万苦、说尽千言万语、历尽千难万险的"四千四万"精神,在全国构建了庞大的市场网络;利用"双轨制"中的市场调节机制,采取与内地协作的方式,获取了大量的工业原料;利用毗邻上海和本地

大、中城市的区位优势，把先进的生产技术和管理经验吸收到乡镇企业中来；充分利用20世纪80年代中期银根放松、信用扩张的融资便利，依靠政府信用获得了乡镇企业发展的银行贷款；利用农村社区内的土地资源、劳动力资源，以独特的低成本优势，凭借政府属性，利用政府管理优势，规避各种经营纠纷和政策歧视，焕发出强大的生命力，并开始引领整个苏州经济发展。到20世纪80年代，邓小平同志将包括苏州在内的苏南乡镇企业的蓬勃发展形容为"异军突起"。在苏州独特的经济发展趋势下，形成了农村工业化推动型资源配置模式。

以小城镇建设为中心的"空间的生产"推动整个苏州经济社会资源围绕小城镇建设进行配置。经济要素的配置遵循着从核心城市和大、中城市向农村流动与转移这一路线。伴随着乡镇企业的蓬勃发展，乡镇企业和乡镇政府把追求经济效益和追求社会效益协调起来，利用乡镇企业经济剩余的索取与再分配，大力促进乡镇公共事业的发展，推动围绕小城镇建设为起点的城镇化，农民开始享受以自己创造为主的公共产品，教育、文化、卫生、商贸、交通等各项设施在各个小城镇建设起来。这种以乡镇为偏向、反中心城市的资源配置方式奠定了苏州新时期城乡融合发展快速推进的历史基础。

（三）开发区建设时期资源配置的城镇偏向

20世纪90年代，苏州牢牢把握全球制造业梯度转移和国际分工协作关系调整的历史机遇，充分利用自身区位优势和人文环境，以各级各类工业开发区为空间载体，大规模承接产业资本的跨国转移，各类生产要素及国外的新技术、新产品优先配置到各级工业园区。与此同时，乡镇企业改制的大规模开展标志着农村工业化推动型资源配置模式开始转型，城市开发区辐射型资源配置模式开始兴起。在企业向工业园区集中、各类生产要素向中心城镇集聚的发展战略的指引之下，各级工业园区集聚了各种新型生产要素，成为苏州全面迈向工业化新阶段的发展极。快速推进的工业化发展极，既是全市城镇空间布局的中心，也是全市工业企业生产力布局和资源要素集中配置的中心。此时，中心城市的开发区与中、小城市及中心城镇工业小区齐头并进、共同发展，成为国际资本争相配置各种生产要素的热土。所以，苏州的城市开发区辐射型资源配置模式非常独特，它以大、中、小城市开发区建设和中心城镇工业小区建设两条线同时展开。这为多中心的网络化资源配置方式的兴起创造了良好条件。

（四）城乡融合发展时期城乡统筹资源配置

以区域性发展视野来看，城市开发区建设时期的资源配置模式快速推动苏州大、中、小各级城镇中心（点）的经济现代化，但是这种以城镇为偏向的现代化发展方式在客观上是以乡村（面）利益的牺牲为前提的。在进入工业化、现代化后期阶段之后，实现全社会的和谐发展，由点带面，共同推进苏州农村工业化、农业现代化、农民市民化，走城乡全面优化发展道路成为苏州未来发展的必由之路。以全球发展视野来看，自2007年金融危机以来，我国建立在出口、投资基础上的城市开发区辐射型资源配置模式难以为继，必须寻找经济发展的内生性驱动力。2010年，中央农村工作会议认为，扩大国内需求，最大潜力在农村；实现经济平稳较快发展，基础支撑在农业；保障和改善民生，重点和难点在农民。由此，全面推动城乡一体化建设成为转变发展方式、解决发展进程中的社会问题、实现可持续发展的工具性力量。在这样的时代背景下，城乡共同体统筹型资源配置模式将逐步代替城市开发区辐射型资源配置模式。

二、苏州乡村内部要素流动与资源优化配置改革

在长期城乡分割和以个体农户为单元的要素碎片化、固化配置模式下，要实现要素流动和资源优化配置极为困难。鉴于此，在城乡一体化改革中，苏州的做法是，首先从产权制度上将人、地、钱等资源要素的组合活化，扫除要素流动障碍，进而通过"三集中""三置换"等模式推动要素在空间上的重组，并通过"三大合作"等形式推动要素抱团组织与优化配置。虽然这个过程曲折艰辛，但要素流动与资源配置的目标追求始终以共同富裕为导向，并从一味追求经济效益逐步向追求社会效益、生态效益

转变。

(一) 要素活化——农村产权制度改革

改革开放初期,苏州响应国家农村经济体制改革的号召,推动农民洗脚上田开办乡镇企业,将优质农村剩余劳动力、集体土地与主要来自集体和政府的资金结合,加快农村工业化,发展农村商品经济,推动农业生产不断专业化、商品化、社会化,不仅极大地提升了农村的生产力水平,还逐步对农民的就业、收入与土地尤其是耕地之间的关系进行了松绑,为下一步的资源优化配置创造了良好条件。这些条件成熟之后,苏州顺势而为,通过农村产权制度改革,将集体资产的所有权、承包权、经营权分置,对集体资源和资产进行产权明晰、股份量化、按股分配,落实了村级集体经济组织成员对集体资产股份的占有、收益、继承等财产权利,使农民成了股东,建立起了以股份制为核心的农民长效增收机制,确保了农民共同分享工业化和城镇化的红利,引领农民走上了一条"户户有资本、家家成股东"的共同富裕之路。整个改革是一个由六大重点工作构成的系统工程。

1. 突出顶层设计,完善"三资"管理政策体系

为了确保农村产权制度改革的顺利推进,苏州高度重视顶层设计和制度保障,在农村集体资产清理、资产处置、产权登记、农村集体资产抵押担保融资、农村集体财务管理、会计档案管理、农村内部审计、村会计队伍建设等多个方面,先后研制出台了一系列政策文件,在保障集体经济不断壮大的基础上,又积极推进了农村产权制度改革的深化。这些政策意见包括《关于全面开展农村集体资产清产核资和产权登记工作的意见》《关于进一步加强农村集体财务规范化管理的意见的通知》《关于进一步加强农村集体资金资产资源管理的意见》《关于加强村级集体经济组织会计队伍建设的意见》《苏州市农村集体资产产权登记证印管理规程》《关于深化农村改革促进城乡一体化发展的意见》《关于城乡一体化发展综合配套改革的若干意见》《关于下发〈苏州市农村集体资产产权登记证管理办法(试行)〉的通知》《关于加快发展农村劳务合作社的意见》《关于贯彻落

实惩防体系建设任务切实维护农民权益的意见》等。这些政策意见加上各区（县级市）及一些乡镇出台的相关配套意见，建立起了一整套完善的政策体系，对农村集体经济的运行、管理、监督、扶持、股权结构等方面进行了系统性的规定与指导，保障了全市农村集体经济与产权改革的良性、有序发展。

2. 推进"三资"管理方式信息化，提升产权改革的透明度

第一，加强村组财务公开网络化。苏州对各村组的财务收支、合同上交、工程发包、救济金发放、债权债务、收益分配、土地流转和征用、种粮补贴等村级重大事项全部进行了网上公开，使得村级集体经济组织成员不管身在何地都能及时了解村组财务情况，极大地提高了民主监督程度，保障了股东及时掌握集体资产运行的信息。苏州率先在江苏省实现以"网上村委会"为平台的农村集体"三资"信息化管理，行政村覆盖率达100%。

第二，推进"三资"管理精细化。目标是将村所有资产数据输入系统，建立起"五有标准"（有平面图、有权证、有照片、有数据、有合同）数据库，并固化资产招投标、合同签订等流程，明确镇（街道）、村（社区）各级领导有关资产申请、变动、报废等审核、审批权限，通过一系列的功能设置，对"三资"实施精细化、规范化管理。

第三，注重"三资"管理事前化。通过区（县级市）、镇（街道）、村（社区）三级联网，并且设置租赁无合同预警、合同到期预警、合同到期未收款预警、费用支出异常预警、资产处置异常预警、重大债权债务预警、租金标准异常预警、合同调整超额预警、资产应租未租预警九大预警功能，有效弥补事后监管的不足。

3. 全面清理农村集体资产，夯实产权改革基础

针对集体资产积累的长期性与复杂性，苏州高度重视对集体资产的清查核算。各地对纳入村级经济合作社账内的资产、负债情况按明细科目逐项清理、核实，逐项盘点固定资产、在建工程、库存物资等实物类资产，逐笔核实债权、债务、投资情况，逐项考察无形资产的存续、财务核算情况，以强化管理。不仅如此，苏州还强化对村级集体经济组织账外资产的清理，对村级辖区内外已明确归本村级集体经济组织所有的全部建筑物、工程设施、公益设施、土地资源、"四荒"资源等进行逐项清理、丈量，按账内不动产、账外不动产两种类型逐项登记造册。同时，苏州通过村级民主理财小组的积极参与，并经村级民主理财小组成员签字盖章后张榜公布，重视村级集体资产清查的民主、公开与透明，保障清查结果的真实性，为集体资产的股权量化奠定坚实的基础。

4. 开展资产产权界定与登记，深化产权改革

第一，强化农村集体资产产权界定与登记。苏州对原产权关系不够明晰的不动产，通过完善合同关系、核发产权登记证来确定资产的集体所有权；对尚未取得国有土地使用证和房产产权证的不动产，在暂时保持原占（使）用单位的使用权、管理权稳定的前提下，界定其为农村集体资产并核发市级人民政府集体资产产权证；对清理明晰的所有集体资产，核发农村集体资产所有权证；为全市农村集体资产"明晰所有权，稳定使用权，搞活经营权，保障收益分配权"奠定了基础。

第二，出台政策，确保农村股权固化的有效推进。为了顺应城镇化的发展与"三大合作"的迅速发展，苏州提出大力推进包括土地使用权、社区合作社股份的改革，积极探索以土地承包权入股、转让、转包、互换、合作，实现生产要素的市场化配置，确保农民的土地收益权。

第三，界定村级集体经济组织成员身份，并以颁发权证的形式，依法明确其享有的各种产权（包含股权）。

第四，股权固化由试点到全面推进。例如，昆山市花桥镇15个农村社区全面完成股权固化，拥有股权人数为3.14万人，总股数为2.9万股，量化经营性净资产为4.32亿元。[1]

---

[1] 资源来源于苏州城乡一体化改革发展研究院·苏州乡村振兴研究院（内部资料）。

案例 5-1

昆山市花桥镇的股权固化改革

在城乡融合发展进程中,昆山市花桥镇原有的 15 个行政村相继完成了撤村建居工作。在此过程中,虽然村民在社区股份合作社中享有的股权保持不变,实现了"股随人走",但新建社区区域调整后,原有的农村人口分布被打乱,呈现出"一个村的村民进入多个社区,一个社区容纳多个村的村民"的格局,造成农村社区股份合作社管理上的困难。为了保障村级集体经济组织成员的共同利益,避免因股权频繁调整带来的周期性矛盾,昆山市花桥镇积极落实农村产权制度改革新举措,全面完成了 15 个农村社区股份专业合作社股权固化工作,为农村社区股份专业合作社的管理和运营探索出了一条新路。在股权固化之前,昆山市花桥镇 15 个行政村总户数为 9 019 户,拥有股权人数为 3.08 万人,量化经营性净资产为 1.43 亿元。在股权固化工作开展期间,昆山市花桥镇在区域内重新逐户登记、核实人员、配置股权、量化资产。在股权固化以后,昆山市花桥镇 15 个行政村总户数为 9 467 户,拥有股权人数为 3.14 万人,总股数为 2.9 万股,平均每股净资产为 14 814 元,量化经营性净资产增加了 2.89 亿元,达到 4.32 亿元。通过股权固化,昆山市花桥镇将居民的股权固定下来,无论他们住在哪个社区,在哪里工作,核定享有的股权永远不变,红利永远享受,充分保障了村民的应得利益。

目前,股权固化取得的成效有:一是为理顺社区管理机制创造了条件。在股权固化以后,农村社区股份专业合作社与社区居委会的工作职能被分离,统一交由经济服务中心经营管理,社区居委会的工作就简化了,可以集中精力做社区居委会该做的工作。二是解决了农民的后顾之忧。农民不再因原有行政村的消失而担心股权丢

> 失。三是保证集体资产保值增值。农村社区股份专业合作社实行统一经营后,在优质项目的选择上可以得到江苏昆山花桥经济开发区的支持。例如,2013年昆山市花桥镇平均股权收益为340元,与2012年相比,实现了较快的增长。四是夯实了"老有颐养"的基础。由于老人股权可继承,因而老人可根据子女的孝敬程度来分配股权继承比例。

5. 建立产权交易平台,提升股权流动与增值能力

一方面,苏州出台促进与规范农村产权交易的政策与制度,制定《苏州市农村产权流转交易管理暂行办法》,设计农村产权交易的机构设置、交易方式与交易流程;另一方面,苏州搭建农村产权交易系统,实行市、区(县级市)、镇(街道)、村(社区)多层次、上下联动的集体资产监管体系,建立"区(县级市)监管、镇(街道)具体操作、村民广泛参与"三级联动的集体资产监管交易服务平台,以加快农村各类资源和资产的合理流动与优化配置,规范农村产权交易行为,促进农村集体资产和农民财产保值增值,进一步深化全市农村产权制度改革。例如,吴中区各镇(街道)全部成立集体资产管理交易服务中心,128个村(社区)全部建立集体资产交易站,区(县级市)、镇(街道)、村(社区)三级平台实现全覆盖。

6. 强化"三资"全程监管,提高产权改革保障水平

第一,强化组织保障。苏州各区(县级市)设立农村工作办公室与农村集体资产管理办公室,各镇(街道)设立农村集体资产管理办公室或农村集体资产经营公司,通过配备专职人员,建立市、区(县级市)、镇(街道)、村(社区)四级农村集体资产运营与监管体系,从体制上强化对农村集体"三资"的日常管理与监督,加大对村级组织经营和管理集体资产的指导与服务。

第二,探索制度创新。苏州实施产权登记证年检制度,对所有村级集

体经济组织的清产核资和产权进行登记发证，严格把好"四关"，即清查摸底关、核实分析关、整改完善关、公开监督关，摸清家底、明晰产权；实施村级阳光综合审计制度，按照审前公示、审中公开、审后公告的程序，开展以财务收支审计、村干部离任审计、工程审计、绩效审计、廉政专项审计为主要内容的村级阳光综合审计工作，实施经济合同统一规范制度，从合同内容、合同签订、合同履行、合同备案、合同管理等多个方面做出了明确、具体的规定，有效防范了集体资产经营风险，提高了资产使用效益，增加了集体收入，保障了农村集体资产股东的权益。

第三，提升农村经济经营监管能力。苏州各地定期对农经队伍开展业务培训工作，并根据农经工作的新政策、新业务等，采取集中培训、分类培训、业务指导等多种形式，培训对象包括村党支部书记、村会计、镇财务结算中心人员、镇农业经济经营管理站人员等全体农经工作人员。

(二) 空间重组——"三集中""三置换"

随着工业化水平的不断提高和农民收入中工资性收入比例的持续增长，外延式粗放配置资源的红利释放殆尽且产生的诸如环境污染、农业退化等问题也日渐严重，工业企业向工业园区集中、农业用地向规模经营集中、农民居住向新型社区集中的"三集中"势在必行。而要实现"三集中"，必须打通要素产权置换的通道，因此，"三置换"配套改革必不可少。在土地、户籍等制度不变的前提下，苏州创造性地开展资源资产化、资产资本化、资本股份化等农村产权制度改革，使原本固化在农民手中的耕地经营权、集体资产、宅基地、零散资金等资源能够转变成"便携式"股权、城镇住房、社会保障与货币，为"三集中""三置换"扫清了障碍。

1. "三集中"

"三集中"的实质是整合资源，节约集约用地。一是工业企业向工业园区集中，通过"退二进三""腾笼换凤""退二还一"，进行异地置换。农村新办工业一律进入工业园区，对需要调整的原工业企业进行规划，采用优惠政策措施，逐步引导其向工业园区集中。二是农业用地向规模经营集中，鼓励组建土地股份合作社，发展现代规模农业。三是农民居住向新型社区集中，农民通过宅基地换房进城进镇，或就地集中居住，实行分类指导。首先，针对在城镇规划调整范围内的农户及被动迁安置的农户，加快改造建设与城镇风格相统一的新型社区。其次，针对处在农业保护区、生态敏感区的农户，以环境综合整治为重点，建设适宜人居的江南水乡特色村庄。最后，针对分散居住的农户，积极做好引导其到周边城镇地区的新型社区集中居住的工作。苏州在实施"三集中"的过程中，还创新推行"三同步"，即同步推进资源节约和环境保护，同步实施就业和富民工作，同步进行现代农业发展。截至2010年，苏州全市2.1万个自然村规划调整为2 517个农村居民点，农村工业企业向工业园区集中、承包耕地规模经营、农民集中居住的比例分别达到了75%、56%、33%。[1]

不仅如此，苏州还通过土地增减挂钩等制度创新，对工业园区、城镇规划区的基本农田进行空间集中，一方面，建设高产、稳产良田，形成现代农业园区；另一方面，将农区的建设用地指标置换到工业园区或城镇规划区，充分运用土地级差收入原理，实现土地资源在更大范围内的优化配置。这些变革使耕地实现规模化经营，也使工商资本、现代技术、种田能人与规模耕地的结合有了可能，极大地加快了农业现代化进程，使土地的级差收益能够获得最大化的实现；使城镇实现产、城、人的融合，加快了城镇化进程；使农村的各类人才通过参与合作经济运营而有了相应的施展平台。通过合作经济平台，也使农村的人、地、钱集中起来对接城镇化和城乡融合发展进程中的各类新市场、新业态、新工程，释放更大的红利；使农民手中的零星资金实现规模化集中运营（通过富民合作社），参与第二、第三产业的经营和开发，为农民增收开辟了新途径。

2."三置换"

"三置换"是以相关法律政策为依据，按照一定的合法程序，采取市场化运作，以尊重农民意愿和维护农民合法权益为原则，将农民在农村集

---

[1] 刘一. 苏州城乡一体化："三集中三置换"110万农民变市民［EB/OL］.（2010-08-01）［2024-05-10］. https://news.cntv.cn/program/xwlb/20100801/102048.shtml.

体经济组织内拥有的三大经济权益,进行实物置换或价值化、股份化置换。它包括三个方面的内容:一是将集体资产和个人经营性资产所有权、分配权置换成社区股份合作社股权。二是将土地承包权、经营权置换成土地合作社股权或置换成基本社会保障。三是将宅基地使用权及住房所有权置换成城镇住房,或进行货币化置换,或置换第二、第三产业用房和股份合作社股权,并由各区(县级市)统一调配使用置换出的新增建设用地指标。它的实质是在工业化、城镇化进程中保护农民利益,与农民共享发展红利。它的结果是以土地的分散经营置换规模化经营,探索土地利用共享机制,发展现代农业,推动实现农民居住空间和社会身份的"双置换"。(表5-1至表5-3)

表5-1 苏州集体资产所有权置换社区股份合作社股权的政策保障

股权项目	政策内容
股份合作社的净资产	必须全部量化到农民(村级集体经济组织成员,享受对象由村民代表会议决定),不再保留产权虚置的集体股
股份设置和股权界定	必须坚持效率与公平原则,按农民贡献份额量化股份,体现股份分配的公平性,并为固化股权奠定基础
股权管理	全面固化股权,实行"生不增,死不减"的静态管理,股权可以继承,不得调整
股权保障	在固化股权的基础上,通过建立健全社会保障,引导合作社探索股权从封闭走向开放的机制,允许股权馈赠、转让

[资料来源于2009年9月苏州市城乡一体化发展综合配套改革试点工作领导小组办公室发布的《苏州城乡一体化发展综合配套改革政策问答》(内部资料)。]

表5-2 苏州集体土地承包置换土地股份合作社股权的政策保障

土地置换类型	政策内容
农民承包土地置换成土地股份合作社股权,并开展农业的适度规模经营	政府每年应给予一定标准的补贴,实行"保底分配"和"盈利分红"相结合的政策。"保底分配"不得低于当年粮食生产的平均收益,可以按粮食等实物折算货币兑现,并按照粮价涨跌进行合理调整;"盈利分红"主要是调动入股土地农民的积极性,在考虑"保底分配"基数的前提下,将入股土地折算成部分股份,与其他股份一样,在产生利润后,农民享有分红权利

续表

土地置换类型	政策内容
农民承包土地置换成城镇社保	可选择按城镇居民缴费基数缴费，政府给予相应的补贴。此后，农民如果参加城镇职工养老保险，可按照有关规定给予衔接计算
	凡符合法定劳动年龄、具有劳动能力和就业愿望的人员，按无地失业人员开展就业、再就业援助和服务

注：农民的土地入社后，由土地股份合作社统一经营或租赁发包。
[资料来源于2009年9月苏州市城乡一体化发展综合配套改革试点工作领导小组办公室发布的《苏州城乡一体化发展综合配套改革政策问答》（内部资料）。]

表5-3　苏州农村宅基地及住房置换城镇商品房或其他房产的政策保障

置换类型	政策内容
鼓励农民置换货币	鼓励和引导现有宅基地和住房闲置且在城镇已经购置商品房的农户实行货币置换
实行以房换房	对于保留村庄内，需要置换城镇商品房或置换货币的农户腾退的宅基地及住房，由政府收购，实行封闭运作，通过以房换房的形式解决非保留村庄农户的动迁安置问题
其他非保留村庄	原则上，在健全社会保障和"三置换"联动的基础上，鼓励农户置换成城镇标准公寓房（商品房和物业用房）
确实不具备换成标准公寓房（商品房和物业用房）条件	在加快编制城镇规划确定集中居住点的基础上，引导农户以联合建造复式公寓房（联排别墅）的置换形式向规划居住小区集中，切实解决农户建房难或居住条件差等问题

[资料来源于2009年9月苏州市城乡一体化发展综合配套改革试点工作领导小组办公室发布的《苏州城乡一体化发展综合配套改革政策问答》（内部资料）。]

3."三集中""三置换"的运转形式

苏州在"三集中""三置换"的平台运作方面，充分体现了把城乡融合的综合配套改革关键点和突破口放在了改革城乡资源配置方法上，在集体资产所有权置换、农民承包土地置换和农民宅基地及住房置换方面都有形式上的创新。

第一，集体资产所有权置换。村级存量资产是长期以来村民土地和劳动成果的转化，苏州通过把它们量化折股到人到户，切实认可农民对这些资产产权的处置权，取代原本虚拟的以集体为主体的名义。通过制定政策、清产核资、股份量化及规范化运作,实现"股份量化全面推行与农龄挂钩,股权设置全部不设集体股和干部岗位股,股权管理上允许股权继承并实行静态管理,征地农转非人员可享受股份"四大突破,设立监事会、董事会,将集体资产的经营权、决策权和现金股利分红落实到农民手中,解决农民(村级集体经济组织成员)进城进镇的后顾之忧。

第二,农民承包土地置换。一种是按照农民自愿原则将土地承包经营权置换成以村为单位组建的土地股份合作社股权,由土地股份合作社按照规模经营要求统一运作土地,每年获取收益按股份分配(或进行保底分红);另一种是对于按照规划已经纳入城镇或开发区建设范围的地方,可以根据征地办法将农民承包土地置换成社会保障,置换后的耕地统一由政府组织规模化经营。另外,经济实力较强的地方也可以参照征地或预征地的办法,开展以土地换保障工作。

第三,农民宅基地及住房置换。一是异地置换复式公寓房(联排别墅),即按照"统一规划、统一设计、统一监管"原则和"自愿组合、自行结算"办法建设复式公寓房。二是置换标准公寓房(城镇商品房或物业用房),即村民将农村宅基地及住房置换成具有国有土地使用证和房产所有权证的标准公寓房。三是实行货币置换,即对农民宅基地和住房用货币的形式进行收购。四是实行以房换房,即将非保留村庄农户的住房置换成保留村庄的住房。

(三)优化配置——"三大合作"

"三大合作"改革,既是针对农业、农村、农民的一系列改革政策措施的统称,也是通过合作或股份合作的形式改革农村的集体资产、土地承包、生产经营等方面的体制机制,通过建立新型合作经济组织并进行统一运作,实现富民强村。它本质上是把分散生产经营的农民和生产要素组织起来开拓市场,使各种资源要素在整合中优化,提高农民抗风险能力,同时使农民收入在生产关系的优化中也得到持续、稳定的增长。

苏州农村"三大合作"改革从 2001 年开始试点,具体包括社区股份合作制改革、土地股份合作制改革和农民专业合作组织建设三种主要形式。2001—2009年，苏州"三大合作"组织无论是在发展的数量上，还是在入社农户的户数上，都呈现出快速发展的势头（图5-1），合作组织的规模明显扩大，合作领域不断拓展，为促进农民增收、加快新农村建设、创新新型农村集体经济构筑了新的平台。

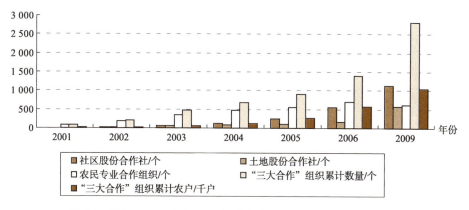

图5-1　2001—2006年和2009年苏州农村"三大合作"改革情况

1. 社区股份合作社

社区股份合作社作为强化农民与集体利益的联结平台，在明晰产权的基础上，将原村级集体经营性净资产折股量化给农民（社员），并设立理事会和监事会，展现出权责明确、利益与风险共担的特征。通过合作改革，科学界定股份比例，调节收益分配，提高农民股份红利收益水平，密切农民与农村集体经济的利益联结，实现农村权力主体与集体经营的有机结合，使农民真正享受到农村集体经济发展带来的收益。（表5-4）

表5-4　2001—2006年、2009年苏州农村社区股份合作社发展情况

项　目	2001年	2002年	2003年	2004年	2005年	2006年	2009年
社区股份合作社数/个	2	11	54	125	247	552	1 130
入社农户户数/万户	0.06	0.50	2.20	6.94	18.48	46.98	94.73

（数据来源：王荣，韩俊，徐建明. 苏州农村改革30年［M］. 上海：上海远东出版社，2007：178.）

2. 土地股份合作社

土地股份合作社作为城乡土地资源的整合平台，在依法尊重和保障农

民土地承包经营权的前提下，实现农村土地流转方式的创新和发展。以农民自愿为原则，通过承包经营权的土地入股，促进农业的产业化、规模化经营，再根据土地利用规划，在公开招标的基础上明确产业经营主体，发展非农产业或现代农业。土地股份合作社解决了小规模与集约化、小生产与大市场的矛盾，通过土地入股的方式实现了规模化经营和专业化生产，大大提高了土地经济效益。农民在获得土地保底分红后，根据合作组织效益可进行二次分红，实现增收。此外，土地股份合作社还使农民从过去单纯依赖土地生存转向依靠经济发展，获得除农业以外的其他产业就业或创业机会，增加非农收入。（表5-5）

表5-5　2001—2006年、2009年苏州农村土地股份合作社发展情况

项　目	2001年	2002年	2003年	2004年	2005年	2006年	2009年
土地股份合作社/个	5	13	53	74	101	156	577
入社农户户数/万户	0.31	0.84	2.10	2.51	2.93	3.12	28.89
入社土地面积/万亩	0.58	1.97	5.07	6.62	7.28	9.00	69.99

（数据来源：王荣，韩俊，徐建明. 苏州农村改革30年［M］. 上海：上海远东出版社，2007：178.）

3. 农民专业合作组织

农民专业合作组织作为农业产业化的经营性平台，是在明晰农户私人产权和确立农户经营主体地位的基础上，以农产品生产经营、农业和农村服务业及投资房屋租赁、物流服务业等为主营业务组建的合作组织。由于农业专业合作组织在产前、产中、产后的一个或几个环节上展开合作，不但缩短了农产品进入市场的时间，而且减少了农产品交易的中间环节，提高了农产品的市场竞争力与价格水平，实现了农业产业化生产，大大提高了农业生产效率。苏州吴中区政府就是以惠民、利民为工作出发点，通过发展农业专业合作社，让农民分享更多农产品加工和流通利润，成为苏州现代农业发展的探索先锋。例如，苏州市吴中区西山衙甪里碧螺春茶叶专业合作社，成立于2005年，是江苏省第一家领取工商营业执照的农民专业合作社。入社农户分工合作，种茶、采茶、炒茶、储存、运输、销售，

这一系列的流程均由不同的人员负责,不仅降低了制茶、售茶的成本,同时还使茶叶的品质和价格均得到了提高,使茶农获得了真正的实惠。

4. 其他股份合作社

除以上三种主要的改革形式之外,苏州各地还创新发展了富民合作社、农民劳务合作社、农业旅游合作社等新型合作组织。特别是在社区股份合作制基础上派生出来的富民合作社,成为苏州近年来农村改革的亮点,与国际上倡导的新一代投资型合作社有异曲同工之处。它解决的是农民投资意愿强烈与投资效果不佳的矛盾,促进了资本效率的提升和收入的可持续增长。以农民的资本联合、集体资金和村民认股方式,经营开发非农产业,在扩大经营合作领域的同时开辟了农民增收的新渠道。随着改革的推进,苏州各类专业合作的领域不断扩大、层次不断提升,已由以种养业合作为主逐步向农贸市场、社区超市、农业旅游、建造或购买标准厂房和"集宿楼"等多领域合作方向拓展,实现了由产品合作向资本合作的突破。以吴中区为例,在工业化、城镇化快速发展过程中,吴中区通过探索村集体介入农村建设用地开发,发展农民土地股份合作社和投资性富民合作社,让农民分享更多土地增值收益,为农村的发展提供了持续的资金来源,为全区农民的共同富裕找到了出路。(表5-6)

表5-6 2001—2006年苏州农村农民专业合作组织发展情况

项 目	2001年	2002年	2003年	2004年	2005年	2006年
农民专业合作组织/个	76	187	358	469	551	699
专业合作社/个	7	49	121	183	233	306
专业合作社入社农户/万户	0.02	0.13	0.36	0.77	1.29	2.08
富民合作社/个	3	37	118	157	187	259
富民合作社入社农户/万户	0.02	0.15	0.53	1.14	1.94	3.91
专业协会/个	66	101	119	129	131	134
专业协会入会会员数/个	0.64	1.12	1.41	1.55	1.56	1.57

(数据来源:王荣,韩俊,徐建明.苏州农村改革30年[M].上海:上海远东出版社,2007:178.)

三、苏州乡村内部资源配置范围的扩大与突破路径

在改革初期的乡镇企业阶段,要素流动和资源配置主要局限在村、镇内部,除诸如"星期天工程师"等少数外部支持之外,极少涉及外部资源。改革推进到20世纪90年代,人们逐渐意识到,单个村和小城镇由于腹地狭小、资源短缺、配置权弱小而无法进一步提高资源配置效益,因而不再满足于仅仅在狭小的村、镇内部开展资源流动与配置改革,而是逐步寻求在更大区域范围内配置资源,以获取更大的配置效益。主要途径有以下两种。

(一) 政区撤并

为了解决单个村、镇资源配置范围过小带来的低效问题,苏州通过大手笔的撤县并区、乡镇撤并、村庄撤并及"区镇合一"、片区化管理、镇街合并等区划调整和相应的管理体制改革手段,创新整合资源,实现更大范围的资源优化配置。例如,为了满足村办企业江苏永钢集团有限公司快速发展对用地空间的需求,1995—2008年,张家港市南丰镇永联村先后并入其他村庄耕地面积10 206.31亩、农户3 498户、人口8 882人。又如,2003—2014年,苏州撤并掉各类乡镇66个,其中不少为2003年之前已经由2个或3个乡镇合并而成的小城镇。目前,苏州许多建制镇大多是合并了3~5个镇之后形成的。2023年,为了推动资源在超出单个村的层面实现优化配置,同时规避硬性的政区撤并带来的负面影响,苏州还创新推出"片区化推进乡村振兴、组团式开展乡村建设"的发展思路,通过规划建设、产业发展、富民增收、乡村治理、改革创新"五大协同",促进空间缝合、资源整合、发展聚合,系统破解乡村建设发展中的均衡性、协同性、持续性、全面性等难题。(表5-7)

案例 5-2

"区镇合一"，整合资源

所谓"区镇合一"，就是秉承"精简、统一、高效"的原则，将区域内各级开发区与小城镇整合，实施"一套班子、两块牌子"的制度，其目的是精简行政人员，节约行政资源，整合归并政府职能，有效减少管理层次，消除行政管理越位、缺位、错位现象，降低行政运行成本，提高工作效率。苏州小城镇中各大产业园区数不胜数，但由于管理体制上的分割，因而出现用地破碎、管理不顺、动力缺失等问题。一方面，产业园区土地资源逐渐难以满足升级发展与招商引资的需要；另一方面，小城镇由于镇级财力和精力有限，因突破发展动力不足而受到制约。通过"区镇合一"，将开发区与小城镇在审批权限、经济发展、财政、人事、公共事务管理、规划建设六个方面合并统一，有效整合区域规划、发展资源及政府服务等要素，合理配置区域内各类资源，实现开发区和小城镇优势互补、一体化发展。这不仅可以提升区域的功能布局，有效缓解开发区发展空间不足的问题，还可以进一步优化经济社会发展环境，着力引进科技含量高、投资额度大、产业辐射能力强，并与区域产业特色相关联的项目，最终促进产业转型升级，真正实现"1+1>2"的效应。

表 5-7 苏州小城镇"区镇合一"典型案例

区 （县级市）	镇、区	具体内容
吴江区	汾湖镇与汾湖经济开发区	2006 年，汾湖经济开发区和汾湖镇"区镇合一"管理体制的正式实施运行，标志着吴江区"三大主战场"之一、"四沿经济片区"中的沿沪经济板块建设进入了全新的历史发展阶段
	同里镇与吴江经济技术开发区	2013 年，吴江经济技术开发区和同里镇正式实行"区镇合一""一套班子、两块牌子"的管理体制。此后，吴江经济技术开发区这块国家级"金字招牌"拥有更大发展空间，而同里古镇这一世界级"文化品牌"也走进更为广阔的"大同里"时代

续表

区 (县级市)	镇、区	具体内容
张家港市	金港镇与张家港保税区	2008年,张家港保税区与金港镇进行"区镇合一"。保税区拓展为大金港片区,面积为147平方千米,初步形成了由保税港区、重型装备工业园、滨江新城等组成的多元化载体发展格局
昆山市	花桥镇与江苏昆山花桥经济开发区	2006年,花桥镇和江苏昆山花桥经济开发区合并,面积达50平方千米,定位是"融入上海、面向世界、服务江苏",力争建成江苏省内、上海市外、沪宁经济走廊上以国际性商务服务为主的上海商务卫星城

(二) 联合抱团

联合抱团是通过农村集体经济,村与村实现联合发展,或在镇级、区级层面进行抱团联合发展,将资源配置的范围尽可能扩大,最大限度地获取资源配置的红利。联合抱团的模式包括村间抱团、村镇抱团、镇区抱团等。

案例 5-3

村间抱团联合整合资源典型案例

(1) "弱弱"抱团联合——太仓市城厢镇东林村

太仓市城厢镇东林村由原东林村、徐姚村、新横村合并成立,辖区面积为7平方千米,有768户,近3 000人,共有42个村民小组,耕地面积为4 400亩,农村劳动力有1 600多人。自2009年以来,该村连续数年被评为太仓市村级经济十强村。在合并之前,原东林村、徐姚村、新横村都是经济欠发达的农村。2007年,这三村利用金仓湖开发的机会,合并组建新东林村,走上了联合抱团发展农村集体经济的快车道:一是弥补资金劣势,抱团开发物业。这三村抱团出资成立太仓东林联发合作社,建设标准厂房5万多平方米和商铺5 000多平方米。二是放大耕地资源优势,组建合作农场。

通过产权置换和宅基地复垦,推动耕地集中集约布局,形成格田成方、集中连片的高标准农田1 800亩,联合组建太仓市东林农场专业合作社。

(2)"强弱"抱团联合——张家港市城南社区

张家港市城南社区由原城南村、旺家庄村、小河坝村三村合一而成,全社区总户数为1 987户,总人口为5 321人,辖区总面积为3.65平方千米,共有36个村民小组。张家港市城南社区被评为苏州市村级经济发展标兵村。原城南村经济实力强,但土地资源有限。旺家庄村经济基础薄弱,但拥有较多的土地资源。在此情况下,张家港市城南社区党委采取了"城南资金优势+旺家庄土地资源优势"抱团联合发展策略,创建城南工业集中区,自建标准型厂房10万平方米。2013年,这三个村的总资产为3.05亿元,净资产为2.94亿元,实现利税9 093万元,村级可用资产为2 012万元。

(3)全镇行政村大联合办实业——昆山市成基新型建材有限公司

昆山高新区(玉山镇)原先村级经济收入来源于标准厂房等物业出租,对土地资源的依存度高,投资回报率相对较低。为了转变昆山高新区(玉山镇)经济发展方式,2010年,域内22个行政村集体经济共同投资3 000万元,建立昆山市成基新型建材有限公司,专业生产销售新型墙体材料,引进蒸压粉煤灰砖生产线4条,年产各种规格的标砖1.6亿块。各村以实际出资额作为股本金,并以股份形式固定下来。各村每年以10%的年利率保底分红。

案例 5-4

村镇抱团联合整合资源典型案例

村镇抱团联合通常是以镇（街道）为单位组建市场化运作主体，各村集体共同出资成立集团公司，在镇域实现土地、资金、技术、信息等要素的优化配置，形成规模效应，促进村镇联动发展。

（1）村镇联合成立集团公司——苏州市城南集团有限公司

2011年5月21日，由苏州吴中区长桥、郭巷、横泾、越溪、城南、木渎、甪直、胥口、临湖、光福10个镇（街道）的集体资产经营公司牵头，各村社区股份合作社共同出资组建了"农村集体经济十大集团"。苏州市城南集团有限公司就是其中之一。苏州市城南集团有限公司注册资本为1亿元，其中，镇（街道）集体资产经营公司出资4 000万元，6个社区的农民股东共同出资6 000万元，利润按照出资比例分配。集团公司的成立标志着农村合作经济开始进入集团化运作、市场化开发、多元化发展的新时代，并推动农村集体经济由"房东经济"向实体经济、房地产开发、旅游等方向快速转型。

（2）镇级统筹发展平台——苏州市盛泽城乡投资发展有限公司

为了充分整合和利用村级各类资产资源，打破村级经济发展中存在的范围窄、布局乱、差距大的困境，2013年6月，由吴江区盛泽镇农业发展有限公司牵头成立苏州市盛泽城乡投资发展有限公司，注册资本为4 000万元。其中，吴江区盛泽镇农业发展有限公司投资入股500万元，各村集体经济组织入股资本为3 500万元（35个行政村每村出资100万元），通过建造标准厂房、商业店面、仓储、集宿楼宇等项目来壮大村级经济。2014年9月16日，作为苏州市盛泽城乡投资发展有限公司的第一个项目，苏州市吴江区盛泽镇大谢标准厂房建设全面完工。该厂房建筑面积为1.3万平方米，总投资3 000万元，全年收益预计可达600万元。2014年上半年，吴江区已成立6个类似于苏州市盛泽城乡投资发展有限公司的镇级统筹发展平台。

案例 5-5

镇区抱团联合整合资源典型案例

（1）成立农村集体经济融资平台——苏州市吴中集体资产投资管理有限公司

2013年1月28日，苏州市吴中区14家农村集体经济镇级集团公司、苏州市吴中创业投资有限公司和陆家嘴国际信托有限公司共同投资组建了苏州市吴中集体资产投资管理有限公司（以下简称"吴中集投公司"），注册资本为1亿元。该公司依靠城镇化发展和信托金融机制的优势，壮大农村集体经济，利用城镇化发展，集合社区配套的优质资产，以集体资产和社区配套资产为依托，打造优质的苏州农产品市场。按照市场化运作原则，该公司与区域内农村各类集体经济组织、银行、信托公司等合作，提供融资、项目管理等服务。截至2014年4月，苏州市吴中集体资产投资发展基金合计发行7期，累计发行规模超过5亿元。2013年10月，该公司筹划设立了苏州市吴中城乡农业融资担保有限公司（以下简称"吴中担保公司"），由苏州市木渎金桥经济技术发展公司、苏州市太湖现代农业发展有限公司、苏州市胥惠集团有限公司和吴中集投公司共同组建，注册资本为2亿元。截至2014年6月，吴中担保公司各项业务均已全面开展，业务额累计超过2亿元。

（2）集体资产经营管理镇区联合——江苏昆山花桥经济开发区

江苏昆山花桥经济开发区为省级重点开发区，原辖15个行政

> 村。2010年，9个村撤村建居，2012年又有3个村撤村建居。在撤村建居时，每个村组建了社区股份合作社，区里专门组建了村级资产经营管理办公室，对每个合作社的资产都进行了清点和审计，做到"撤村不撤资"，切实保护农民权益。为了规范农民集体资产管理，区内进行了两个统一：其一，合同格式统一。聘请专业律师进行法律指导，针对每个资产类型（厂房、打工楼、商铺、土地），规范合同样本。其二，集体资产统一维护。区内统一组建集体资产维护维修工程队，并对集体资产的维护、维修进行了规范化管理。

四、苏州统筹城乡要素流动与资源优化配置改革

苏州乡村内部的要素流动与资源优化配置在提高配置效益的同时，也为打破城乡二元结构、推动城市要素下乡创造了条件。苏州在城乡融合发展进程中，除财政金融推动的资金下乡之外，还创新推出了多元化的人才下乡模式，以及通过富民强村载体建设承接城市要素下乡的资源配置模式。

（一）强化资金下乡

1. 财政支农及城乡一体化建设引导基金

苏州持续坚持农业农村优先发展原则，不断加强乡村振兴的财政投入，仅2023年，各级财政安排农林水支出预算就高达123.4亿元。财政支农的形式多种多样，这里仅以城乡一体化建设引导基金为例来说明。为了推动先进生产要素向农村流动，基础设施向农村延伸，公共服务向农村覆盖，现代文明向农村传播，实现城乡一体化改革发展目标，苏州财政部门委托苏州市人民政府国有资产监督管理委员会（以下简称"苏州市国资委"）实际控股的东吴证券股份有限公司，按"政府引导、市场运作、科学管理、防范风险"原则，发起设立苏州市东吴城乡一体化建设引导基

金合伙企业（有限合伙），合伙人总认缴出资额为 5.01 亿元，其中财政出资 3 亿元，社会资本出资 2.01 亿元。基金投资要求符合苏州市委、市政府出台的城乡发展一体化政策规定的支持重点，特别要将政策文件中明确的年度重点项目作为投资重点，具体投资方向有：农村基础设施、农村生态环境、城乡公共服务、现代农业，以及省、市确定的特色田园乡村等重点建设项目。2023 年，乡村振兴基金累计资金规模达 137.1 亿元。

2. 金融支持"三农"产品不断创新、服务持续优化

除金融硬件设施向乡村延伸，以及农业保险、担保等领域的政策激励之外，苏州各金融机构还响应国家支持"三农"的政策，不断创新，以适应"三农"的需求，推出具有苏州特色的金融产品。例如，中国银行苏州分行推出"农贷通""村村通""城乡一体化建设专项贷款"等金融产品，以盘活农村土地资产、扩大服务对象范围和优化融资担保方式，促进城镇化和城乡融合协调推进。中国农业银行苏州分行先后开发了村级集体经济组织贷款、城乡一体化专项贷款和旧城改造贷款三款城乡融合发展融资产品，取得了很好的市场效应。苏州银行推出定制"村贷通""富农贷""农发贷"等专业化产品，并首推农村土地承包经营权贷款，适用于合作农场、合作社的农业规模化经营，在服务"三农"方面也做出了重要贡献。中国农业发展银行太仓市支行、吴江农村商业银行（今苏州农商银行）和中国邮政储蓄银行常熟市支行等具有代表性的金融机构也积极打造农民家门口的"便利银行"。例如，吴江农村商业银行大力推进"银行卡助农取款"业务在吴江 250 个行政村的全覆盖，通过推广电子银行、手机银行、电话银行等电子渠道，使广大村民"足不出村存取款，田间地头能转账"。为了促进新型农业经营主体的发展，苏州还创新推出现代家庭农场综合保障计划。一是提供农业生产风险保障。例如，为常熟市田娘农场有限公司承保水稻、小麦、油菜、大棚、农机具保险。二是解决农场用工后顾之忧。针对农场长期性、季节性用工安全承保雇主责任险。三是筑起经营风险防控墙。例如，为常熟市田娘农场有限公司总部及各家门店承保公众责任险，为农场品牌大米提供农产品责任险。该项保障计划实现了从

农产品生产种植到上架销售,从涉农人员到农产品消费者的全方位保障,有力地促进了新型农业经营主体的发展。

3. 生态补偿形式的资金下乡

2014年,苏州出台关于生态补偿的地方性法规《苏州市生态补偿条例》,通过财政转移支付方式,对承担生态环境保护责任、经济发展受到一定限制的区域进行补偿,补偿范围包括水稻田、生态公益林、重要湿地、集中式饮用水水源保护区、风景名胜区等。截至2019年年底,苏州累计投入生态补偿资金51.6亿元。生态补偿资金筹集全部由市、区(县级市)财政承担:市、区(县级市)范围内经县级以上农林部门确认的水稻田,纳入省政府公布的县级以上集中式饮用水水源地所在村,与太湖、阳澄湖水面接壤的生态湿地村,市级以上生态公益林,省级以上风景名胜区核心景区,生态补偿资金由市、区(县级市)财政各承担50%;各区(县级市)扩大生态补偿范围和提高生态补偿标准的资金由各区(县级市)承担。由直接承担生态保护任务的村(社区)、镇(街道)和农民获益:水源地、生态湿地、连片水稻田的补偿资金由村(社区)使用;公益林补偿资金原则上由镇(街道)统筹,对生态公益林管护任务重的村(社区),按一定比例补贴给村(社区)使用,各村(社区)得到的生态补偿资金主要用于生态环境基础设施建设、发展村级公益事业、发展村级经济、通过安排公益性岗位等对农民间接补贴、通过股份分红等对农民进行直接补贴。由此可见,生态补偿事实上是一种资金由城市向乡村的流动。

4. 财税扶持合作社发展

推进农村"三大合作"改革,把广大农民组织起来共闯市场、共同致富,实现富民强村,这既是市场经济发展的必然要求,也是各级党委、政府执政为民的题中之义。为了加大扶持力度,强化规划引导,苏州市委、市政府先后出台了一系列的财政扶持政策和意见,设立农民专业合作组织财政专项扶持资金,对村级集体经济组织开展重点扶持。扶持方式主要包括五类:其一,税收等额奖励政策。各区(县级市)财政认真落实合作社税收等额奖励措施。2011年,仅昆山市级财政就落实税收等额奖励资金1 264万元。其二,实施富民载体建设补贴。各地将一些优质资源优先配置给股份合作社。例如,苏州工业园区将富民载体补助标准由原来的每平方米15元提高到30元。其三,采取分红奖励措施。通过扶持和发展社区股份合作社,股份分红水平进一步提升。例如,昆山市为鼓励社区股份合作社提高分红水平,明确市、镇两级财政按分红总额各予以10%的奖励。其四,加大土地流转补贴。进一步完善农村土地使用制度,让农民分享更多土地增值的收益。其五,加大项目支持。支农项目逐步向合作社倾斜。政府支持农业和农村经济发展的建设项目,各级人民政府安排的各项用于农业的资金,优先安排符合条件的专业合作社,专业合作社承担的上述项目越来越多。

案例 5-6

昆山市城乡融合发展资金保障

为了推动城乡一体化和城乡融合发展,昆山市制定了一系列政策,在人、地、钱方面,均衡城乡要素配置,促进城乡要素自由流动,打破城乡阻碍要素流动的体制壁垒,推动城乡要素双向流动、优势互补。在财政资金投入方面,主要是建立起了三个方面的保障。一是设立乡村振兴"大专项"资金。昆山市市级财政设立"大专项"资金,统筹包含农业基础设施建设、水质提升、乡村公路和农村人居环境整治等在内的多个涉农建设类项目,加大对农村基础设施建设的支持。二是设立农村基本公共服务清单。制定了《关于进一步提升农村基本公共服务保障水平的实施意见》《昆山市农村基本公共服务项目清单和财政支出标准的意见(试行)》,建立行政管理类、社会公益类、村民福利类3大类22个项目,厘清各级应承担的事权与支出责任,合理构建区(县级市)、镇(街道)、村(社区)三级公共服务财政分担机制。三是建立动态调整机制。每3年左右适时完善农村基本公共服务清单,根据上级文件最新要求和昆山市实际需求,提高养老服务、医疗卫生、文化教育、垃圾治理等农村基本公共服务项目保障标准,重点保障农村社会公益事业,提高农村基本公共服务供给水平。此外,昆山市还积极引导银行等金融机构进入"三农"领域,参与农村建设和发展,拓宽惠农政策受众面;创新设立了"小额贷款""昆农贷""农房贷"等惠农贷款,"小额贷款"为创业户发放小额贷款,"昆农贷"满足新型经营主体贷款需求,"农房贷"助力百姓改善居住环境。

(二)多渠道推动人才下乡

乡村要振兴,人才必振兴。没有人才向乡村流动,城乡融合发展的目标必将落空。因此,苏州在城乡融合发展中高度重视人才下乡工作,通过多样化的创新举措,推动各类适用和紧缺人才向乡村流动。除选派机关优秀干部和年轻干部及国有企业、事业单位优秀人员等担任驻村第一书记等普遍做法之外,还通过驻村规划师(后来扩展到建筑师、监理师"三师")制度、优秀师资下乡等制度,为乡村送去了急需的各类人才。

案例 5-7

太仓市城乡师资流动

推动城乡师资流动,使城市优质教育资源辐射到农村薄弱学校,是教育均衡发展的重点和难点。为了推动城市教师向乡村流动,自2001年以来,太仓市始终坚持中学教师评聘高级职称、小学(幼儿园)教师评聘中级职称,必须有1年及以上农村学校任教经历的规定,并将到农村学校示教、讲座作为太仓市级以上骨干教师学年度考核的重要内容。2007年,太仓市又创新实施"学校托管"制度，尝试以各类学校发展共同体为载体，促进教师对口交流形式的多样化。具体做法是在规定城乡教师交流的条件和比例，明确在城乡交流教师的隶属关系不变的基础上，由区域名校派出副校长、骨干教师到农村学校任校长、中层干部；农村学校派出有潜力的教师到区域名校培训学习。自2012年起，太仓市每年为农村学校定向招录新教师，建立农村学校教师正常补充机制，对所有新录用的教师实行预分配制度，录用后先预分配至基地学校接受2—3年浸润式培训，再统一分配至各农村学校或薄弱学校任教5年。这些措施有效缩小了教师队伍的城乡差距。

（三）多元投入扶持富民强村载体

所谓载体，是以服务物流、人口流、资金流、技术流、信息流的集聚与汇集为特征，以专业市场、商贸街区、工业园区、研发园区等为表现形式的产业平台。在苏州，富民强村载体包括工业厂房和附属设施、专业市场、商贸办公楼宇、宾馆酒店、工业园区和研发园区的基础设施等众多类型。在推进城乡融合发展过程中，富民强村载体是农民共同富裕的重要保障。

21世纪之初，为了统筹城乡发展，优化资源配置，促进富民强村，苏州开始在"苏南模式"的基础上，将过去产权模糊的农村集体资产通过合作的形式，实现资源资产化、资产资本化、资本股份化，发展形成了社区股份合作社、土地股份合作社和富民合作社等组织，由这些合作社出面建设工业厂房、工人集体宿舍等载体，并由合作社来负责对这些载体进行运作。这些载体的建设与运营为增强村镇实力、增加农民收入，探索出了一条新型的合作经济道路。这种创新模式以其形式新颖、机制灵活、管理民主、利民富民的魅力，在苏州农村经济社会发展过程中展现出越来越强大的生命力，在推进城乡融合发展的进程中发挥着越来越重要的作用，在促进农民增收、发展壮大农村集体经济、促进农村繁荣中创新发展了"苏南模式"。据统计，到 2012 年年底，苏州市范围内共有物业类载体约 2 700 万平方米，其中工业园区 250 万平方米，高新区（虎丘区）125 万平方米，吴中区 500 万平方米，相城区 300 万平方米，吴江区 300 万平方米，昆山市 300 万平方米，张家港市 300 万平方米，常熟市 300 万平方米，太仓市 300 万平方米，平均租金达每平方米每月 10~20 元；组织类载体 3 000 个左右，涉及种植、水产、家政服务等各行业；公司企业实业载体 500 家左右。2012 年，苏州富民强村载体年经济效益达 30 亿元左右，持股村民年人均分红为 1 000 元。[1]

为了推进富民强村载体建设，加快农村经济发展，苏州先后出台了《集体经济三年倍增计划》《关于村级非农建设用地整合的实施意见》《关于扶持经济薄弱村村级财力建设的若干意见》等一系列扶持优惠政策，明确了鼓励和支持土地适度规模经营、扶持发展现代高效农业、支持农村新型合作经济组织建设、对薄弱村建设物业用房进行资金扶持、对村级公共基础设施建设进行补助、对投资置业进行贴息补助等多项激励措施，为村级经济发展提供了有力支撑。在具体做法上，各区（县级市）皆有不同。

案例 5-8

昆山市富民强村载体扶持政策

（1）实施财政奖补政策

根据苏州市委、市政府《关于加快股份合作经济转型升级的若干意见》的要求，昆山市认真制定与落实各项财税奖补政策，大力支持农村富民强村载体建设发展。2011 年，昆山市级财政落实合作社税收等额奖励资金 1 264 万元。到 2012 年，昆山市通过实行经济强村奖励、生态补偿、公共服务中心补贴等措施，财政投入富民载体建设上的奖补共计 12 947 万元。另外，每年每个区（县级

---

[1] 资料来源于苏州城乡一体化改革发展研究院·苏州乡村振兴研究院（内部资料）。

市)、镇（街道）建还另外新增1~2项重点项目，区（县级市）、镇（街道）给予每个项目30万~80万元不等的财政补助，仅此一项，每年的投入就有700万~800万元。

（2）发展物业类富民强村载体

昆山市投入17 983万元，在全市范围内建设村级物业类富民强村载体13个，建筑面积为78 899平方米，主要包括标准厂房、农贸市场、综合楼、社区服务中心。该项目建成后，为180户提供经营场所，带动500多人就业，村级经济收入增加1 300多万元，农民增收2 000多万元。

（3）推进薄弱村富民强村载体建设

从2007年开始，昆山市对全市50个薄弱村实行了政策和经济上的扶持，将以往的"输血"改为"造血"。市、镇两级财政和挂钩的扶持单位给每个薄弱村提供250万元扶持资金，帮助薄弱村建设具有自身优势的富民强村载体项目，增强村级经济造血功能。这一政策给薄弱村注入了新活力，实现了村级经济持续稳定增收。2011年，50个薄弱村所建项目总投资超过2.5亿元，各类建筑面积为22.5万平方米，预期总收益2 553.5万元，平均增收51万余元。

（4）鼓励富民强村载体走联合发展之路

昆山市推广淀山湖镇成立强村公司的做法，统筹资源配置，鼓励村级经济实体联合发展、抱团发展、异地发展，鼓励条件成熟的区、镇加快组建强村联合发展实体，集中镇村优质资源，扩大经营范围，提高经营收益和回报率，推动村级集体经济组织做大、做强。到2012年，昆山市已有10个区、镇成立多种类型的村级联合发展经济实体，参与区域范围内动迁房建设、工业区配套服务功能设施建设、商业街商铺建设、工业区标准厂房建设、区域环境绿化维护等。

案例 5-9

张家港市富民强村载体扶持做法

(1) 鼓励抱团联合

大力促进富民强村载体联合发展，集聚资源资金要素，以"风险共担、利益共享"为原则，共同投资开发优质项目，切实增强富民强村载体参与市场竞争的能力。在实践中，张家港市逐步形成了多种富民强村载体联合发展模式：模式之一，以政府为主导，以镇为单位，由下属所有村共同出资组建联合发展平台；模式之二，经济强村利用自身发展优势带动薄弱村一起发展；模式之三，薄弱村以项目为纽带，将有限的资产和资源汇聚起来，互惠共赢；模式之四，村集体通过与优秀企业合作，降低投资风险，实现共赢发展。

(2) 创新设立市场化交易

2012 年 6 月，张家港市在南丰镇设点成立了农村资源（南丰）交易所，在拓展富民强村载体形式、促进集体资产资源高效配置、提高集体资产资源使用效率方面取得了明显成效。资源交易所主要采取竞价、拍租的方式，对集体资产资源进行承包、租赁、参股、联营、变卖等，同时为农户和经营主体提供信息查询服务，以及其他政策、法律咨询等服务。

(3) 将优质商业资源优先用于发展富民强村载体

张家港市采取倾斜政策，将农村房屋置换成新增的建设用地资源，城市开发建设过程中新增的三产用房、邻里中心、农贸市场等优质商业资源优先用于发展富民强村载体。例如，锦丰镇将新镇区的商业街门面房、菜场、商务酒店等优质资源全部交给村级集体经济联合发展公司开发运作，其他一些乡镇也实施了类似的资源倾斜政策。

(4) 用留用地确保农民分享城镇化红利

在国家严格的土地制度下，土地（包括空间和指标）是工业化和城镇化持续推进不可或缺的"核心燃料"，这不仅意味着有大笔的土地出让金收入，还决定着大量的产业投资能否顺利落地，因而对经济规模和质量的提升至关紧要。因此，为乡村地区留下足够的土地（包括空间和指标），对乡村发展具有重要意义，但也面临着巨大的压力。为了避免在城镇化进程中农村建设用地与空间指标过度向城市倾斜，造成农民利益受到损害，并为农民保留增收创业的空间，苏州在土地征用办法中，辟出专门章节对农民留用地做出详细规定。这种留用地是指在征地时，为保障被征地后村民的生产、生活，支持被征地的村级集体经济组织和村民从事生产经营所安排的建设用地，是对村级集体经济组织征地进行补偿的一种方式。它不仅可以是国有土地，还可以是农民集体所有土地，留用的比例基本是征用集体土地面积的10%（最高的比例为17%）。苏州规定，村级集体经济组织在留用地上所得的纯收益必须单独建账，每年按提供留用地当年起的在册农业人口数和已安置的农业人口数平均分配，并要求任何单位和个人不得侵占和非法转让农民留用地。未经批准，不得改变农民留用地的区位和用途。此外，苏州还专门制定了扶持农民留用地开发的相关政策。随着产业融合发展的推进，苏州又适时推出了农村第一、第二、第三产业融合发展用地政策，为产业融合发展提供资金与土地资源。

五、苏州城乡要素流动的共富效应

（一）"三集中""三置换"的共富效应

土地的集中置换实际上是对土地管理制度的创新，通过土地利用效益的释放、规模效应带来的增收，使人们的生活条件得到提升，具有很强的共富效应。

1. 土地集约化、规模化的增收效应

土地集约化优化了用地空间布局，节约了土地资源，提高了土地利用效率，有利于城乡空间布局的优化，为工业化、城镇化及农业现代化拓展了发展空间，实现了人口、用地的集中，节约了大量生产性资源，产生了集聚效应和规模效应，拓宽了农民收入渠道，促进了农民增收。例如，2009年苏州农民人均纯收入近13 000元，其中33.2%是财产投资性收入。[1]

2. 集中居住的共富效应

农村人口的集中居住，不仅改善了农民的人居环境，为农业的规模化经营及第二、第三产业发展空间拓展提供了契机，还通过制度设计新增了可以让农民入股分红的集体资产，因此，具有多方面的共富效应。据统计，通过宅基地置换商品房改革，2009年苏州近35万农户实现了集中居住，户均占有宅基地由之前的0.9亩减少到0.3亩左右，苏州农村居民点用地由之前的89.57万亩减少到68万亩左右，共节约建设用地约21万亩。[2] 置换出的土地分三部分利用，50%的土地通过市场进行拍卖，拓宽第二、第三产业发展空间，所得收益用于集中居住区的建设和对农民的补偿；20%的土地留作村集体资产，通过投入标准厂房或集宿楼的建设，以入股分红的方式保障农民长期的土地收益；30%的土地复垦为耕地，用于平衡农民集中居住区的建设用地。以张家港市为例，该市人多地少，人均耕地仅0.7亩，结合现代化农村建设，自20世纪90年代起就在一些经济强村开展农村宅基地归并试点，拆除零星小村庄，建设早期农民集中居住区。

---

[1] 李佳霖. 农民收入持续增长 苏州城乡一体化改革成效显著［EB/OL］.（2010-04-15）［2024-06-09］. http://finance.sina.com.cn/roll/20100415/12287756700.shtml?from=wap.

[2] 王卫星. 对城乡一体化发展模式的思考：苏州市城乡一体化发展调研报告［J］. 中国软科学杂志，2009（12）：24-31.

(二)"三大合作"改革的共富效应

1. "三大合作"组织为苏州农民持续增收提供了新路径

通过"三大合作",股份分红成为苏州农民增加财产性收入的重要途径。集体所有、股为基础,农民变股民,确保了农民的经济权益,保障了农村基层有钱办事和有人干事,增强了农村新型合作经济组织的凝聚力,是对"苏南模式"的升级、丰富和完善,充分显示了"苏南模式"旺盛的生命力。苏州的社区股份合作社,化解了集体资产的所有权主体分散与集体经营的矛盾,产生了农民身份和收入多元化的富民效应,使农民的现代文明程度得到了提升。农民专业合作社,化解了农民专业化与兼业化的矛盾,拉动了农村第一、第二、第三产业的发展,从而以资源和资产的股份化模式获得了可持续发展的功能。2005—2009年,苏州农民的财产性收入与投资性收入占比从不足5%上升了28.2个百分点,达到33.2%,而20%以上的份额增长是来自农村"三大合作"组织的贡献。

2. "三大合作"组织是村级经济发展的新载体

农村"三大合作"组织开辟了农民财产性投资增长的新路径,通过资源资产化、资产资本化、资本股份化的操作,成为农民创收潜力最大的项目,同时也为新形势下市场经济环境中的农村集体经济发展找到了新的实现形式。农村集体经济的股份制非但没有削弱农村集体经济,反而使农民能够直接参与农村集体经济管理,调动了广大农民发展农村集体经济的积极性,实现了集体资产的保值增值。以苏州市吴中区木渎镇金星村(现称"香溪社区")为例。2001年,该村成立了江苏省首家农村社区股份合作社,把4 295万元集体资产量化,分配给513名农民,村民拿钱出来建设厂房、投资商业等。2010年,村集体净资产增值至1.2亿元,合作社农民人均分红超1万元,户均达2.7万元,高居当年苏州所有村户均收入首位。

3. "三大合作"增强了农村人居环境改善能力

2010年,苏州农村集体总资产突破900亿元,连续5年年均增加达到100亿;村均收入为448万元,比"十五"初期高出3倍多;94%的村收入超过100万元,129个村收入超1 000万元,24个村收入超3 000万元。

"三大合作"增强了农村集体经济发展实力,提高了农村社会发展的公共投入水平,为农村环境改造、公共服务设施建设、社会保障提供了有力的资金保证。[1]

(三) 城乡要素流动的共富效应

城市人才、资金等要素向乡村的流动,能够直接提升农业农村的资源经营收益,具有很强的直接增收效应。城市基础设施与公共服务向乡村的延伸与一体化、薄弱村帮扶、生态补偿等众多工作,虽然产生的直接增收效应不明显,但能够通过社会效益、生态效益的提升,产生持续的共富效应。

例如,基础设施与公共服务一体化具有不可估量的共富效应。在基础设施一体化和公共服务均等化方面,苏州主要通过资金的投入、资源均衡配置的体制机制创新、城乡规划一体化等方式,使得城市资金与优质的教育、医疗、文化等资源向乡村流动,由此,苏州的基础设施实现了高水平城乡融合发展,公共服务均等化水平持续提升,乡村地区生活状况日渐改善,真正实现了"城市让生活更美好,农村让城市更向往"的美好图景。乡村生活条件的改善,不仅提升了乡村地区人的综合素养和发展能力,也吸引了更多的人才到乡村来创业、旅游、康养甚至定居,对提升农民收入水平,增强农村内生发展动力起到巨大的推动作用。

又如,生态补偿的共富效应也时常被忽略。从2010年开始,苏州政府通过财政转移支付实施生态补偿,即对因保护和恢复生态环境而经济发展受阻的地区给予经济补偿。生态补偿资金主要用于生态环境基础设施建设、发展村级公益事业、发展村级经济,通过安排公益性岗位等对农民进行间接补贴,通过股份分红等对农民进行直接补贴。有了这些资金后,太湖、阳澄湖等区域那些守望苏州生态环境的镇(街道)、村(社区)环境变好了,基础设施投入增加了,农民的收入水平也提高了,对外来人才、游客、资金的吸引力也在持续提升。

---

[1] 资料来源于苏州城乡一体化改革发展研究院·苏州乡村振兴研究院(内部资料)。

六、启示与思考

苏州的改革历程揭示出，在长期城乡二元分割的基础上，实现资源和要素的城乡双向流动与优化配置，必然是一个长期持续的曲折过程，不可能一蹴而就。由于持续时间长，要确保方向正确，就必须坚持以人为本的原则，始终坚持共同富裕目标导向，避免被局部、短期利益带偏。由于影响因素多而复杂，要确保改革顺利推进，必须坚持循序渐进的原则，先易后难，逐步扫除各类障碍。由于可参照经验不足，必须坚持因地制宜的原则，充分尊重基层创造力，避免"一刀切"，在百花齐放中寻找最优路径。

第六章

农村集体经济锻造共同富裕产业链

> 要把好乡村振兴战略的政治方向，坚持农村土地集体所有制性质，发展新型集体经济，走共同富裕道路。[1]
>
> ——习近平

发达的农村集体经济既是苏州的特色，也是其优势。到2023年，苏州农村集体总资产达到1 272亿元，村均经营性收入超950万元。各级各类发达的村级集体经济组织，替代政府为农村地区提供了配置资源的功能。这些村级集体经济组织在优化配置乡村地区资源（人才、土地、资金、政策），供应基础设施和公共服务，提升乡村环境质量，对外整合资源（人才、资金、技术）方面发挥着不可替代的作用。以投入农村的各类建设资金为例，仅1978—1985年，苏州当时的6县（市）乡镇企业为地方提供了5亿元农村建设基金，相当于国家同期对农业投入的5倍多；推动农业社会化服务体系建设，针对开发区、工业小区、生活小区、现代农业园、农村道路、桥梁、河流及村内科技、教育、文化、卫生等基础设施，以及环境整治、新农村建设等项目的建设和维护，投入70%以上的资金，这些是由村级集体经济组织直接承担的。可以肯定的是，如果没有发

---

[1] 习近平. 把乡村振兴战略作为新时代"三农"工作总抓手［EB/OL］.（2019-05-09）[2024-05-03]. https://www.gov.cn/xinwen/2019-06/01/content_5396595.htm.

达的农村集体经济，苏州要达到当前的城乡融合与共同富裕水平，还需要更长的时间。

一、苏州农村集体经济中的"共富基因"

从20世纪80年代乡镇企业蓬勃发展，到20世纪90年代中后期乡镇企业改制，再到2002年以后农村合作经济兴起，苏州乡村先后经历了"集体化""去集体化""再集体化"三次浪潮。追本溯源，农村集体经济的形成就带着极为鲜明的"共富基因"。这三个发展阶段的对比，也充分彰显了农村集体经济在弥合城乡差距、调节红利分配方式、推动共同富裕中的重要作用。

（一）20世纪80年代：农村集体经济自身拥有鲜明的"共富基因"

改革开放之后，以乡镇企业为主体的农村集体经济飞速发展。1985年，苏州乡镇工业产值占据了全市工业总产值的半壁江山，到1990年更是出现了"三分天下有其二"的局面，形成了农村工业化、就地城镇化和农民"离土不离乡、进厂不进城"的"苏南模式"。这一模式的核心特征是：在所有制结构上，以农村集体经济为主；在产业结构上，以乡镇工业为主；在经济运行机制上，以市场取向为主；在资源动员上，以基层政府主导为主；在利益分配上，坚持按劳分配，国家、集体和农民三者利益平衡。这一时期乡镇企业的大发展不仅为后来的苏州农村集体经济的再崛起奠定了基调，还为城乡的和谐发展夯实了坚实基础。站在城乡融合的角度来看，苏州以乡镇企业为主体的农村集体经济发展的更大价值和意义在于，使农民参与并较好地分享了工业化和城镇化红利，奠定了今日苏州城乡融合和高水平共同富裕的基础。可以说，农村集体经济引领了20世纪80—90年代苏州农村的发展，对吸纳农村劳动力，使农民致富，推进小城镇和城镇化发展，起到了举世瞩目的历史性作用。没有以乡镇企业为主体的农村集体经济发展及由此营造的小城镇发展平台，就没有苏州今天的城乡融合和高水平共同富裕。

(二) 20世纪90年代中后期:"去集体化"导致城乡差距拉大

20世纪90年代中后期,伴随着市场经济的深化和环境约束的变化,原有乡镇企业模糊的产权已不再适应市场经济的发展,而且其高度分散的格局也给环境带来越来越大的压力。在此背景下,1996—1997年,以产权改革为核心、以建立现代企业为目标的乡镇企业改制轰轰烈烈地启动,推动着农村集体经济向民营企业和私有企业蜕变,掀起了农村"去集体化"浪潮。其间,全市1.3万多个乡镇企业实行了各种形式的产权制度改革。其中,10%转变为公司制企业,36%转变为股份合作制企业,25%通过拍卖转变为私营企业,23%本来就挂着集体牌子的私营企业通过"摘帽"还原了本来面目,还有6%的企业被兼并或宣布破产。从区域发展的角度来看,改制后的乡镇企业更符合市场经济要求,因而增强了区域经济发展后劲,其培育、孵化和衍生的民营企业成为今天苏州转型升级的核心力量。但从农村发展的角度来看,乡镇企业改制后,直接弱化了村级集体经济组织的发展后劲,产生了农村公共物品供给能力下降、城乡差距拉大、集体归属感被削弱等负面影响。

(三) 21世纪:"再集体化"彰显农村集体经济共富调节力

进入21世纪,苏州外向型经济面临挑战,长期发展过程中累积的产业层次低下、创新力不足、转型升级缓慢等问题逐渐显现。积极发展战略性新兴产业,提升外向型经济质量,加快民营经济和新型集体经济发展,成为苏州发展的选择。以全面推行农村"三大合作"为抓手,发展农村新型合作经济组织,加快建立与市场经济体制相适应的经济体制和组织机制,发展新型集体经济,恢复其合作经济的本质属性,既为城乡融合发展和扩大内需提供广泛而持久的动力,又为实现从工业化主导的外向型经济向城镇化主导的内源型经济转型发展提供重要战略支撑。2010年前后,在"三大合作"的基础上,苏州又出现了大量农村集体经济抱团联合的现象,由此,掀起了农村"再集体化"浪潮。2013年,苏州农村社区股份合作社、土地股份合作社、农业专业合作社等新型集体经济组织共4 168家,农村集体经济总资产达1 350亿元,村均收入超650万元,农村集体经济在基础设施建设、公共服务供给、乡村组织性强化、红利分配调节等众多方面发挥着重要作用。

二、苏州农村集体经济的主要发展模式

在苏州农村改革 40 多年间，农村集体经济产生了多种多样的发展路径与发展方式，呈现出百花齐放的态势。根据经济发展的不同水平，可将农村集体经济划分成经济薄弱型、经济一般型、经济强势型；根据城乡发展动力的不同机制，可将农村集体经济的发展路径归纳为城乡联动发展型、镇村抱团协作型、现代农业观光型；根据农村集体经济内生发展的不同动力，可将农村集体经济划分为农业型、工业型、旅游型、商贸型；根据富民载体建设要素的不同构成，可将农村集体经济划分为物业型、组织型、公司实业型等。但现阶段普遍得到认可并有着积极借鉴意义的分类方式是根据产业支撑要素进行划分，主要包括骨干企业带动型、物业租赁经营型、集体资本运营型、存量资产盘活型、现代农业引领型 5 种类型。

（一）骨干企业带动型

在村级组织发展过程中，作为村级政治组织的党委或党支部、作为村级社会组织的村民委员会和作为村级经济组织的村办企业"合三为一"的模式，使苏州农村集体经济进入社队企业大发展阶段。它集中体现为党、政、企"三位一体"的领导班子统一领导，充分发挥基层民主集中的优越性，权责分明，决策高效。骨干企业经过转制或者股份化之后，一方面，从村级组织中独立出来，在市场经济条件下自主经营，自负盈亏；另一方面，又通过以工哺农、分红奖励等村企共建的形式，支持农村的发展。其突出特点有：资金实力雄厚，融资渠道多样，容易获取政府的扶持项目，具有较强的市场意识、经营头脑和现代经营管理理念，等等。

案例 6-1

苏州骨干企业带动型农村集体经济发展模式
典型案例——张家港市南丰镇永联村

永联村位于张家港市东北角，面积达 12 平方千米，村民有 11 761 人。1984 年，永联村创办永联轧钢厂；1993 年，组建成立省级企业集团——江苏永钢集团有限公司；1998 年，在清产核资、界定村企产权的基础上，组建成立股份制公司——江苏联峰实业有限公司。随着股份公司的建设发展，从 2002 年到 2018 年，永联村行政区划进行了较大规模的调整，村域面积由原来的 0.54 平方千米增加到 12 平方千米，拥有 73 个村民小组。永联村在几十年的发展历程中，通过制定工业现代化、农业现代化、基础设施现代化、管理方式现代化、福利保障现代化、农民素质现代化的"六化"标准，坚持以"村企合一"的农村集体经济发展模式为主导，使得企业发展壮大、集体收入增加、村民生活质量提升，使农村现代化建设的步伐不断加快。

（1）以强化龙头企业主体地位增强农村集体经济实力

"以企带村、村企合一"既是永联村发展的鲜明特色，也是其在市场经济条件下壮大农村集体经济的有效路径。在市场经济发展过程中，为了避免彻底改制所带来的企业私有化，永联村村办企业——江苏永钢集团有限公司，在 1998 年和 2001 年转制时，保留 25% 的集体股份归村集体所有，村集体共有股份从企业发展壮大中获得增值，并通过分红进行二次分配的形式，让村民共享农村集体经济发展的成果。这既实现了村办企业向现代企业的转制，发挥了股份制的优势，又保存了农村集体经济的实力，使村民与企业形成了利益联合体，实现了共同富裕。此外，永联村制定了"三统一"政策，即村企重大项目统一决策和规划，村企资源统一共享，村企干部统一调配和报酬待遇统一发放。这一机制避免了村集体与企业之间的利益冲突，冲破了企业发展过程中在土地、人力、物力方面的限制。2011年，江苏永钢集团有限公司实现销售收入320亿元，利税总额为18亿元，保留的25%的集体股份为村集体增加收入8 000多万元。

(2) 以现代农业发展建立农村集体经济重要载体

永联村通过工业反哺农业，用现代化的手段提升农业生产水平，发展现代农业，使其成为农村集体经济的重要载体之一。随着农村现代化建设和"三集中""三置换"的深入推进，在村民自愿的基础上，永联村按照每亩每年1 300元的标准，将农民的土地承包经营权流转到村农业合作社，并以先进理念、高科技配套设施，相继建成了4 000亩苗木园艺基地、400亩花卉基地、2 000亩现代粮食基地、100亩特种水产养殖场及500亩苏州江南农耕文化园，基本形成了"技术装备先进、组织方式优化、产业体系完善、供给保障有力、综合效益明显"的现代农业体系。此外，永联村组建成立了5家与农林业相关的公司，实现了农业生产和管理的企业化。2010年5月，永联村又根据张家港市《关于进一步推进农村土地股份合作制改革的实施意见》，将5家农业公司的6 500万元注册资本，与村民5 870亩承包的土地折价为2 935万元一同入股，成立了张家港市南丰镇永联土地股份专业合作社。这样，村民既可以享受到每亩每年1 300元土地流转保底收入，又可以按股份和公司盈余额享受分红。

(3) 以现代服务业推动农村集体经济发展

永联村依托苏州江南农耕文化园、永联小镇、江苏永钢集团有限公司等主体，成立旅游发展公司，加强旅游开发和服务，积极发展乡村旅游经济；依托丰富的江鲜美食资源，在永联小镇规划建设

> 江鲜美食街，通过举办美食节，大力弘扬江鲜美食文化，使江鲜特色餐饮成为永联村新的经济增长点。此外，永联村还积极推进第二、第三产业的分离，把原属于江苏永钢集团有限公司的建筑安装、后勤服务、物流运输等服务保障部门分离出来，注册成立江苏永联精筑建设集团有限公司等，并依托长江自备码头，建设以货物运输、储存、装卸、包装、流通加工、配送、信息处理为主的钢铁物流中心，从而推动现代服务业发展，形成一批以发展服务业为主的农村集体经济形式，为永联村持续增收、多途径壮大农村集体经济奠定基础。

（二）物业租赁经营型

在城镇化进程中，采用"退二进三"多元化的发展方式，运用集体资产开发商务楼宇，发展楼宇经济，并配套提供物业管理服务，同时通过招商引资的形式吸引企业入驻，收取租金，这也是苏州许多农村集体经济发展的重要模式。许多村依托工业小区建设，建造了打工楼、农贸市场等物业设施。有些村由于本地土地资源的制约，资本运营的空间相对狭小，农村集体经济的进一步壮大受到限制，创造性地发展出异地经营模式——通过资本运作经营，到地理优势明显、土地资源相对充裕的地域兴建厂房，收购异地的优质资产兴建商业店面，通过与企业及其他经济组织的入股、联营等方式进行异地发展，将本地或者外地城镇的商业区、工业区等投资经营性项目进行异地发展。其突出特点包括抵御市场风险能力强、规模化收益巨大等。

案例 6-2

苏州物业租赁型农村集体经济发展模式典型案例——姑苏区友新街道[1]

姑苏区友新街道位于苏州古城区西南,东与吴门桥街道相连,西接苏州高新区(虎丘区)。2002年,作为苏州城市区划调整的一部分,友联、双桥、新郭、三元、三香和盘南6个行政村整体划入友新街道,涉及农民17 000多人。在城市化推进过程中,友新街道通过推进社区改革、强化资产管理、参与城市开发,转变了以往各村各自建设标准厂房和出租商业用房的单一模式,成功转型升级为发展现代都市楼宇经济,并进一步发展与之相配套的物业管理服务业,对农村集体资产在城市化进程中实现保值增值进行了卓有成效的探索。

(1)以社区股份合作制改革明晰农村集体资产权属

推行社区股份合作制改革,对于明晰农村集体资产权属、维护农民利益、实现带股进城意义重大。2006年3月,友新街道首先在双桥村进行改革试点。7月27日,双桥村社区股份合作社挂牌成立。2007年9月,友新街道社区股份合作制改革全面完成,共量化农村集体资产2.01亿元,17 000余人成为合作社社员。采取的主要措施有:一是合理设置股权。设劳动贡献股和人口享受股两种,不再设集体股。劳动贡献股以农龄或年龄为依据,人口享受股为计算时限内不满16周岁的成员享受,每年折算0.1股人口享受股。二是彻底量化资产。考虑到地处城区,经营性资产、公益性资产和资源性资产在一定时期内发生转化,难以严格划分,在资产量化的过程中改变了其他地方普遍只将经营性净资产量化到户的做法,而

---

[1] 友新街道于2017年3月被撤销,原吴门桥街道、友新街道合并成立新的姑苏区吴门桥街道。

把农村集体全部资产统一折股量化到户,做到资产量化彻底。三是科学设计股权制度。实行股权固化管理,明确"生不增、死不减"原则。固化股权后,量化到户的股份,经由社员申请与董事会审核,可以继承,这也符合社区股份合作制改革的发展方向。社区股份合作制改革3年后,农村集体资产由2.9亿元增至5.4亿元,增长86.2%;分红由2006年的351.5万元,增加到624.2万元,每年均保持10%以上的增长,累计分红1 536.8万元。

(2) 以强化管理保障农村集体资产保值增值

为了加强农村集体资产监督和管理,完善农村财务管理体制,规范财务收支行为,2007年3月,友新街道农村集体资产经营管理服务中心成立,6个村的会计集中办公。该服务中心实行集中核算、制度监督、定期公开,严格遵循"六不变""五统一"原则。"六不变",即农村集体资产所有权不变,农村集体资金所有权、使用权不变,以村为单位的基本核算体制不变,财务审批权不变,财务监督民主理财机制不变,财务业务主管部门不变。"五统一",即统一审核、统一记账、统一公开、统一审计、统一建档。友新街道农村集体资产经营管理服务中心通过对农村财务实施集中核算,提高了农村财务管理水平,压缩了非经营性开支,促进了农村基层干部廉政建设,提高了农村资金收支状况的透明度;通过对农村集体资产的增减变动,增加了租赁收入,使资产得到保值增值;通过对街道6个村社员的集中管理和劳动人事管理,规范了招聘、解聘等用人制度,完善了日常考核制度,及时掌握了人员变动情况,保证了人员开支的合理性和准确性。盘南村、三元村通过强化资产管理,对原来的资产租赁合同进行梳理,协商后适当提高租金标准,使农村集体经济经营性收入每年增加100余万元。

(3) 以积极参与城市开发实现农村集体经济发展壮大

友新街道地处城区，随着城市建设的推进，在城市开发建设的过程中，部分房屋被动迁，补偿资金增加，友新街道利用区位优势，积极协调，帮助各社区股份合作社参与城市开发建设，发展楼宇经济，实现"退二进三"。6个村社区股份合作社根据城市化发展的规划要求，分别投资兴建了商务楼。例如，新郭村总投资1亿元建造新郭创业中心用于租赁，建筑面积为30 000平方米；友联村总投资3.5亿元建造桐泾商务广场，建筑面积为68 510平方米，其中商业用房19 050平方米用于出租，会所490平方米、公寓13 300平方米、写字楼8 500平方米用于出售。商业用房于2009年5月签订出租合同，该合同规定，前3年租金分别为770万元、800万元、850万元，之后每3年租金增长8%。友新街道各村以物业出租收入为主要手段来增加农村集体经济总量，并用于各股份合作社的股份分红，使村民真正享受到发展社区股份合作经济带来的收益。

（三）集体资本运营型

集体资本运营型就是通过将存量资金入股企业经营、成立专业合作社、异地购买资产等投资形式增加集体收入。资金入股分红是一些村进行资本运作最常见的方式之一，同时也有不少村开始打破地域界限，尝试走上异地置业的经济之路，在村镇工业功能区开发标准厂房、商业用房等物业项目，为农村集体经济拓展新的发展空间。这种模式虽然存在一定的经营风险，但只要运作恰当，就能为村集体带来丰厚回报。其发展特点是通过发展股份合作、资产租赁来促进农村集体经济发展，且通常在本地或者外地城镇的商业区、工业区等投资经营性项目进行异地发展。

案例 6-3

苏州集体资本运营型农村集体经济发展模式
典型案例——吴中区临湖镇湖桥村

吴中区临湖镇湖桥村位于东太湖畔，村域面积 10.38 平方千米。全村共有 28 个自然村、32 个村民小组，共计 1 178 户、4 475 人。近年来，在推进农村集体经济发展和农民致富增收过程中，湖桥村通过联合 3 个合作社，组建了集团公司，并通过规范运作，突破农村集体经济受发展方式和发展资源制约的瓶颈，进一步做大、做强股份合作经济，拓展农村集体经济发展和农民增收的空间，实现了农村集体经济的快速发展和农民收入的显著增加。2010 年，全村集体总资产突破 4 亿元，农村集体经济经营性收入突破 4 000 万元，农民户均股份分红达 6 000 元。

（1）以资产租赁推动农村集体经济增长

2005—2006 年，湖桥村新建成标准厂房 13 万平方米，厂房租金为村集体增加收入超过 1 300 万元；至 2008 年，湖桥村工业性租赁用房和配套用房已达 18 万平方米，且均已落实招租，村集体租赁性经营资产总值达到 2.36 亿元，落户外资、民营企业已接近 60 家。2006 年，湖桥村共吸引外资、民营企业 90 多家，工业配套建设厂房面积超过 30 万平方米，工业发展所带来经济收入超过 2 500 万元。此外，为了方便外来务工人员和村民生活，村集体投资建设新型社区、租赁小区、农贸市场、商贸超市等物业设施，每年可增收 1 000 余万元。湖桥村针对原有集体资产闲置的问题，2006 年年初，以入选"苏州市新农村建设示范村"为契机，制定新农村建设与城乡一体化发展接轨的整体规划，考虑到湖桥村与历史悠久的浦庄街道相邻，对沿街的老式房屋进行统一规划，规整沿街门面，采用长期租赁的方式，使湖桥村原有的集体资产保值增值。

(2) 以合作社市场化促进农村集体经济发展

从 2005 年开始，湖桥村先后组建了苏州市吴中区临湖镇湖桥社区股份合作社、苏州市吴中区临湖镇湖桥社区物业管理股份合作社、苏州市吴中区临湖镇湖桥村股份经济合作社三大农村合作经济组织。湖桥村股份经济是参照股份制企业的组织原则与分配方法的新型合作经济，这种经营模式有利于村集体与农村土地、资产、资金、劳动、人才等生产要素的整合，有利于合作社的集约经营和结构优化。然而，依靠土地流转进行规模化农业种植或者建造厂房、出租房屋等发展模式的单一化，以及村域内可利用资源的稀缺化，会制约农村集体经济的持续发展和农民收入的持续增加。为了突破农村集体经济受发展方式和发展资源制约的瓶颈，拓展农村集体经济发展的渠道和农民增收的空间，2010 年 11 月，湖桥村三大合作社共同出资 6 500 万元，组建了苏州湖桥集团有限公司，下设七大子公司，即苏州市吴中区浦庄物资有限公司、苏州瑞丰制衣有限公司、苏州湖桥集团房地产开发有限公司、苏州湖桥集团建设有限公司、苏州湖桥集团园林绿化工程有限公司、苏州湖桥集团文化旅游发展有限公司和苏州湖桥集团物流有限公司。在收益分配上，60%的收益按出资方比例返还三大合作社用作农民股份分红，40%的收益留在集团公司用于再生产经营。

(3) 以现代化管理运行机制提升集体资本运作效益

由三大合作社组成董事会，推荐董事长，集团公司指派子公司执行董事行使董事长职权，各子公司招聘职业总经理，由职业总经理全面负责子公司的经营和管理工作。在财务管理上，集团公司设立财务科，统一对子公司行使财务管理职能。各子公司均实行经济独立核算，真正按照经济实体的要求进行市场化运作。另外，三大合作社和集团公司实行"双向"发展模式：三大合作社仍按原先制定的章程进行规范化运作，着重在进一步挖掘潜力、提升发展质量上下功夫；新组建的集团公司面向市场，着重在拓展业务范围和发展地域上下功夫，努力培育农村经济发展新的增长点，把村级经济做大、做强、做优。如：物资有限公司不仅可以组织采购、供应成员所需的生产资料，还可以根据市场需求和公司能力进行政府采购咨询及招标代理；制衣有限公司可以扩大市场规模，提升服装的生产、销售能力，拓展服装进出口贸易；房地产开发有限公司可以参与土地拍卖和房产开发；建设有限公司可以跳出湖桥、走向市场，承接城乡一体化项目建设、公共基础设施施工，从事装饰装潢工程项目的设计和施工，等等；文化旅游发展有限公司可以从事旅游景点、生态农业、旅游项目的投资与开发等；园林绿化工程有限公司可以经营园林绿化工程的设计、施工和养护等业务；物流有限公司可以经营货物仓储、运输等业务。

（四）存量资产盘活型

存量资产盘活型是通过盘活闲置的办公楼、厂房、设备等集体资产，积极整合闲置存量资产并提高其利用率；或采取返租倒包、合股经营的形式进行开发，由村集体统一牵头，招商引资或联合农户参股开发，增加农村集体经济收入。其发展特点包括实现土地集约化利用、推动第二产业的发展、促进农业现代化和农业社会化服务的发展等。

案例 6-4

苏州存量资产盘活型农村集体经济发展模式典型案例——相城区渭塘镇凤凰泾村

凤凰泾村位于相城区与常熟接壤的最北端，地处相城北段元和塘畔，河网交织。2001年10月，凤凰泾村与麒麟村合并，2003年5月，凤凰泾村又与雪泾村、场角村合并。村域面积为6.14平方千米，共有36个村民小组、1 450户农户，全村总人口为4 889人。在城市化进程中，凤凰泾村通过环境整治、土地整理及创新二次开发等方式，探索出一条发展壮大农村集体经济、增加村民收入的新路。2012年，农村集体经济经营性收入为2 720万元，农村集体经济组织净资产为1.2亿元，工业销售收入为17亿元，人均收入达18 700元。

（1）以土地流转推动农村集体经济发展

凤凰泾村经历过两次并村，在并村的同时对土地资源进行梳理，置换出的土地一部分用于发展工业，培育新的增长点；一部分用于改造，建设成村民公共绿化中心，在改善村民生活环境的同时，增强投资吸引力。在发展进程中，凤凰泾村可利用土地资源逐渐减少，制约了农村集体经济的发展。为了解决这一问题，2004年，凤凰泾村通过拆村建居、潭坑复耕等方式，成功置换出48亩工业用地，用于开发建设工业园区，并先后引进了电子等领域科技含量较高的企业208家。2007年，凤凰泾村动迁罗埭自然村，置换出44亩土地，用于建设工业园区及员工配套住宅小区，既解决了外来务工人员居住问题，又提高了土地利用率，增加了村集体收入。

（2）以二次开发盘活农村集体资产

自工业化以来，凤凰泾村陆续创建企业160家，早期创建的企业厂房多为单层，土地利用率、产出率较低；还存在大量淘汰企业遗留厂房，部分处于闲置状态，部分被低价出租给规模较小的私人企业，造成资源浪费。针对这一问题，从2007年开始，凤凰泾村对低利用、低产出项目实施二次开发，对处于闲置状态的村塑料批发市场，投资880万元建成12 000平方米标准厂房；2008年，清理出雪泾化工厂低产出、高污染的项目，投资600万元，开发建设

6 000平方米标准厂房和4 000平方米配套用房,为村集体增加年收入超过120万元。在不增加土地指标的前提下,全村先后开发建设共84 000平方米标准厂房,每年增加近千万元村级保底收入,为凤凰泾村拓展了新的发展空间。

(3) 以高效农业助推农村集体经济发展

随着传统农业低效、低产、高污染问题的加剧,发展现代农业成为必然选择。凤凰泾村在第二、第三产业不断壮大的同时,力推现代农业园区的建设,发展高效农业。凤凰泾村流转出全村农田,集零为整,并通过协调成功流转村域范围外凤阳村的1 500亩农田,用于投资建设凤凰泾现代高效农业示范园,既提高了农产品产出效益,又解决了本地村民就业问题,拓宽了村民增收渠道。该农业示范园规划有一个中心、五个功能区,其中,一个中心为示范园接待服务中心,五个功能区分别为苗木、蔬菜、瓜果、淡水养殖、娱乐休闲功能区。此外,该农业示范园建成了60亩苗木基地和80亩葡萄园,建有连体大棚16 000平方米、单体大棚7 200平方米,具有养殖水面580亩,已初步形成规模化经营。

(五) 现代农业引领型

现代农业引领型是以现代农业助推农村集体经济发展为主要形式,因地制宜地利用农业的生产、生态、生活功能,发展都市农业、生态农业、设施农业、外向型农业、休闲农业等。其突出特点是拥有多功能、规模化的现代农业,且容易得到政府支持。

案例 6-5

苏州现代农业引领型农村集体经济发展模式典型案例——常熟市支塘镇蒋巷村

蒋巷村位于常熟、昆山、太仓三市交界的阳澄湖水网地区沙家浜水乡，东濒上海，南临昆山，西接苏州，区位优势明显，交通网络完善。2010年，全村有农户186户、农民800多人，村域下辖面积3平方千米。蒋巷村按照"农业起家、工业发家、旅游旺家"的发展思路，以工促农，发展现代农业，形成常盛工业园、农民新家园、生态种养园、村民蔬菜园、无公害粮油生产基地"四园一基地"的基本格局。2010年，全村经济总产值为12亿元，人均社区股份制分红为5 000元。

（1）以工业发展促进现代休闲农业开发

进入21世纪，蒋巷村的工农业发展已初具规模，在此基础上，蒋巷村提出旅游兴村的发展思路。通过调整农业种植结构，依靠工业反哺，投资建设"四园一基地"，借助沙家浜红色旅游及周边旅游风景区的辐射效应，积极开发生态乡村旅游业。蒋巷村现代休闲农业的建设资金主要来源于两个方面：一是村办企业江苏常盛集团有限公司直接投入资金。在休闲农业发展的初期，该公司共投入3 000多万元，疏湖、建亭，开发拓展项目功能设施，修建停车场、宾馆等辅助配套设施。二是来源于"四园一基地"建设带来的间接投入。

（2）以优质农业资源发展现代服务业

通过实施"储粮于田"沃土工程，蒋巷村对全村农田进行改造，建成千亩集约化经营、机械化耕作、标准化生产、生态化种植的优质粮油生产基地，现代农业已初具规模。利用规模化优质农业资源，蒋巷村围绕农业产前、产中、产后服务，积极建立农业生产性服务体系；注重农村教育、卫生、文化、旅游等不同层次公共服务体系的建设；积极发展农村消费性第三产业，促进农村三大产业协调发展，夯实共同富裕的物质基础。

(3) 以集体资产为依托统筹经营开发模式

蒋巷村的主要经营管理模式为村集体统筹开发，村庄整体规划与建设由村集体主持；耕地由村集体统一管理，由种粮大户承包，采用机械化种植方式，耕地所产粮食由村集体用高于市场的价格收购，再低价转卖给村民作为福利。此外，为了满足村民日常的农产品供应需求，村集体按需为各户保留一定面积的土地。在村民住宅建设规划方面，蒋巷村除新建小区由村集体统一建设之后以较低价格出让给村民外，其余建筑及配套设施的所有权和管理权都属于村集体，由村集体统一规划、开发和经营。在村庄旅游开发上，旅游发展公司主要负责接待、设施建设、园林绿化维护等日常事务管理，其他各项事务均由村委会直属管理；旅游开发所带来的经济收入，包括门票、拓展项目及住宿、餐饮等方面的收入，由村集体统一管理，以年终分红的形式发放给村民。

三、苏州农村集体经济的主要特点

(一) 经济实力较强

2012年，苏州村级集体资产总额接近4 000万元，村均资产达到3 992万元。村均资产规模最大的苏州工业园区，达到8 293万元。姑苏区、吴中区、相城区及张家港市，村均集体总资产均超过5 000万元。全市村均集体净资产达到2 586万元，村均集体净资产规模最大的姑苏区达到7 768万元。全市村均集体经济收入达到582万元，其中吴中区、工业园区、相城区及张家港市村均收入超过或接近1 000万元，分别达到1 119

万元、1 057 万元、1 019 万元和 950 万元，成为苏州农村集体经济实力较强区（县级市）。2012 年年末，苏州全面实现了村村超百万元的目标，其中有 99 个村（社区）总资产超过 1 亿元；有 50 个村（社区）净资产超过 1 亿元，居首位的吴中区长桥街道龙桥社区，净资产达到 60 713 万元；有 222 个村（社区）收入超过 1 千万元，其中 30 个村（社区）超过 3 000 万元，10 个村（社区）超过 6 000 万元，张家港市南丰镇永联村、相城区渭塘镇渭西村和吴中区临湖镇湖桥村，收入均超过 8 000 万元，名列全市前三位；经济收入不足 200 万元的村（社区），仅占全市村级单位总数的 9.37%。[1]

（二）股份合作为主

在探索农村集体经济发展新模式的道路上，苏州坚持把发展农村"三大合作"与促进农民增收相结合，基本构建了集体与农民持续共享资源增值收益的利益机制和持续增收长效机制。通过实行股份合作经营，按照自愿原则，吸收村级集体、农民入股，进行资本运作，创办经济实体，盈利按股分红，促进集体增收，促使农户获益。例如，在太仓市沙溪镇太星村，2005 年全村农民将包括口粮田在内的土地，全部自愿流转出来，组建土地股份合作社，将土地租赁给 4 家苗木公司，农民的土地全部由苗木公司打理，对生产要素进行重新组合，实现了土地增值、农民增收、传统农民"非农化"，让农民享受到了更多实惠。到 2012 年，苏州累计组建各类股份合作经济组织 3 725 家，其中联合集团达 97 家，持股农民比例达 95.5%，股份分红已成为提高财产投资性收入、促进农民增收的重要途径。[2]

（三）载体类型丰富

苏州农村集体经济的快速发展离不开富民强村的载体建设（物业载体、组织载体和公司事业载体），村集体通过建设标准化工业厂房、打工

---

[1] 资料来源于苏州城乡一体化改革发展研究院·苏州乡村振兴研究院（内部资料）。
[2] 资料来源于苏州城乡一体化改革发展研究院·苏州乡村振兴研究院（内部资料）。

楼、商务写字楼、商铺门面等物业载体，发展租赁经济，增加了农村集体经济的实际收入。2012年，依托农村集体的资产、资源，苏州新组建合作联社、集团公司26家，累计达104家，开工建设富民强村载体项目75个，规划建设物业面积335万平方米；实施农村集体经济异地发展，全市共43家，其中4家跨镇（街道），39家跨区（县级市）；有57家农村股份合作经济组织投资19亿元，实施了58个"退二进三"物业载体项目参与城市化、工业化建设。

（四）发展路径多元

苏州各地在发展农村集体经济的实践中，以市场为导向，立足现有资源优势，敢于创新，形成了一批依靠农村集体经济快速致富的经济强村，并形成了多元发展路径。一是村企联合。通过做大、做强骨干企业，扶持主导产业，形成块状经济，促进农村劳动力充分就业，从而改进农村基础设施建设，带动农村各项福利事业配套执行到位，诸如常熟市的梦兰村和江苏梦兰集团有限公司、蒋巷村和江苏常盛集团有限公司，张家港市的永联村和江苏永钢集团有限公司，等等。二是物业租赁路径。按照富民强村目标，以富民工业区为载体，为企业创造宽松环境，搞好配套服务，切实提高农民的收入水平。例如，太仓市沙溪镇松南村，通过"统一规划、统一设计、统一建设、统一管理、统一出租经营、产权独立，收益归村"的形式，建成了富民工业小区和打工楼、农贸市场等物业设施。三是股份合作路径。按照自愿原则，吸收村级集体、农民入股，进行资本运作，创办经济实体，盈利按股分红，促进集体增收，促使农户获益。四是区位开发路径。依托区位优势，发展有偿化服务，促进农村集体经济发展。例如，常熟市新港镇借助常熟滨江新城建设机遇，着力规划部署小城镇建设，并打造农贸市场、建材市场、农副产品批发市场等，积极鼓励和引导农民从事第三产业。五是特色旅游路径。一些邻湖、邻风景区的村，利用自身自然资源优势，大力发展特色旅游及其配套设施，农民、集体双获益。例如，昆山市巴城镇以大闸蟹经济为主的第三产业——旅游业发展迅速，参与这一产业链中的农户占全镇农户的60%以上。

(五) 支持政策全面

一是财政支持政策。市、区（县级市）财政安排专项资金，扶持农村集体经济发展。把整合各类惠农支农项目资金与发展农村集体经济紧密结合起来，优先安排村级集体经济组织实施土地整理、资源开发、物业建设等项目。各级财政投入形成的经营性资产，界定为村级集体所有。落实税收地方留成部分奖励到村的政策。对农村集体自办、联办的经营性项目新增的地方财力，按一定比例返还到村。二是用地扶持政策。农村土地增值收益主要留在农村，留给村级集体经济组织及其成员。农村宅基地和村庄整理所节约的土地，调剂为建设用地的，优先满足村集体建设需要，加大农村集体土地留用地政策的执行力度。市、区（县级市）、镇（街道）政府在年度用地计划中，统筹安排农村集体经济发展的用地指标。三是金融支持政策。金融机构切实改善对村级集体经济组织的金融服务，将符合授信条件的村级集体经济组织列为优先支持对象。四是薄弱村帮扶政策。对农村集体经济薄弱村开展多层次、多形式的帮扶活动，从发展规划、产业项目、资金支持等方面进行扶持。鼓励村企自愿挂钩、合作开发，实现企业与村级集体经济组织之间信息、技术、资金、劳动力、土地等生产要素的优势互补。

四、苏州高水平共同富裕的重要调节器——农村集体经济

发展农村集体经济，走共同富裕道路，是苏州农村改革40多年来最大的特色和亮点，对于加快推进城乡一体化、率先基本实现现代化具有十分重要的意义。苏州的农村集体经济，在富民增收、改善农村人居环境、促进城乡基础设施和公共服务均衡化发展、提升乡村精神富足水平等多个方面起到了重要作用，是共同富裕的重要调节器。下面重点以张家港经济技术开发区（杨舍镇）农联村这一典型代表为佐证来说明农村集体经济的红利调节作用。

(一)农村集体经济对富民增收的作用

农村集体经济的发展,通过增加农民财产性收入、分红性收入、保障性收入,扩大就业创业机会,推动农民收入水平的提高。到2012年,苏州农民财产性收入占比由2005年的不足5%提高到37.6%,农民人均纯收入达到1.94万元,城乡居民收入比为1.93,是全国城乡居民收入比最小的地区之一。[1] 到2023年,苏州城镇居民人均可支配收入约为8.3万元,首次突破8万元大关,农民人均可支配收入约为4.64万元,城乡居民收入比约为1.79。苏州城乡人均可支配收入是全国的1.89倍,是江苏省的1.41倍。[2] 以张家港经济技术开发区(杨舍镇)农联村为例,2004—2023年,村级集体经济组织累计为村民发放老年福利1.03亿元、奖学金472万元、大病医疗救助1 291万元,增收作用有目共睹。(表6-1、图6-1、图6-2)

案例6-6

张家港经济技术开发区(杨舍镇)
农联村集体经济的富民增收作用

通过稳妥推进房地产项目跟投、稳妥创新金融投资、减少"散乱污"和低效能企业,以增加物业性收入,张家港经济技术开发区(杨舍镇)农联村探索出了一条独具特色的高质量发展之路,村级可用财力多年来以年均10%的增长率稳步提升,2023年村级可用财力达到1.1亿元,较2004年三村合并时增长了19倍,村民人均收入突破6.9万元,有力夯实了农联村乡村振兴的物质基础。雄厚的财力使得农民的保障性收入持续增加,村集体每年都将可用财力的2/5用于改善民生,村里的福利清单多达15个大项,为村民构

---

[1] 资料来源于苏州城乡一体化改革发展研究院·苏州乡村振兴研究院(内部资料)。
[2] 大秋. 2023年苏州居民"钱袋子"数据公布:人均可支配收入74 076元[N/OL]. 苏州日报,2024-01-20[2024-06-09]. http://newspaper-pc.suzhou-news.cn/.

建起全生命周期的福利体系，真正做到了"学有所教、病有所医、老有所养、弱有所扶"，让农民过上了城里人都羡慕的好日子。从2004年开始，农联村累计发放1.03亿元老年福利费，惠及20 375人次；发放各类奖学金472万元，助力400名学子求学成长；发放大病医疗救助1 291万元，让838户家庭摆脱因病致贫。在婚嫁方面，结婚有结婚补助1万元；在生育方面，有生育金补助，一孩生育金2万元/户，二孩生育金4万元/户，三孩生育金6万元/户；在教育方面，幼儿园阶段保育管理费、高中阶段学费全额补贴，义务教育阶段学杂费全额报销，还有高额的科教助学奖学金；在医疗方面，有基本医疗保险、重大疾病及意外综合保险、大病救助。此外，村中还有老年福利、爱心救助、年终慰问、民生两险补充救助等多种名目的帮扶举措，使村民在生命周期的每个阶段都无后顾之忧。

表6-1　2004—2023年农联村65周岁以上老人年中发放老年福利统计表

年份	人数/人	人均数/元	发放金额/元
2004	710	100	71 000
2005	747	100	74 700
2006	774	200	154 800
2007	795	200	159 000
2008	817	200	163 400
2009	862	200	172 400
2010	880	500	440 000
2011	905	1 500	1 357 500
2012	960	3 000	2 880 000
2013	1 008	4 000	4 032 000

续表

年份	人数/人	人均数/元	发放金额/元
2014	1 066	5 000	5 330 000
2015	1 100	5 000	5 500 000
2016	1 158	5 000	5 790 000
2017	1 244	6 000	7 464 000
2018	1 316	7 000	9 212 000
2019	1 417	8 000	11 336 000
2020	1 438	8 000	11 361 800
2021	1 484	9 000	11 504 000
2022	1 557	10 000	15 570 000
2023	1 597	12 000	19 164 000

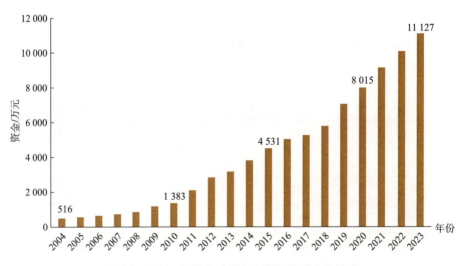

图 6-1　2004—2023 年农联村村级可用财力统计表

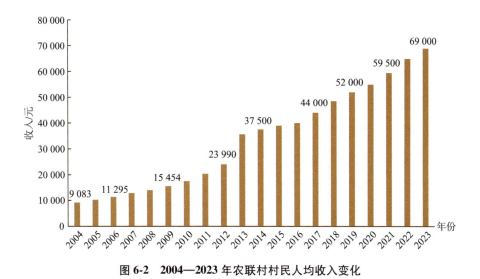

图 6-2　2004—2023 年农联村村民人均收入变化

（二）农村集体经济对人居环境的改善效应

2022 年，苏州改善农村人居环境等乡村振兴重点工作获得国务院通报表扬，并给予 5 000 万元中央资金激励支持。这是继 2019 年、2020 年昆山市、太仓市先后获评国务院"全国开展农村人居环境整治成效明显的激励县"后，苏州再次因此项工作受到国务院通报表扬，顺利拿下"三连冠"。农村人居环境整治是一项涉及面广、内容多、任务重的系统工程，不仅是一场攻坚战，还是一场持久战，苏州能够获得如此成绩，与发达的农村集体经济离不开。一方面，农村人居环境整治所需资金数额巨大，每个村每年的投入少则 100 余万元，多则数百万元，这些资金多数是由村级集体经济组织负担；另一方面，由于村级集体经济组织的组织管理乃至激励作用，使得村民能够积极投入人居环境整治工作，诸如多数村推行的积分制，将人居环境整治中的奖惩都纳入积分系统，与村民福利及农村集体经济分红挂钩，起到很大的激励作用。此外，许多村还成立自己的物业公司或保洁公司，发挥村民自己的力量来改善自身人居环境。

案例 6-7

张家港经济技术开发区（杨舍镇）农联村集体经济对人居环境建设的投入

2003 年，张家港经济技术开发区（杨舍镇）农联村与附近的乌沙村和南桥村两个贫困村合并，同时并进了 500 多家废品回收站，其中居住着 5 000 多名以收购废品为生的外来务工人员，村中整体环境脏乱不堪。面对发展带来的脏、乱、差问题，村集体决定启动村容村貌焕新计划，仅用 1 个月就集中整治了乌沙地区 500 多家废品回收站，成功推动全张家港市最大的农副产品交易市场搬迁至远郊，全面清退"散、乱、污"企业，使困扰当地多年的"顽疾"得到根治。2012 年，村集体投入 7.5 亿元，开工建设了张家港市由村投资建造的动迁安置小区，面积为 24 万平方米，规划 15 栋高层，建地下车库，按园林式绿化标准建设，保持道路整洁，左邻小学，右靠医院，门口便是公园，配套设施应有尽有，物业费则全部由村集体"买单"，居住环境超过了绝大多数商品房小区。

（三）农村集体经济对城乡基础设施和公共服务均衡化发展的促进效应

农村集体经济发展使村集体有能力解决公共资源的配置问题。张家港经济技术开发区（杨舍镇）农联村集体修建道路、建设学校、建造医院就是鲜明的例证。苏州高水平城乡基础设施和公共服务推动城乡融合发展，离不开农村集体经济的促进作用：城乡公交网络实现了全覆盖，形成了统筹协调、有效衔接的城乡公交网络体系，保证了城乡之间往来的通达、顺畅；加强供水管网城乡一体化建设，2023 年实现农村区域集中供水入户率达 100%，农村生活污水治理行政村覆盖率达 100%；加大城乡公共服务支出，提高城乡居民基本养老保险基础养老金标准和城乡居民低保标准。2023 年，苏州市区城乡居民基本养老保险基础养老金标准为 655 元/月，全市城乡居民低保标准为 1 115 元/月。[1]

> **案例 6-8**
>
> 张家港经济技术开发区（杨舍镇）农联村集体经济
对基础设施和公共服务的投入
>
> "要想富，先修路"，靠着企业转制的受益，张家港经济技术开发区（杨舍镇）农联村干的第一件事就是修路。1997 年，村里第一条 5 米宽的水泥路接通了市区主干道，为张家港经济技术开发区（杨舍镇）农联村带来了更多的商机。3 年后，张家港经济技术开发区（杨舍镇）农联村的水泥路通到了家家户户。张家港经济技术开发区（杨舍镇）农联村成为当时全镇第一个自来水通到村民家中的村、第一个电话"户户通"的村，其致富之路越走越宽。2022 年，张家港经济技术开发区（杨舍镇）农联村投资 2.5 亿元建成张家港市农联实验小学，该小学拥有整洁典雅的教学楼、窗明几净的教室、先进的智慧化教学设备，使许多城市小学都相形见绌。2023 年，张家港经济技术开发区（杨舍镇）农联村腾出社区办公用地，改建成医疗中心，并积极向上争取，与张家港市第一人民医院合作，配置先进的设备，安排权威的专家，解决村民看病问题。该医疗中心不仅有基本的配药、挂水、体检等服务项目，还有中医针灸、血液透析等特色项目，"零距离"服务村民。

（四）农村集体经济对精神文明建设水平的提升作用

农村集体经济收益的不断增加，不仅为各类精神文明设施、场景、项目的建设提供了经济支撑，还以农村集体经济股份合作为纽带，强化了村

---

[1] 苏州市统计局，国家统计局苏州调查队. 回升向好 稳中有进：2023 年苏州市经济运行情况［EB/OL］.（2024-01-30）［2024-06-09］. http:tjj.suzhou.gov.cn/sztjj/sjfbyjd/202401/d3fcb24bddd842499d2724d6be2dd591.shtml.

民的凝聚力，为移风易俗、精神文明建设提供了强大支撑。在苏州农村广泛开展的积分制，即主要以股份分红、福利发放为激励手段的一套体系。这套体系使得苏州农村的精神文明建设水平快速提升，村民精神生活的富裕程度也大幅提升。农联村的精神文明建设成就便是农村集体经济的"精神共富"作用的典型例证。

案例6-9

张家港经济技术开发区（杨舍镇）农联村以农村集体经济福利为杠杆的精神文明建设

2017年，张家港经济技术开发区（杨舍镇）农联村投资新建了村史博物馆，为富裕起来的村民打造了了解历史的窗口。村史博物馆中不仅有对过去生活状态、传统农作方式的生动描述，还将为张家港经济技术开发区（杨舍镇）农联村做出重要贡献的人物的生动故事及其发展过程中的重要事件进行了展示，让张家港经济技术开发区（杨舍镇）农联村成为一个"有温度"的现代化农村。同年，张家港经济技术开发区（杨舍镇）农联村建起了自己的公园——农联好人公园，这是一个以"好人"为主题，汇集榜样人物、传递社会主义核心价值观的公园。张家港经济技术开发区（杨舍镇）农联村还制定"说得清、听得懂、学得快、可操作"的村规民约，并以福利发放为激励手段，将村民遵守村规民约与优秀共产党员、文明家庭、道德模范、好婆媳等评比挂钩。在"刚柔并济"之下，文明成为张家港经济技术开发区（杨舍镇）农联村村民的一种习惯。

五、苏州农村集体经济发展方式的转型经验

"三大合作"、富民强村载体建设是现阶段苏州农村集体经济发展最大的特色和优势。但是，随着苏州城乡一体化和城乡融合发展进入纵深推进、攻坚突破、整体提升的关键阶段，早期追求发展速度而忽略发展质量、追求个体单打独斗而忽略整体利益、追求短期财产收益而忽略长远发展绩效的农村集体经济发展方式的内在缺陷日益暴露，极大地阻碍了农村集体经济的发展与壮大，已不能适应农村经济社会的发展要求。苏州人适时站在更高层面审视农村集体经济的新发展形势，梳理出农村集体经济发展的"得与失"，并以此为基础，从产业结构、地域空间拓展、组织化程度三个方面推动苏州农村集体经济转型升级。在产业结构上，推动农村集体经济朝着产业转型升级、产业业态日趋丰富的方向不断演进；在地域空间拓展上，突破现有地域限制，努力实现异地投资；在组织化程度上，以联合抱团组织模式克服村集体单打独斗的弊端，形成区域之间的集聚优势，推动农村集体经济做大、做强。

（一）产业升级转型

以资源消耗、业态低端、劳动密集型为导向的农村集体经济由于自身盈利水平和抵御风险能力较差，自主创新与核心竞争力较弱，容易受到土地、环境、资源及产业政策导向的影响，急需优化产业结构，改变对低成本土地要素投入的过度依赖，缓解经济增长对生态环境造成的巨大压力。苏州人以产业升级转型为内生动力，推动产业向着多元化、复合化不断转型演进，向着现代化、信息化逐步深化发展，主要有以下三条发展路径。

1. 培育新兴产业

新兴产业作为我国未来实现经济持续健康发展的重要引擎，具有广阔的市场前景和强劲的增长潜力。苏州曾先后制定出台《苏州市推进经济结构调整和转变增长方式行动计划》《苏州市加强自主创新能力行动计划》等多项政策引导产业结构调整，促进产业优化升级，鼓励区（县级市）引

进发展战略性新兴产业。具体到农村集体经济，苏州按照"提升传统产业、培育新兴产业、发展第三产业"的发展思路，以"双转移"和"腾笼换鸟"为抓手，优化产业发展布局，积极培育引进新兴产业，推进农村集体经济技术创新和产业升级，促使农村集体经济努力走上创新驱动、内生增长、科学发展的轨道。

> **案例 6-10**
>
> **张家港市凤凰镇集体经济积极培育新兴产业**
>
> 凤凰镇的新兴产业主要集中在新材料、新能源、新装备三大领域。截至 2011 年年底，苏州雅普利华生物科技有限公司等 4 家研发企业落户该镇科技创业园。园区入驻姑苏领军人才 1 名，张家港领军人才 5 名，江苏省高新技术企业 5 家。在重要项目方面，由蓝宝石晶体国际领军人物、乌克兰国际商学院硕士伊戈尔申请的优晶光电蓝宝石长晶设备制造项目竣工投产，该项目填补了国内领域的空白，并受到了国内多家企业、投资公司的青睐。由中国科学院大连化学物理研究所魏星光主持的功能助剂项目，美国南加州大学庄东青主持的丙烯酸酯类单体及寡聚物项目，河北工业大学李铁军主持的太阳能电池组件机器人化生产装备等项目均进入量产阶段，为园区向着高端化、现代化转型奠定了坚实的基础。

2. 积极承接大、中城市辐射

现代经济的发展效率取决于信息的传递范围与知识的传播速度。大、中城市的对外辐射已由传统的就近辐射、沿交通路线辐射，转变为向具有较好产业基础、市场空间和科教优势的地区进行跳跃式辐射；影响经济辐射强度的因素也从地理距离转变为资本收益率和投资环境。苏州通过努力改善投资环境，提升招商平台层次，吸引高端产业进驻，进一步加强了与相邻大、中城市的经济合作，加快了农村集体经济的产业升级步伐。

> **案例 6-11**
>
> **常熟市虞山镇勤丰村集体经济承接城市辐射的转型模式**
>
> 随着全市各地标准厂房建设步伐的不断加快，受国内外经济形势的影响，针对生产性物业用房收益效率逐渐降低这一实际问题，勤丰村另辟蹊径，在积极承接大、中城市辐射的基础上，因地制宜，实现了差异化发展。充分利用近城和紧靠"常熟绿地老街"商品房集中区的优势，勤丰村大力建设商业综合服务性用房，吸引各类店商入驻，并先后建造集休闲、娱乐、购物于一体，总建筑面积达到 83 000 平方米的常汇生活广场，引进多家国际知名商企及上海大众 4S 店、常熟市交电家电有限责任公司等入驻。通过紧密围绕城市需求的招商引资，勤丰村已逐渐形成产业层次较高、布局合理、特色鲜明、竞争力强的发展新格局。

3. 发展现代服务型农业

苏州农业历来在江苏省乃至全国都处于领先地位，但是进入 21 世纪以来，随着工业化、城市化的快速发展，苏州农业的发展曾经一度坠入低谷。在中央一系列支农惠农政策的指引下，苏州以"四生"为定位，以"四个百万亩"为目标，推动农业现代化布局逐渐形成，使现代化农业生产迸发出前所未有的生机与活力，并成为发展农村集体经济的有效手段。总结苏州现代化农业的成功发展模式，大多是依托自身优势、因地制宜，利用农业的生产、生态、生活功能，发展都市农业、生态农业、设施农业、外向型农业、休闲农业。在丰富现有农业业态的同时，苏州还努力增加农业各环节的附加价值，延伸以生态农业为主体的产业链条，推进农业产业化的发展进程，提升农业产业的发展层次，形成了以生态农业为主体、现代化加工为技术手段、生态旅游为导向的现代化服务型农业。

> **案例 6-12**
>
> ### 相城区度假区（阳澄湖镇）莲花村集体经济向服务型农业转型
>
> 莲花村以阳澄湖半岛旅游度假区"打造世外桃源莲花岛"为契机，围绕"阳澄湖—农产品—乡村旅游"这条主线，规划建设了以北部无公害养殖区、中部现代农业种植区及南部生态旅游观光区为特色的集旅游观光、种植、养殖于一体的生态渔耕岛屿。在空间布局上，莲花村北部规划为占地2 000亩的蟹苗养殖基地，按照绿色、环保、高效的标准投资建设；中部地区占地400亩，建设为以花卉、蔬菜、稻米为主体的生态农业基地；南部结合开阔水面，设计成赏湖品蟹的游览区，形成了集吃、喝、游、购、娱于一体的现代农业休闲景区。

（二）异地空间拓展

农村集体经济发展的雏形源于社队企业，由于受到当时"三就地"（就地取材、就地加工、就地销售）政策的影响，村级集体经济组织多采用就地开发的发展方式，即利用本村劳动力、资源、土地的成本优势，大力推动以乡村为独立单元的乡镇企业，形成了"村村点火、户户冒烟"的乡村景观。但随着国家对土地资源的逐渐严控，大部分农村土地已被划入市级重大项目规划区、基本农田保护区和生态保护区，可利用的非农建设用地日益匮乏，作为农村集体经济发展最重要的土地资源被层层封杀，农村集体经济的发展空间受到了明显的限制。突破地域限制，寻求异地发展成为苏州农村集体经济转型发展的重要路径。异地空间拓展是指在政府相关政策的引导和支持下，农村集体经济发展不再局限于本村的行政管辖地域，开始向本村以外的地域投资发展。其主要表现形式为本村产业实体、有限资本向土地工业小区、资本多样化方式转型。

1. 土地异地合作开发

由于部分农村承担了生态功能，在发展中遇到了土地瓶颈，因而无法在本村域内进行土地开发，必须通过跨区域的土地合作，实现经济的进一步腾飞。

案例 6-13

吴中区横泾镇尧南村集体经济的异地合作

在发展初期，尧南村立足本村，发展葡萄种植，并注册了"尧南"商标，申请了绿色食品标志。随后，由于耕地被征用，尧南村村民必须突破地域限制，实行异地发展。尧南村通过多方实地踏勘，决定向金庭镇承租300亩土地，租金每亩800元，租期为5年，用于大规模葡萄种植，实现了地域的外延式增长。为了进一步扩大生产规模，尧南村又先后在吴中区现代农业园区承包土地200~300亩，种植葡萄及其他经济作物，如猕猴桃等水果品种，输出"尧南"的地域品牌，走内涵式的异地发展之路。

2. 资本异地投资

由于本村地域投资项目有限，要追求资产的保值升值，需要打破地域观念，跨地域出资设立或参股投资具有升值潜力的工业企业，享受企业的成长红利；或者入股投资异地公共基础设施建设，享受高于银行利息的分红；或者以资本为纽带，组建农民集团，进行工业、商业、服务业等领域的相关开发建设。

案例 6-14

吴中区旺山村集体经济的异地投资

旺山村地处吴中区西南部，自然生态环境优越，不宜在本村进行大规模开发建设。2005年，吴中区在旺山村邻近地区规划、建设工业开发区，旺山村以此为契机，充分利用政策，将旺山村建设用地指标置换到离村5千米的吴中经济开发区，并以旺山村富民合作社为主体，建设标准厂房、集宿楼和第三产业用房等，租金用于村域建设和村民福利分红。自2005年以来，旺山村先后建造了2 800平方米的集宿楼和5 400平方米的第三产业用房，完成了越溪工业坊二期建设，特别是2006年下半年投入3 000多万元，建造占地面积为40亩、建筑面积为25 000平方米的旺山工业三区和建筑面积为20 800平方米的创业园。依靠异地发展，旺山村打破了地理位置和资源禀赋的制约，从根本上转变了传统苏南农村"村村点火、户户冒烟"的发展模式，根据区域规划、产业分工实行异地发展，探索出了一条"村域发展农业、异域发展工业、工业反哺农业"的新道路。

（三）联合抱团发展

在改革开放初期，由于我国尚处在"短缺经济"年代，国家物资匮乏，产业门槛极低，大量以集体企业为主的乡镇企业如雨后春笋般成群地涌现出来，并且快速地成长壮大。随着我国市场经济的发展与成熟，农村集体经济的内在缺陷开始逐渐显现，大量乡镇企业发展遭遇瓶颈，面临转型。除管理模式、经营理念跟不上快速的市场节奏之外，产业经济发展不能依托现代基础设施，发展模式过于注重单兵作战，不能形成良好的集群效益，也不能发挥本身固有的内在竞争优势都是乡镇企业发展受限的重要原因。在这种形势下，苏州因势利导，创新发展模式，推动联合抱团发展成为农村集体经济发展转型的重要方向。

联合抱团发展是指村集体之间或村集体内部不同类型合作社之间通过互相联合，形成抱团发展的战略态势。从组织化程度上看，是从单打独斗到抱团发展，从单一合作组织到集团公司的转变。这种发展模式有利于合作社联合体打破社际、村际壁垒，把资源配置半径从一村一社扩展至一镇多社，大大增强了发展能力。根据组织形式，还可以将抱团发展分成两类：一种是整合村内发展要素，联合村内合作社组建富民集团，形成资金的集中使用、资源的集约利用，实现农村集体经济的跨越式发展。另一种则是联合镇和村、村和村，通过组建村联公司（强村公司），打破地域限制，拓宽农村集体经济的发展领域，开拓农村集体经济的发展空间，进一步提升农村集体经济的可持续发展水平。其联合的方式也可以分为以下两种。

1. 创新联合组织方式

在具体的联合形态上，既有同类型合作组织之间的联合，也有不同类型合作社之间的联合，包括生产专业合作与各类股份合作之间的联合。各村根据自身实际情况，因地制宜，以更为灵活的方式创新组织建设。在融资方式方面，根据农村集体经济收入的实际情况，采取村居独资、吸纳入股和大户联营等多种方式拓宽融资渠道。

案例 6-15

苏州工业园区唯亭镇集体经济的联合模式创新

2004年3月，总注册资本约6亿元的苏州工业园区唯亭富民集团有限公司（以下简称"富民集团"）挂牌成立，这是苏州工业园区首个规模型富民发展实体。该公司由唯亭镇14个社区股份合作社、18个社区富民投资公司、苏州市相城区阳澄湖镇集体资产经营公司、苏州工业园区阳澄湖唯唯亭亭大闸蟹合作社等34个富民组织共同出资组建。在母公司富民集团下面，设苏州工业园区唯亭建设发展有限公司、苏州工业园区唯亭创业投资有限公司、苏州工业园区唯亭浦田生态农业开发公司三大子公司。唯亭镇通过整合镇（街道）、村（社区）两级资源成立富民集团，集聚全镇富民组织的优势力量抱团打造"富民航母",统筹公司整体经营运作,推动全镇富民发展从"小而散"向"大而全,大而集中"转型。唯亭镇的抱团联合发展既带动了富民集团的发展,又充分提高了现有资源的使用效率,提升了品牌价值,推动了资源资产化、资产资本化、资本股份化、股份市场化的改革进程,打破了社区富民的发展瓶颈,避免了资源分散、小规模的局限,实现了富民增收。

2. 移植现代管理模式

在日常的管理服务上,加强资产管理、财务监督,探索建立集中集约式管理新机制,逐步形成持续规范、稳定健康的发展新模式。太仓市城厢镇东林村集体经济的管理模式创新就是典型案例。

案例 6-16

太仓市城厢镇东林村集体经济的管理模式创新

2010 年 5 月初,东林村通过"三置换"完成了 1 400 余亩耕地的整理。为了有效利用这部分土地、减少无效投入,在广泛征求各方面意见的基础上,东林村、太仓市东林村劳务合作社、太仓市东林农机服务专业合作社联合发起组建合作农场,对该土地进行统一管理。合作农场成立之初,曾尝试采取由集体统管经营、根据季节用工需求临时招聘员工进行生产和田间管理的方式,最终因责任不明、员工积极性有限使经营成本增加、收益不高而饱受诟病。后经广泛征求意见,合作农场决定移植现代管理模式,采取"大承包、小包干"的方式进行经营。"大承包"是指 1 200 亩水稻由原村 2 名农机手来承包,每人承包 600 亩,并担任分场场长,包产、包肥、包农药、包用工,定产量、定奖赔,通过竞争和考核来充分调动农场管理人员的积极性;"小包干"是指农场管理者根据各自能

> 力，以水稻每亩 200 元来认定包干面积，进行包干管理。包干管理要服从管理技术中的用肥、用药及田间管理等，并按月考核打分，直接挂钩结算。合作农场另外 200 亩土地，主要种植蔬菜和小麦，也分别承包给 2 名分场场长经营。与此同时，合作农场把"成本核算、绩效挂钩"作为激发和调动分场场长及员工的责任心与积极性、主动性的重要手段，极大地增强了农场员工的工作责任心和工作热情，充分调动了各方面的积极性，收到了良好的效果。

3. 完善扶持政策

顺应时代潮流兴起的村联公司，是村户的小生产与社会的大市场之间的桥梁与纽带，它探索性地化解了现阶段我国农业农村经济发展的一个突出矛盾——千家万户的小生产与变幻万千的大市场之间的矛盾，为农民和农产品进入市场提供了良好的条件和广阔的空间，是保护农民利益和实现农业产业化经营的有效组织形式。但是在实际操作中，村联公司的高投入未必能有效对冲市场的高风险，一旦出现投资失误，最终受损的将是入股的农民。而政府作为"有形的手"，需要进一步加强对起步阶段村联公司的政策扶持，在市场营销、人事培训、项目建设等方面给予必要的支持。苏州市委农村工作办公室和苏州市工商行政管理局联合颁发了《苏州市农民专业合作社联合社登记办法》等多个全国首创性文件，苏州市工商行政管理局还先后为苏州市吴中区木渎镇金星村社区股份合作社、苏州市吴中区西山衙甪里碧螺春茶叶专业合作社、苏州湖桥集团有限公司、苏州市吴中区横泾街道上林村土地股份合作社、苏州洞庭东（西）山碧螺春茶叶专业合作联社五个"全国第一"的农村合作经济组织颁发了营业执照，有力地促进了苏州农村集体经济的联合抱团发展。

六、启示与思考

农村集体经济作为"苏南模式"的核心特征,曾经颇受争议。在 20 世纪 90 年代中后期,由于农村集体经济的小而散、低效、污染等问题,转制成为潮流。在"转彻底、彻底转"的思想指引下,苏州村办企业几乎全部转为民营企业,农村集体经济发展走到了十字路口。这时部分目光长远的村在转制中把牢方向,顽强地留下了集体股份,使农民与农村集体经济之间的利益纽带得以维系,也使农村集体经济在共同富裕中的强大调节作用得以彰显,为进入 21 世纪苏州农村的"再集体化"提供了动力。如今,在苏州的部分区域,仍有不少农村集体经济彻底转制、新时期"再集体化"成效不明显的村庄。对比之下,这些村庄尽管民营经济发达,但在推动富民增收、改善村庄人居环境、投资建设基础设施和公共服务方面明显力有不逮。时间,已为农村集体经济正了名。

第七章

灵活分权增强共同富裕内生力

> 要依靠群众，相信群众，尊重群众的首创精神，充分调动广大群众的积极性和创造性，并及时对群众创造的新鲜经验加以总结推广，真正做到从群众中来，到群众中去。[1]
>
> ——习近平

要打破城乡二元结构的旧格局，走向城乡融合发展，必然需要持续不断地创造出与旧制度、旧行为方式相冲突的新行动与新规范，这就要求区域的环境治理能够激励、包容和引导各种创新。然而，社会变革过程中必然出现的不平衡与失范状态，又要求治理环境能够保持协调和稳定。因此，要满足城乡融合变革过程中对治理环境的这两种貌似矛盾的要求，苏州的"强政府"加弹性分权治理模式优势明显。"强政府"带来效率、协调和稳定，而弹性分权治理则带来创新、变化和活力，二者共同营造了苏州城乡融合发展的优越治理环境。

一、苏州城乡融合中的三类权力主体

城市与乡村就好比磁铁的正负两极。在这个建立于城市与乡村之间的

---

[1] 习近平. 干在实处之一：坚持走群众路线［EB/OL］.（2013-10-31）［2024-05-11］. http://theory.people.com.cn/n/2013/1031/c40531-23388197.html.

"城乡磁场"中,讨论谁来制定"城乡磁场"规则、谁来执行磁力线的运行准则、谁来监督磁场的有效运行、由谁来获取磁场系统运作的收益、利益主体之间利益如何分配等,必然避不开整个"城乡磁场"的权力主体问题。在苏州城乡融合发展不断推进过程中,权力主体问题更鲜明地体现在苏州的村民自治、"强政府"与市场利益主体之间的选择模式中。

(一)农民+群众性自治组织——自发性主体

农民是城乡融合制度变迁中不可或缺的一支重要主体性力量。乡村地区不断扩大影响的众多非正式制度创新,诸如乡镇企业制度、农村工业化制度等,都来自农民的自发创新。农民群体原本聚集生活在农村地区,但随着社会的发展,在城市的辐射吸引下,在"磁力线"的双向要素流通输送下,不断出现农业人口的社会流动、农民进城的身份职业转换、农民集资"造城"并引发经济社会效应等。特别是在应对城乡之间土地如何使用、农村土地财产权利关系如何处理等问题时,倚靠土地从事农业生产和获得生活保障的农民必然成为第一个利益相关主体。

要消弭由来已久的城乡"二元鸿沟",即使对像苏州这样经济比较发达的地区来说,也是一项巨大的挑战。但在苏州,城乡融合发展充分确立农民的主体地位,始终把农民合法权益放在首位,始终坚信充分发挥农民的主体作用是农村改革顺利进行的前提和基础。同时,苏州的城乡融合也充分尊重了农民群众的首创精神,致力挖掘农民自身开展村民自治的积极性和创造力,并从中受益无穷。

1. 利益取向

在城乡二元体制下,农民的政治权利、分享社会资源的权利并没有得到完全保障。由于缺乏健全的社会保障制度,农民在市场经济中的主体地位也是不完整的。农民被迫成为受教育程度最低的社会群体。农民中的能人为了追求更好的生活和工作流入城市,使得农村人力资源更为枯竭,农村的发展和农民的生活受到极大影响。正是在这样的制度环境和生活环境下,农民基于自身对财富的渴望,基于追求与城市居民同等的经济社会权利的要求,进行了充满创造力的各种诱致性制度创新。具体来说,农民的利益需求包括直接的经济利益和改善生活生产条件的要求。从经济利益的角度来看，一是在特定的价格体制和流通体制下，获取农产品生产的收益；二是土地流转带来的增值收益；三是依附于农村集体资产的收益。从生活的角度来看，农民还存在着提高生活水平、改善生产条件的广泛需求，需要更完善的公共物品供给。

作为群众性自治组织的村委会，是国家给予了一定政治地位的乡村权力中心。在经济关系和社区利益方面，村委会既和乡镇政府作用相似，又是村集体的代理者，双重角色导致其存在突出的内在冲突。因此，村干部作为村集体日常事务的农民代理者，往往在现实中表现出权力的"名存实亡"，或是在集体资产收益分配中拥有较大的操控权而强化权力。这突出反映在农转非的过程中寻租空间大量存在，诱发村干部与村民利益相争。

2. 作用机理

第一，村民自治。在苏州农村，作为农村基层组织，党组织、村级集体经济组织和村委会这"三驾马车"始终协调一致，引领着农村经济社会的快速健康发展。只有农民自身的公共服务需求得到满足，农民的根本利益得到切实保障，苏州农村社会的长期稳定和谐才能得到很好的维护。因此，农村基层组织的建立是城乡融合中农民主体地位得以确立和延续的关键性内生力量。强有力的农村基层党组织是苏州广大农民开展村民自治等各项工作、维护农民根本利益的领导核心；苏州的农村集体经济是建设社会主义新农村、实现农村现代化的物质基础，不仅是发展农村公益事业的重要保障，还是农村社会共同富裕的基本保障，更是农民的"贴肉布衫"；农村社区从管理向服务延伸，它既为作为主力军参与新农村建设的农民提供重要的实践基础和有效的参与途径，也是完善村民自治、扩大基层民主的新型载体。

第二，村级集体经济组织管理。20世纪80年代末的会计委派制度、90年代的村级集体财务公开制度、21世纪探索的"村账镇代理"模式及苏州着力落实的村级财务收支预决算制度和逐步建立并完善的一整套村级集体资产管理制度，在引领苏州农村经济社会快速健康发展的同时，也为农村公共服务提供了有效供给。村级集体经济组织直接推动农村经济建设，负责村内公共资源的管理与保护，承担农村公共基础设施建设与维护的大部分费用。此外，村级集体经济组织还积极动员广大农民广泛参与农村民主管理与民主监督，维护农民的合法利益，既繁荣了农村经济，也保障了农村社会的长期稳定。

第三，农村社区自治。20世纪末，苏州一些地方开始研究和探索农村社区的建设，积极推动社区建设从城市向农村辐射，政府公共服务和管理向农村基层延伸，农民自我建设的主动性、积极性得到明显提升。苏州现阶段所明确的农村社区的范围，为村民委员会管辖的区域范围。农村社区是组织辖区内全体居民开展自我管理、自我教育、自我服务的自治组织，在村委会领导下开展工作或与村委会用"一套班子，两块牌子"。对于在此情况下建立的农村社区服务中心，苏州统一按照"一村一社区"进行确定，以农民利益为中心，推进村民自治，加快了农业生产方式现代化、农民生活城市化的进程，让广大群众共享改革发展的成果。

（二）企业+村级集体经济组织——市场性主体

在城乡融合发展的进程中，企业、村级集体经济组织（既有自发性，又有市场性）积极引进社会资金、推动组织管理现代化，对增加"三农"投入、推进农业纵向一体化发展、带动周边经济快速发展具有重要作用。农业的产业化发展是城乡融合发展的必然选择，它的实质就是农业的纵向一体化。企业+村级集体经济组织这样的组织形式是苏州在探索城乡融合发展道路中对农业纵向一体化发展的重要诠释。农业龙头企业、村级集体经济组织已成为推进农业纵向一体化发展、保障城乡产业经济一体化发展的主要组织类型和市场性主体力量。从实践来看，苏州选择的农业产业化经营形式多样，主要有农业龙头企业带动的"公司+合作社+农户"模式、村级集体经济组织带动的"合作社+公司+农户"模式、资本与劳动双密集化模式、小规模的家庭农场模式、以农业现代化为重任的农业示范园模式等。

1. 利益取向

基于推进城乡融合发展需求，企业的类型和性质呈现出多元化，企业具有逐利本性，判断其利益趋向需要区分具体企业类型。苏州的企业+村级集体经济组织作为城乡融合发展中的又一操作主体，通过探索农业龙头企业、村级集体经济组织、家庭农场及农业示范园这四种产业一体化发展的载体类型，摸索出了有利于城乡一体化产业发展的有效组织形式和运作机制。它们的共同价值主要表现为，以农业的产业化发展为导向，充分释放农业的纵向一体化效益，并最终达到促进农民增收和农业增效的作用。然而，在企业+村级集体经济组织这样的主体类型中，多数农业龙头企业的外生性及村级集体经济组织的完全内生性，决定了它们各自代表的利益群体不同，在城乡融合发展过程中也存在着各自的目标利益偏向。

与农产品加工关系密切的农业龙头企业，在农业产业化组织形式中占主导地位。尽管企业作为市场经济中的运行主体，在纯粹的竞争性市场中以追求利润最大化为目标，但从实践来看，这类农业龙头企业的目标并不能简单地归结为利润最大化。因为从税收最大化及企业可支配收益最大化方面来理解，它们的目标和地方政府的目标是具有内在一致性的，而且它们在双轨体制下受政府行为的干预。

村级集体经济组织包括社区性合作经济组织（如土地股份合作社、资本型股份合作社等）、专业合作经济组织（如能人和大户带动型、农技部门牵头型、龙头企业联接型等）、专业协会（如经营性专业协会和服务型专业协会等），它们在组织服务、指导生产、疏通销售渠道等方面发挥了积极的作用。同时，也会出现企业经营发展到极致的"村企合一""村庄公司化"等模式。村级集体经济组织带动型是农民依靠自己的合作经济组织进行农业产业化经营的一种组织形式。在产业的纵向一体化推进下，通过将分散的农民变成有组织的农民，在组织内部传递市场信息、普及生产技术、组织引导农民按照市场需求进行生产和销售，提高农民的市场谈判能力，保障农民的合法利益。

2. 行为模式

企业一般是通过参与市场竞争，或是与政府、地方团体联合形成共同的利益主体，来实现其利益诉求的。改制后，新建的乡镇企业与村级组织之间是比较纯粹的市场交易关系。而对于脱胎于原来乡镇企业的企业，1996年《中华人民共和国乡镇企业法》里明确了它是以村级集体经济组织或者农民投资为主，在乡镇（包括所辖村）举办的承担支援农业义务的各类企业，与村级集体经济组织关系较为复杂，对于农业农村的发展有一定的支援义务，其税后利润中保留一定比例的资金用于对农村的回报。因此，不同性质的企业和经济组织的行为导向不同，其行为方式也会不同。

农业龙头企业为实力较强的农产品加工企业或流通企业，与农户形成有机联系，重点围绕一类产品或一项产业，实行农产品生产、加工和销售的一体化经营。合作经济组织的特点是由农民自己兴办，通过为农民的生产和经营活动提供技术和市场信息服务，推动农户生产与市场的联结，推动农产品生产、加工和销售的一体化。

3. 作用机理

第一，促进农民增收。其一，企业+村级集体经济组织的产业化经营方式通过农户与龙头企业的联结，提高了农产品的产量，扩大了农产品的销售渠道。其二，农户按照经营合同出售农产品，减少了农产品的流通环节和流通时间，降低了农户售卖农产品的交易费用。其三，农产品生产、加工、销售一体化经营，改变了传统模式下农产品生产、加工、销售互相分割，农业、工业、商业互相分离，农民只从事原料生产的局面，使他们也参与农产品加工和流通环节，分享农产品的加工增值和流通收益。其四，龙头企业的基地建设，使农户实现了专业化生产，提高了农户的生产效率，使农户从社会分工中获得了好处。其五，以农民专业合作经济组织为载体的产业化经营，提高了农民的市场谈判能力，减少了农民出售农产品的价格损失。其六，与龙头企业结成利益共同体后，农户参与企业利润增量的分配，从企业发展中获得了实惠。

第二，在一定程度上实现利益共享。一家一户小规模分散经营条件下，农户进入市场要靠个体负担起信息、时间、资金等的成本，受到小规模生产造成的市场竞争不足等的限制。而农业龙头企业在农户与市场之间架起桥梁。因此，纵向一体化的农业产业化经营无疑是引导农民进入市场的有效手段，同时也是维护农民作为产业化经营参与主体利益的内在要求，使农民从中能够得到一定的收益增长。然而，具体的利益共享过程较为复杂。一方面，尽管农民是产业化经营的重要主体，但由于农民是分散的，生产是小规模的，小规模、分散的农户无法与龙头企业公平竞争，无法与龙头企业平等谈判，在经营合同中，龙头企业常占据主动，农户则往往较为被动，这就决定了农户在产业化经营中往往处于弱势地位；另一方面，在农业产业化经营组织形式中，多数龙头企业都是外生的，是独立于农民利益主体之外的。尽管龙头企业在引领农民进入市场方面做出了贡献，但在利益分配问题上，企业对自身利益的考虑永远是第一位的。即便是低偿或无偿服务的提供或是让利于农民，也都是十分有限的。鉴于此，苏州充分认识到协调产业化经营各参与主体之间的利益关系、合理分配产业化经营的利益，才是农业产业化经营的参与主体长期合作和联合的基石与保障。在企业+村级集体经济组织模式的探索中，苏州重点引导龙头企业与农户之间建立稳定的"利益共享、风险共担"机制，使龙头企业与农户之间结成利益共同体，维护农民的经济利益不受损害。

第三，创新、完善了农村经营体制。随着市场改革的不断深化，家庭经营小规模、分散化的问题日益显现。农民缺乏组织，农业组织化程度低，这不仅制约着农村集体经济和公益事业的发展，制约着农民实现共同富裕，还不利于农村社会的稳定。因此，在农业和农村经济发展进入新阶段后，如何在家庭承包经营的基础上，有效整合农村分散的资产和资源，克服家庭经营小规模、分散化的不足，提高农民的组织化程度，完善和创新农村经营体制，是农业和农村经济进一步深化改革和加快发展急需解决的重大课题。产业化经营通过自身的组织形式和运行机制，能够把分散的农户组织和团结起来，实行统一种植或养殖、集中连片生产，扩大经营规模，形成规模化经营。尤其是以合作经济组织带动农户的产业化经营模式,能够直接把分散的农民组织在一起,既发展了规模化经营,又提高了农民的组织化程度。在实践中,苏州还采取合作制、股份合作制等方式组织农户,使一定范围内的某项农产品生产成为一个有机整体,形成规模化和集体化经营。由此产生的专业合作经济组织,已经呈现出由分散到集中的发展趋势,并开始实现由自发到自觉的转变。

(三) 政府——自觉性主体

地方政府是上级国家政权的延伸和下放,一方面,需要严格实施上级具有强约束力的政策;另一方面,也会为谋求地方发展、保障地方利益,与上级进行情法"斡旋",应该说是既依附于国家而又独立于国家利益的社会行动者。乡镇政府是具有承上启下特征的最基本的政府层级。如果说市县政府在城乡融合进程中是掌握政策制度的宏观层面,那么乡镇政府更多地则表现在实际的操作层面,尤其在苏南地区。乡镇政府在城乡融合发展中扮演的角色更为直接和灵活,因而各种试点创新成果都要依托基层的探索和落实。可以说,乡镇政府作为城乡融合的直接行动者,肩负着城乡融合的重任。

1. 利益取向

国家以经济建设为中心的工作导向使得政府的主要职能在很大程度上落在了经济增长上,以致出现官员追求政绩、以"土地换增长"。例如,土地开发成为某些政府从行政管辖区域获取收益最直接的方式之一,供地成为实现财政收入最大化的手段之一。乡镇政府对上受制于市县政府权力和财力的支配,表现出普遍性的管理责权不对称,对上依附性明显;对下则具有一定的强制性。随着村民自治力量的逐步壮大,农村问题更多地聚焦到乡镇一级,这种自上而下和自下而上的双重力量同时在乡镇一级交汇,为城乡融合发展中乡镇政府作用的发挥带来了挑战和契机。

从某种程度上讲,财政能力对应着各级政府的生存能力,乡镇政府本身有追求经济增长、提升财政能力的要求。但从地方经济组织者的角度来看,乡镇政府"为官一任,造福一方"的愿望还是比较直接和强烈的。政府公共物品和服务的供给、乡镇的建设、政策制度的有效贯彻和执行都直接关系着地方农民、企业及其他组织的利益。

2. 行为模式

首先，直接的行政权力、管理程序、地方政策是政府实现其利益的依托。具体表现在直接的土地征收、存量土地储备和供应、区域基础设施的建设等方面。政府通过调整规划方式和控制土地使用性质、开发强度（审批、投资项目，划定各级开发区，撤县并区、撤乡并镇，等等），实施空间影响。此外，在资源的配置上，政府控制着土地市场的一级开发，由于二级市场发育迟缓，因而政府占用支配土地的行为造成土地使用的低效率运作。对于乡镇政府来说，乡镇的治理、地方性制度的制定、地方性公共物品的生产供应、对基层民众的服务、公共资金的收益和支配等都是其责任和权力重心。

曾经"苏南模式"下的"强政府"，构成了苏州发展的特色所在。从乡镇企业兴起之初，乡镇政府就担当了乡镇企业发展主体的角色，乡镇企业的发展伴随着其强力领导和推动。但在长期运行过程中，"强政府、弱社会"的负面效应日益明显，政府直接介入企业微观经济运行、支配甚至是取代企业行为的做法，日益凸显出它与市场经济发展态势的不适应性，乡镇政府"归位"成为政府行为模式的根本性转变方向。

3. 作用机理

在推动城乡融合发展的过程中，政府的作用机制不仅表现在协调发展中的各种关系上，而且表现在政府自身的管理行为方面，因为很多方面的对策和措施都要由政府去推动与实施。所以，政府在资源配置、规划及政策制定、制度安排等方面占据主导地位，需要为城乡融合发展提供良好的社会环境和制度基础。

第一，构建组织领导体系。苏州长期将城乡发展一体化改革试点工作列为改革发展的重中之重，成立了由市党政主要领导任组长的领导小组，建立了四套班子、市各部门与示范村、先导区挂钩联系制度与督查制度。在领导体制和工作机制方面形成了上下互动、城乡联动、整体推动的局面，从而保障了政府工作的有序进行。

第二，完善市场调控。在城乡一体化和城乡融合发展的过程中，市场机制作用的外部性需要政府行为的介入。在实施以城带乡的过程中，必须充分利用和发挥市场机制的作用，但是仅仅依靠市场是不行的。由于农业自身的溢出效应及其公益性，农业生产周期长的特性，以及农产品的需求供给弹性低等特征，市场对农业的调节具有很大的局限性。市场经济要按照比较利益的原则，把资源配置到经济效益最大的部门和企业之中。优先发展工业，导致资本从农业部门大量流出、农业耕地因城市发展而被大量占用。城市工业发展的同时农村农业日益衰败，城乡之间、工农之间差距日益悬殊。如果要改变这种城乡差距过大的现状，仅仅依靠市场机制是不行的，单纯依靠农民的力量也是不够的，必须依靠党委、政府的强有力推动。

第三，制定法律并监督法律实施。制定相关法律并监督其实施，促进城乡融合过程按照法律规定的要求和方向进行，这是政府的一项基本职能。苏州政府充分认识到，发展市场经济并不意味着取消政府管理，只是要减少政府对经济的过多干预，改善政府的管理方式。改革开放40余年来，苏州在遵循市场经济运行规律的基础上，不断加强和改善政府管理，实行行政与市场互补，推动经济社会快速、协调、可持续发展。20世纪80年代，苏州发展乡镇企业就是以政府为主导的，在乡镇工业发展的初期，苏州各级政府在资金、土地、劳动力等生产要素的集聚和分配制度的建立与完善方面扮演了十分重要的角色，保证了乡镇工业能够在较短的时间内顺利完成原始积累并形成异军突起的大发展态势。与此同时，苏州各级政府实行了"以工补农""以工建农"，将乡镇工业创造的一部分利润用于补贴农业生产，用于小城镇建设和农村基础设施建设，促进了农业稳定、农民致富和农村繁荣。此外，苏州的外向型经济之所以能迅速发展，政府的作用也十分重要。征地动迁建开发区、各项优惠政策的贯彻落实、各种公共资源的配套完善都离不开政府。在大力推进市场化发展的过程中，从生产力布局"四沿战略"的确定，从"五区组团"到"六大经济板块"发展的定位，从"农转工""内转外"到"三足鼎立"格局的建立,苏州各级政府充分发挥了规划、管理、调控和引导作用。

第四,政策扶持和制度创新。政府是从政策上扶持农村发展的有力臂膀。政府出台的扶持城乡发展的政策,是以工促农、以城带乡、缩小城乡差距、实现城乡经济社会一体化的重要手段。实践证明,必要的扶持政策,对于推动城乡共生共荣、协调发展不可或缺。在政策框架的构建方面,苏州制定了农民持续增收、农业保障、富民强村、现代农业、农业担保、社会保障、农村住宅转换成商品房、农村居民转变为城镇居民等方面的一系列政策意见。在城乡融合发展过程中,苏州政府的制度创新数不胜数。如:在被确立为江苏省城乡一体化发展综合配套改革试点地区之后,加大"三大合作"改革,合作领域大大拓展,合作层次、合作品质大大提升,实行规模化生产、集约化经营、股份化分配;通过土地制度创新、加大"三农"财政投入、公共服务均等化、农村金融信贷改革,撤乡并镇、撤县设区等行政区体制转型,以及以养老、医疗和低保为主要内容的农村社会养老保险制度(以下简称"农保")改革,为加速城乡要素依照市场化规律向下自由流动提供了有效的外力干预。在乡镇干部政绩考核方面,也积极创建新的制度办法。在各地"财税出官"现象较为严重的形势下,苏州也面临着很大的财税增长压力。但是苏州相关领导干部认识到,把 GDP 考核作为干部政绩考核的主要指标,容易导致经济粗放增长及加大资源环境压力,不能产生可持续发展效应。例如,苏州有些镇(街道)位于生态环境敏感区,但为了促进经济发展,有些生态环境敏感区依然在进行高污染、高能耗的项目投资。对于这些镇(街道)而言,保护就意味着限制发展。基于对现实问题的深入思考,苏州在国内率先尝试"环境效益审计",促使领导干部树立环保优先理念。具体就是在抓经济、社会效益的同时,重点突出区域环保投入与绩效情况的考核指标。同时,针对地区发展不平衡的实际,苏州科学制定分类考核办法。针对不同类型镇(街道),分类设计责任目标评价体系,客观评价干部执政能力。以"中国第一水乡"——周庄古镇为例,为了更好地保护珍贵的历史文化资源,苏州取消对周庄的经济指标考核,代之以"绿色 GDP"考核衡量体系,每年只对古镇进行环境保护和旅游指标考核。而对于地处生态环境敏感区的镇（街道），特别是在水源保护区的镇（街道），则不再用 GDP 指标，而是以生态保护力度衡量当地领导政绩。

二、市场取向与进取型政府的有效干预

改革开放以来，我国经济体制改革始终延续着市场取向，市场在资源配置中的作用不断强化，改革广泛地激发了社会方方面面的发展潜力，调动了人们投身于发展的主观能动性和空前积极性。然而，市场的自发性、盲目性和滞后性使得政府干预成为必然。在苏州由城乡二元结构走向城乡融合发展的改革进程中，进取型的"强政府"在市场发育不同阶段的角色转换，成为改革成功推进的重要保障。以往，"苏南模式"常因"强政府"而遭到深受西方经济理论影响的学者诟病。但事实上，在城乡融合发展过程中，苏州的"强政府"并非一味地"强"，而是因时就势不断转换角色、与市场共振、弥补市场不足地"强"，先后经历了由经济发展的主导者，到经济服务的提供者，再到制度创新的推动者与公共产品的供应者等的角色转变，这种灵活的角色转换与按需供应的"强"，才是苏州通过城乡融合推动高水平共同富裕的重要保障。

（一）改革开放初期的"强政府"主导阶段

改革开放初期，我国的经济体系处于赶超发展阶段，增长速度压倒一切，这时市场功能残缺，改革与发展任务十分繁重。在这种形势下，个人难以承担制度变化风险和成本，只有政府才能够担此重任。因此，政府替代市场，大力发展乡镇企业和地方国营企业的"苏南模式"，高度迎合了发展阶段的需求。乡镇企业的发展及之后在城市启动的经济体制改革，一方面，推动了城乡市场的发育，打破了城乡二元结构的坚冰，加快了城乡要素流动；另一方面，推动了乡村地区工业化，活化了乡村要素，为乡村地区积累了发展资本，改善了乡村地区基础设施，在很大程度上缩小了城乡差距。

（二）开发区建设时期的市场力扩张阶段

20世纪90年代，随着短缺经济时代的结束和企业产权制度缺陷的暴露，市场获得较快成长并有能力配置基本资源，苏州政府适时推动全市国有企业和乡镇企业进行改制。此外，为了解决在乡镇企业发展中暴露出来的土地浪费、环境污染、规模效益低下等问题，政府开始推动乡镇企业发展同中、小城镇发展相结合，促使乡镇企业从分散走向集中，各类工业园区应运而生，成为乡镇企业、外资企业及其他新办企业的载体和平台。与此同时，为了抓住世界加工制造业从发达国家向发展中国家转移的机遇，苏州各级政府通过大建开发区、提供政策优惠、优化法治和政务环境，逐步向经济服务提供者角色转变。在市场力的作用下，开发区与工业园区逐步形成相互配套、相互竞争、相互学习的协同进化系统，要素流动加快，城乡之间产业、空间的一体化进程加快推进。

（三）城乡融合发展时期的有为政府主导阶段

进入21世纪，随着国家次第实施城乡统筹、新农村建设、城乡一体化、新型城镇化、乡村振兴等战略，城乡融合走上自上而下推动发展的道路。无论是涉及公共财政、就业、土地、户籍等众多领域拆除城乡藩篱的体制机制改革，还是基础设施向农村延伸、公共服务向农村拓展、社会保障向农村覆盖、现代城市文明向农村辐射等实践操作，都无法依靠市场完成。苏州的"强政府"模式又一次体现出优势，从江苏省城乡一体化发展综合配套改革试点地区，到国家发改委城乡一体化发展综合配套改革联系点，再到全国农村改革试验区及全国城乡发展一体化综合改革试点城市，苏州始终以有为政府推动城乡融合各个领域的改革创新，全面推进城乡发展一体化综合改革试点的"八个示范区"建设，着力构建城乡经济社会发展一体化体制机制、农民持续增收长效机制、发展现代农业和新型农村集体经济的动力机制、城乡基本公共服务均等化机制、城乡统一的社会管理体制，创新性地开展了"三大合作""三大并轨""四个百万亩""四规融合""一村二楼宇""三优三保""股权固化""生态补偿""政经分开""区镇合一"等成功的改革，探索出了一条具有时代特征、中国特色和苏州特点的城乡融合发展之路。

三、纵向弹性分权充分释放基层创新力

权力、资源、战略与时机的结合，是改革成功的重要保障。当稍纵即逝的时机出现在一线、基层时，需要及时捕捉到变革信号，并有充足的资源和权力推动变革，这就要求权力向下、向一线配置。然而，分权过度、缺乏统筹往往会导致混乱。面对城乡一体化改革与城乡融合发展这个复杂的系统过程，苏州适时而变、灵活务实的弹性分权，既激发了基层的创新能力和动力，也确保了改革朝向正确的方向进行，其中的操作经验和智慧值得深入总结。

（一）市级与县级政府之间持续向下分权

苏州经历了撤县设市、强县扩权、省管县等改革，总体上是一个持续向下分权的过程。在这个过程中，各个区（县级市）政府拥有越来越高的自由度，能够根据自身发展条件，探索各具特色的城乡融合发展路径，而每个区（县级市）的探索又经过市级层面的排名竞争、交流、提炼之后相互取长补短、共同促进，最终形成因地制宜、你追我赶、相互学习、互动竞争的良性发展局面。例如，在发展新型现代农业经营主体的共同战略指引下，苏州的各个区（县级市）在你追我赶的竞争中因地制宜地探索出不同的发展模式：吴江区以龙头企业引领型为主，常熟市的家庭农场特色突出，太仓市的集体农场名声在外，吴中区的现代农业园区颇具特色。又如，在推进义务教育城乡均衡化实践中，苏州工业园区采取"一步规划、分步实施"方式，太仓市和常熟市则以城乡学校集团化办学闻名。由于县域既是中国具备财政统筹和政策制定能力的基本行政区划单元，也是城乡联系的纽带，苏州的每个区（县级市）经济发达、规模适中，且都有自己较为独特的经济、社会和文化特征，这种不断向县分权、以县为改革组织单元的做法，最大限度地发挥了县的纽带和桥梁作用，使改革既能贴近基层、因地制宜，又能有足够的实力、深度和广度。

(二) 县级政府与乡镇政府之间的弹性分权关系

苏州下属区(县级市)与镇(街道)、村(社区)之间是一个因时就势的弹性分权关系,既有发展权、财权、事权向镇(街道)、村(社区)下移的分权过程,又有通过村镇撤并、区镇合一、片区化管理等方式进行的集权过程,更重要的是分权与集权的时机选择与改革任务、发展重点高度匹配。这种集权与分权相结合的弹性模式,高度契合苏州城乡融合发展改革的先导性特点,确保了改革的成功。

具体而言,鉴于苏州城乡融合发展在全国的超前性与我国独特的体制特征,苏州在推进改革创新的过程中没有多少先例可循,不仅歧路众多,而且每前进一步都意味着一系列的开拓和创新,不同发展阶段的重点任务也不尽相同。在这种情况下,过度集权不利于创新探索且有可能效率低下,过度分权则可能不利于协调和稳定,过于刚性的权力分配格局也无法满足不断变化的改革任务需求。苏州的弹性分权则提供了有效的解决方案:一方面,分权赋予了基层乡镇和村落更大的资源配置权力,充分释放和调动了基层的积极性与创造性,使得星罗棋布的乡镇和村落成了一个个创新源头,不仅规避了自上而下"一刀切"推行可能带来的歧路亡羊,还在多样化的探索中通过竞争与示范大浪淘沙,筛选出真正科学的发展方向。苏州城乡融合发展进程中众多充满地域特色的创新经验皆出自基层的实践。在实践中,为了充分释放基层创新的潜力,苏州还通过在基层镇(街道)、村(社区)设立各级各类试验区、示范区、试点的方式,进一步赋予其先行先试的权力,使各个领域的改革先在局部探索,待时机成熟、总结优化后再全面推开。另一方面,以村镇撤并、区镇合一、片区化管理等为表现形式的集权手段在适当时机的介入,实现了更大范围内的资源整合,促进了资源的优化配置,一定程度上解决了不平衡、不协调等问题。

(三) "试点—总结—推广"是一种有效的弹性分权

为了回应苏州城乡融合发展的开拓和创新需求,同时应对好无处不在的风险和障碍,苏州在长期实践中形成了"试点—总结—推广"的有效路径，确保了改革的成功推进。

在改革启动之初，地方政府通常会通过深入的战略研究和系统全面的规划，聚焦需要突破的核心环节；在此基础上筛选出若干个符合条件的代表性区（县级市）、镇（街道）、村（社区），赋予其试点区、先导区或示范区的身份及相应的先行先试权，放手开展深入的改革试验；在试点经验总结的基础上，开展更大范围乃至全域的推广。一旦到了推广阶段，各地政府往往通过系统的规划、具体的三年行动计划与年度行动计划、严格的监督考核评估机制，强力推动那些经过试验证明有效的改革方案真正落到实处。回望苏州在改革中备受赞誉的"三集中""三置换""三大合作""三个并轨""政经分离"和农业新型经营主体培育等成功经验，它们无不经由这样的路径发展而成。

这种貌似简单的工作思路，隐藏着一个地级市规模的区域推进城乡融合这种开拓性强、难度大、涉及面广的改革工作成功的秘诀。一是对于一个地级市规模的区域来说，内部多样化、差异大，任何"一刀切"的改革方案轻则遭遇适应性难题，重则造成灾难性后果，而选择典型区域的试点试验，可以充分展现改革在不同类型区域的适应性，把改革的成本与可能出现的损害控制在较小范围，以便优化改革方案，促进全面改革的平稳推行。二是获得试点地位的地区通常能得到政策上的先行先试权、资源上的倾斜扶持，并能够在瞬息万变的发展环境中先行一步，这往往意味着新竞争优势的形成，因此，开展试点工作调动了基层的改革积极性和创造性，打造出了改革所需要的你追我赶、奋勇争先的场面和社会基础。三是一旦一项改革方案经过试点试验获得效益，模仿效应会使得其他未进入试点序列的区域迅速跟进，后续的改革推广就能以更低的成本、更高的效率快速地开展下去，这比从一开始就全面启动改革的难度和成本都要低很多。四是核心环节一旦被突破，引发的连锁反应会自发驱动关联环节跟进，进一步降低后续改革的难度与成本。

> 案例 7-1

23 个镇级配套改革先导区充分激发基层创新活力

2009 年,在城乡一体化发展综合配套改革中,苏州选择了 23 个镇级片区作为先导区(表 7-1),这些先导区的区域范围约占全市农村面积的 1/3,普遍具有经济实力强、产业特色鲜明、领导班子坚强有力的特点,为苏州的城乡融合发展搭建起了一个先行先试的典型示范平台。这些先导区重点围绕解决城乡一体化建设中的资金短缺、融资困难等问题,就城乡一体化建设中的市场运作主体、农民参与一体化建设的组织形式、推进城乡一体化发展中的政策引导和制度保障等方面,搭建示范平台(表 7-2),为苏州城乡一体化在全市的持续探索与不断推广奠定基石,保证了城乡一体化具有最小"试错"成本,起到了点面结合、以点带面的积极效果,对苏州城乡一体化的有序推进和全面展开具有关键作用。

表 7-1　2009 年苏州市城乡一体化发展综合配套改革 23 个先导区一览表[1]

类型	所属区域	名称
改革先导镇	张家港市	金港镇、塘桥镇
	常熟市	海虞镇、梅李镇、沙家浜镇、古里镇
	太仓市	浏河镇、陆渡镇、城厢镇
	昆山市	巴城镇、张浦镇、花桥镇、千灯镇
	吴江市	同里镇、横扇镇、震泽镇
	吴中区	木渎镇
	相城区	渭塘镇、阳澄湖镇
	苏州工业园区	唯亭镇

---

[1] 由于行政区划调整,县级市吴江市已撤县设吴江区;金港镇已撤销并划为三个街道,横扇镇已撤销并入松陵镇,唯亭镇已撤销建唯亭街道;张家港市现代农业示范园区(常阴沙管理区)今为常阴沙现代农业示范园区,吴中区现代农业示范园区(临湖镇片区)今为苏州太湖现代农业示范园。

续表

类型	所属区域	名称
改革先导农业园区	张家港市	张家港市现代农业示范园区（常阴沙管理区）
改革先导片区	吴中区	吴中区现代农业示范园区（临湖镇片区）
	苏州高新区（虎丘区）	镇湖街道片区（含通安、东渚两镇部分村）

表 7-2　2009 年苏州市城乡一体化发展综合配套改革先导区示范平台搭建情况表

名称	示范平台搭建情况
张家港市金港镇	运营张家港市金港城市投资发展有限公司，注册资本为 1 亿元，负责"三置换"工作的市场化运作
张家港市塘桥镇	运营张家港市塘桥镇城镇投资发展有限公司，注册资本为 5 亿元，具体负责全镇"三置换"工作
张家港市现代农业示范园区（常阴沙管理区）	按照"公司化经营、市场化运作"的模式，成立张家港市现代农业投资有限公司，注册资本为 1.645 亿元
常熟市梅李镇	运营常熟市梅李综合市场有限公司，注册资本为 1 650 万元
昆山市张浦镇	成立昆山市源极创业投资控股集团有限公司，注册资本为 1 亿元，实行公司化运作
昆山市花桥镇	积极引进市场运作机制，成立投资公司作为融资平台，申请银行贷款，实行资金封闭运作；自行组建公司，经营开发花桥天福农业生态园区
昆山市千灯镇	成立 3 个市场化运作公司
吴中区现代农业示范园区（临湖镇片区）	成立市场化运作公司，其性质为区属国有公司，注册资本为 9 亿元，其经营范围主要包括现代农业开发建设、农业相关基础设施投资建设、农业资源综合开发等

续表

名称	运作平台搭建情况
相城区渭塘镇	重组、新建苏州市相城区渭塘城乡发展有限公司（参与城乡一体化建设和第三产业物业项目开发）、苏州市渭塘水务发展有限公司（参与自来水、污水处理等基础设施项目建设）、苏州市创新发展有限公司（参与工业项目开发、工业区基础配套设施建设）、苏州市渭塘房地产开发有限公司（建设安居房、参与房产开发）、苏州中国珍珠宝石城有限公司（参与市场管理、珍珠旅游项目开发）。五大公司实行市场化运作，整合资源，积极融资，参与城镇开发建设
相城区阳澄湖镇	成立苏州市阳澄湖现代农业发展有限公司，注册资本为5.5亿元，作为现代农业产业园的运作主体

先导区的具体运转经验包括以下几个方面：

第一，建立组织机构。各个先导区均成立由党政主要领导挂帅的城乡一体化发展综合配套改革试点工作领导小组，领导小组成员覆盖多条线的职能部门，下设办公室协调日常事务。在工作机制上，形成联席会议制度、现场办公会议制度和责任落实跟踪评估奖惩机制，为加快推进城乡一体化发展综合配套改革提供可靠保证。例如，昆山市花桥镇自确定为城乡一体化改革试点先导区以来，先后组建成立花桥经济开发区"双置换"工作领导小组、花桥经济开发区土地整理工作现场班子等组织机构，指导、协调和推进花桥经济开发区"双置换"工作，在深入调研的基础上，制定出台《花桥经济开发区"双置换"工作实施方案》。

第二，组建市场主体。采取"政府引导、企业带动、农民参与、市场运作"的方法，成立各先导区运作主体，实行公司化运作，全面推进先导区城乡一体化建设。首先，建立多元化投入机制。引导和鼓励本地农民投资经营，引进农业龙头企业、工商企业投资开发设施农业。以太仓市陆渡镇为例，除基础设施建设由市镇两级政府承担部分投入之外，其余均由经营者自行投入。其次，鼓励先导区农民入"三社",即农村土地股份合作社、农民专业合作社、农村劳务合作社,让农民在"三社"中获得"三金",即租金、薪金、股金。太仓市陆渡镇在园区内成立农民专业合作社,作为本镇推行城乡一体化发展的主体力量,广泛召集农民社员,采取"公司+合作社+基地+农户"的运作模式,产品不仅进入了农贸市场、机关、工厂企业,而且进入了大型超市、商场,与联华、大润发等建立了长期销售合作关系,带动农民一起共享城乡一体化发展的文明成果。

第三,制定目标和计划。围绕《苏州市城乡一体化发展综合配套改革三年实施计划》,结合各镇、区实际,制定各先导区的发展目标和工作计划,包括总体目标、重点工作及三年行动计划。在目标的制定上,以缩小城乡差距、改善民生福祉为目的,按照三年行动计划,各先导区总体目标着重体现在富民强村载体建设的实施上,基本形成城乡规划、产业发展、基础设施、公共服务、劳动就业、社会保障"六个一体化"的新格局;在工作重点上,突出围绕"三集中""三置换"的要求,开展土地的适度规模经营,妥善处理农户的动迁安置,全力发展镇(街道)、村(社区)集体经济,保障农民在一体化过程中的切身利益;在三年工作计划的制订上,集中探索城乡一体化建设的总体规划编制、集中居住点的规划及现代农业园区的规划。

第四,实施布局规划。一是加紧修编总体规划,以"一张图"科学制定规划为准则,在23个先导区按城乡一体化的要求开展村镇建设规划的编制或修编,注重主要规划的有机叠合和相互衔接。实行"一张图"规划,实现城乡空间布局和区域主体功能定位的一体化,合理配置资源,促进城乡区域协调发展。二是搞好集中居住点规划。通过合理规划,明确本区的集居区建设情况,包括通过规划需要保留或整治动迁的村庄情况,集中居住点的规划建设涉及的自然村落、户数、搬迁农户的动迁安置、建设用地、涉及的宅基地面积及土地置换情况等。三是抓好现代农业园区规划。用建设工业园区的工作力度狠抓现代农业示范区建设,用现代装备武装农业,着力提高设施农业水平。以张家港市常阴沙现代农业示范园区为例,该园区是在原江苏省国营常阴沙农场基础上建立的,规划建设现代农业核心区及种子繁育、高档苗木生产、优质果品种植、设施蔬菜种植、特种水产养殖五大基地,以建设现代农庄为目标,展示江南水乡的田园风光。

第五,制定政策保障。根据省委、省政府和市委、市政府提出的综合配套改革中的内容、目标、任务及具体要求,各先导区结合自身实际情况,制订本先导区近三年推进城乡一体化发展综合配套改革试点工作的实施计划。具体的优惠政策如表7-3所示。

表7-3　苏州市先导区享有的优惠政策选录表

序号	优惠政策
1	实行市级机关与先导区的挂钩联系政策,指导和支持先导区开展工作
2	优先实行城乡一体化建设专项资金的项目扶持。从2009年开始,苏州市级重点选择改革先导区成效显著的项目按照"以奖代补"形式给予支持
3	按照城镇建设用地增减挂钩政策,推行用农民宅基地置换城镇商品房,节余土地实行封闭运作,允许将出让取得的土地收益的市级以下留成部分全部留在先导区,用于农民安置和基础设施建设
4	减免各类建设规费。各级财税部门对先导区"三置换"实施过程中依法收取的各项税收及附加费用,除上缴中央、省部分之外,地方留成部分原则上应用于"三置换"建设补助。行政事业部门征收的规费,除上缴中央、省部分之外,市及以下的行政性规费、城建配套费等全额免收或收取后再给予返还。电力、供排水、电信、广电等经营性项目建设,应按实际成本收取规费
5	优先解决建设用地。对先导区宅基地置换商品房等所需建设用地,由市政府优先安排或预支一定比例的用地指标,实行"戴帽"下达,专项用于动迁安置区建设。各先导区要按照国家"城镇建设用地增加与农村住房建设用地减少相挂钩"的政策,逐步扩大挂钩范围和规模,并尽量缩短建设周期,抓紧进行土地复耕复垦,确保用地占补平衡

四、启示与思考

苏州的城乡融合发展，虽立足苏州独特的自然、社会、经济等条件，并有着特殊的时代大背景，但也揭示了诸多共同规律：一是城乡融合从本质上讲是由政府力、市场力和社会力共同推动的，但不同发展阶段、不同宏观背景下三个力的作用是持续演变的；二是城乡融合发展既需要效率、协调和稳定，又需要创新、变化和活力，治理体系必须能够兼顾这两个貌似矛盾的需求，苏州的"强政府"加弹性分权的治理模式从治理成效上看提供了一种理想的选择；三是苏州的"试点—总结—推广"实践路径，是在较大区域范围内应对城乡融合这种复杂改革的有效路径。

第八章

强农兴农筑牢共同富裕根基

> 强国必先强农，农强方能国强。没有农业强国就没有整个现代化强国；没有农业农村现代化，社会主义现代化就是不全面的。[1]
>
> ——习近平

在城乡融合进程中，粮食安全是底线。苏州的农业，不仅担负着保证粮食安全、大都市食品自给的重任，还承担着重要性日渐凸显的生态、文化、教育、康养等功能。为了筑牢粮食安全底线，强化农业的生态、生活等其他功能，苏州在城乡融合发展过程中，毫不放松对农业的保护，持续通过"三高一美"[2]"四个百万亩"工程建设筑牢共同富裕的安全底线。仅从2023年数据来看，苏州新建和改造提升高标准农田5.13万亩，实现高标准农田全覆盖；新增现代农业园区87.32万亩，加快推进省级现代农业产业示范园建设；大力支持蔬菜机械等特色农机发展，特色农业机械化率达77.64%；新建蔬菜高效设施4.57万平方米；新增102家美丽牧场。

---

[1] 习近平. 加快建设农业强国 推进农业农村现代化[J]. 求实，2023（6）：5.
[2] "三高一美"指高标准农田、高标准蔬菜基地、高标准池塘和美丽生态牧场。

一、苏州农业发展阶段

苏州农业受到历史传承、自然禀赋、传统文化、经济社会发展等多种因素的综合影响,其发展历程遵循着农业发展的一般规律:在温饱问题没有解决之前,农业主要发挥其生产功能;在温饱问题解决之后(奔向小康阶段),农业主要发挥其经济功能;在实现小康之后,农业主要发挥其生态功能。也可以根据政策环境,将苏州的农业发展划分为以下四个阶段。

(一)主攻粮食生产阶段(1978—1985年)

这一时期的特点是土地产出率高,劳动生产率低,经济效益差,资源过度利用。这一时期主要是依靠土地、劳动力的高度集聚,凸显农业的生产功能,兼顾其经济功能和生态功能,解决温饱问题。

中华人民共和国成立后,苏州农村历经土地改革、农业合作化和落实"调整、巩固、充实、提高"八字方针,农业生产力得到了空前发展,农业总产值得到了快速提升,农民也逐步过上了丰衣足食的生活。自1978年以来,苏州地委按照有利于农业生产力发展的总要求,采取整体推进、重点突破的方法,不断加大农村改革的力度,积极探索符合苏州农村实际的经济体制和经营方式,给农业发展注入了前所未有的强劲活力。1983年,苏州全面推行以家庭承包经营为基础、统分结合的双层经营制度,从根本上打破了"一大二公"的经营模式,在坚持土地等基本生产资料归集体所有的基础上,把土地承包给农民,由农民自主经营,扩大了农民的经营自主权,调动了农民的生产积极性。同时,发挥集体统一经营、协调管理作用,加大生产服务力度,注重集体资产积累,走有统有分、统分结合、以分为主的生产经营之路,极大地解放和发展了农业生产力,有力地推动了农业生产的发展。

党的十一届三中全会后的近10年时间里,苏州农业围绕主攻粮食生产,建设商品粮基地,粮、棉、油生产规模快速增长。1985年,苏州粮食生产面积达750.74万亩,总产量达238.49万吨,其中单季晚稻种植面积为361.8万亩，比1978年增加了257.9万亩。棉花种植面积为66.75万亩，总产量为4.26万吨；油菜种植面积为135.17万亩，总产量为14.1万吨。粮食总产量的增加，较好地解决了人们的温饱问题，克服了供应短缺的困难。苏州以人均不足8分（约为533平方米）的耕地，在实现自给平衡的同时，每年向国家交售商品粮20多亿斤，跻身全国重点商品粮基地行列，为粮食供给做出了巨大贡献。[1]

（二）大力发展多种经营阶段（1985年—20世纪90年代中期）

这一时期的特点是劳动生产率提高，农业经济效益提高。这一时期主要是依靠土地、技术的高度集聚，凸显农业的经济功能，兼顾其社会功能和生态功能，解决农民增收和市场保供问题。

1985年，中央出台1号文件，制定了10项经济政策，重点加快改革农产品统派购制度，取消粮食、棉花统购，实行合同定购和市场收购的双轨制，并逐步放开了水产品、水果、茶叶等农产品的价格限制，发出了"决不放松粮食生产，积极发展多种经营"的号召。苏州市委以此为契机，深入贯彻中央文件要求，结合耕作制度改革，积极调整农业产业结构，在坚持稳定发展粮、棉、油生产的基础上，逐步调减粮食播种面积，扩大经济作物种植面积，加快水产养殖业、畜牧业、蚕桑业等的发展，实施"菜篮子"工程，改革农产品流通制度，大力发展多种经营，全市农业呈现出崭新的发展面貌，焕发出前所未有的生机与活力。1986年，苏州建立了农业合作发展基金制度，全市当年就筹集农业合作发展基金1.17亿元，用于农业投入的资金达到7 124万元，相当于当年国家对农业投入的4倍多，从而有效地增加了农业建设性投入，发挥了集体统一服务和组织的作用，促进了农业基本建设，恢复和发展了农业生产力，同时也缓和了农村资金矛盾，受到广大农村干部和农民群众的欢迎。[2]

从1978年到1997年，苏州多种经营总收入从5.31亿元增加到180亿

---

[1] 王荣，韩俊，徐建明. 苏州农村改革30年 [M]. 上海：上海远东出版社，2007：73.

[2] 王荣，韩俊，徐建明. 苏州农村改革30年 [M]. 上海：上海远东出版社，2007：73-74.

元，增长了近 33 倍，年均递增 20.4%；农民人均纯收入来自多种经营的部分从 76 元增加到 2 200 元，增长了近 28 倍，年均递增 19.4%，占农民年纯收入的 45% 以上。到 1997 年，苏州肉类产量已达 14.27 万吨，牛奶 1.66 万吨，水产品 30.13 万吨，分别比 1978 年增长 48.5%、5 倍和 1.7 倍；种植业内部，高效经济作物比重不断增加，面积达到 50 万亩，粮经作物结构比例达到 7∶3 左右；农副产品中，名特优品种生产份额不断加大，高效农业的结构框架初步建立。稳定的粮食生产和发达的多种经营，极大地丰富了农副产品市场的供应。[1]

> **案例 8-1**
>
> ### 苏太猪——初建畜牧业市场流通体系
>
> 在养猪实行"三化"（公猪外来良种化、母猪地方良种化、肉猪杂交一代化）基础上，苏州开始建设县级重点种猪场，对太湖猪进行提纯选育并推广。相关部门着手完善太湖猪的良种繁育体系，在各县普遍建立太湖猪原种场的基础上，配套建立县级家畜改良站，实施以县为单位的猪人工授精、统一供精。为了培育性能更加优良的种猪，在农牧渔业部（今农业农村部）和江苏省、苏州市领导的重视下，1985 年，苏州成立了太湖猪育种中心。该中心选择小梅山、中梅山、二花脸、枫泾猪四个类群组成母本，从美国和匈牙利引进杜洛克公猪组成父本，开始了太湖猪新品种的杂交选育工作。1986 年，育种中心开始承担国家科学技术委员会和农牧渔业部下达的"中国瘦肉猪母本新品系（DⅡ系）的选育"课题。至 1989 年，瘦肉型猪生产由 1984 年的 38% 提高到 77.6%，苏州成为全国首个瘦肉型猪生产基地。"七五""八五"期间，育种中心采用群体继代选育法，以每年一个世代的速度进行育种。"九五"以

---

[1] 王荣，韩俊，徐建明. 苏州农村改革 30 年 [M]. 上海：上海远东出版社，2007：74.

后,又采取继代选育与世代重叠相结合的选育方法。经过三个"五年计划"的国家科技攻关,育种中心以太湖猪为基础母本,采取导入外血、横交固定、继代选育、性能测定、综合评定选择等育种技术措施,终于培育出一个国家级瘦肉型新猪种。1999年,这一新猪种通过国家审定,并被正式命名为"苏太猪"。1991—1995年,苏州先后承担了农牧渔业部"商品瘦肉型猪高产技术推广"丰收计划项目、"良种猪推广及配套技术"项目。1996年,开始推广三元杂交瘦肉型猪生产,即以太湖猪为母本,外来瘦肉型猪为第一、第二父本,大力推广良种猪生产,并先后建起243个生猪定点屠宰场,实施定点屠宰、集中检疫,市场流通体系初步形成。

案例 8-2

碧螺春——打造品牌,提升价值

碧螺春既是我国名茶中的珍品,也是苏州品牌农产品的一张亮丽名片。碧螺春以"形美、色艳、香浓、味醇"四绝闻名中外。清康熙三十八年(1699),康熙皇帝南巡到太湖,巡抚宋荦便以此茶进献。康熙皇帝见此茶色如碧、形如螺且是春天采制,便御题"碧螺春"。

中华人民共和国成立后,党和政府十分重视碧螺春的发展,主要采取给予扶助资金、无息定金及奖励化肥、物资、粮食等方法鼓励发展名茶碧螺春。科技人员对制茶工艺也不断加以改进,较有影响的如1959年江苏省农林厅会同江苏省供销合作社在吴县东山举办的以提高碧螺春品质"西山赶东山"为活动内容的技术训练班,培训班采用定人分片,技术传授,定点、定期召开现场会的办法,让学员边学习边操作,边评比边交流,培养了一大批炒制碧螺春的技术能手，规范了加工工艺。1980年，江苏省茶叶学会组织有关专家组成碧螺春风格研究组，对碧螺春的采制技术进行了总结，确定了碧螺春的风格、特征，并进行了推广。邻近东山和西山的光福、天平、越溪等地也开始生产碧螺春。1982年，苏州实行家庭联产承包责任制，除少部分国营或集体茶场之外，大多数茶场分散到农户手中，在很短的一段时间内极大地调动了茶农的积极性，碧螺春的发展速度也很快。特别是技术外传速度加快，外地碧螺春开始出现。但因为茶农的观念一下子难以从计划经济模式中转变过来，1985—1997年苏州的茶园面积和产量起伏不大，基本维持恒定，但销售增长很快。1997年是茶叶行业从完全自由散漫的自由市场经济向监管逐步加强、组织化程度逐步提高的较成熟的市场经济过渡的转折点。苏州有不少茶叶企业成立，这些茶叶企业开始进行有意识的宣传推介。从2000年开始，苏州的茶叶生产迅速发展，政府除鼓励提高组织化程度之外，还采取政府搭台、企业唱戏的方式进行推介，鼓励企业创建品牌，提高茶叶产品的市场竞争力。苏州的茶园面积也迅速扩大，从1997年的376公顷上升到2005年的1 955公顷。产量从1997年的247吨上升到2005年的348吨，其中碧螺春产量从15.3吨发展到了146.6吨。2006—2015年，相关部门着重在茶叶质量安全、组织化程度、品牌打造、宣传推介等方面做了大量工作。茶园面积由3.1万亩扩大至3.65万亩。茶叶总产量基本维持在380吨上下，但产值从2006年的1.47亿元提升到2015年的2.85亿元，翻了近1倍。亩均产值从4 728元提高到7 810元。茶作为高效经济作物的地位更加凸显。

（三）注重优质高效、推进市场农业阶段（20世纪90年代中期—21世纪初）

这一时期的特点是劳动生产率提高，土地产出率高，资源和环境保护开始受到重视。这一时期主要依靠资本、技术的高度集聚，注重农业的生态与社会经济的协调，解决农业生产安全、农业环境安全、农产品质量安全问题。

党的十四大以后，随着社会主义市场经济体制的确立，农业经济全面发展，新一轮结构调整全面展开，苏州农村涌现出一批适应农村生产力发展水平的新的农业增长方式，如贸工农一体化、产加销一条龙和农业产业化经营等，这些增长方式将分散的家庭经营与社会化大市场相联结，把农业生产引向集约化、规模化、商品化的轨道，初步形成了适应社会主义市场经济体制的基本框架，苏州农业迈上了奔向现代化的康庄大道。到20世纪90年代末，苏州形成规模较大的生猪生产基地3 000多个，水产基地560多个，蔬菜基地1 000多个，基地上市的肉猪、水产、蔬菜已分别占上市总量的75%、70%和60%，在江苏省保持领先水平。苏州有纯收入超过千万元的专业镇70个，超过百万元的专业村700多个，万元以上的专业户10万多户。同时，苏州还兴办了一批农副产品加工企业，建设了一批农副产品批发交易市场，培育了一批农村专业服务组织和农民经纪人，开设了一批农产品直供网点。2000年，苏州实现农林牧渔业总产值169.3亿元，比1985年增长517.4%。[1]

这一阶段，苏州农业坚持以市场为导向，以结构调整为主线，以效益为中心，以农民增收为目标，切实转变增长方式，不断提高农业生产水平，加快市场农业建设步伐，农业在改革开放中不断发展，实现了质的跨越。

案例8-3

外向型农业长足发展——吴江市横扇镇农产品创汇

吴江市横扇镇利用太湖小气候，从多年前就开始引进日本黄

---

[1] 王荣，韩俊，徐建明. 苏州农村改革30年［M］. 上海：上海远东出版社，2007：80.

> 瓜、萝卜、紫苏叶和蒿菜4种蔬菜,并进行规模种植,然后集中加工,产品100%出口日本。经过几年的良性发展,其加工能力不断增强,先后从日本引进了7条切片机真空包装生产线,年加工出口能力已达1 000多吨,当地农民都称紫苏叶等蔬菜为"摇钱菜"。至2000年年底,吴江市共签订农业外资项目206个,合同利用外资11.74亿美元,实际利用外资5.72亿美元。据统计,2000年全市出口的农产品及其加工制品达2.56亿美元,占全市出口贸易总额的3%左右,出口贸易额比1996年翻了两番多。出口国家(地区)达到50多个,日本、美国、韩国、欧盟及我国台湾、香港地区等成为苏州农产品出口六大市场。

(四)彰显农业的多功能阶段(21世纪以来)

这一时期的特点是劳动生产率高,土地产出效益好,资源保护利用趋向合理。这一时期主要依靠资本和技术的高度密集,利用好农业的多种功能,尤其是利用好农业的生态功能,重视发挥农业的文化和休闲旅游功能。

进入21世纪,苏州市委、市政府围绕到2010年率先实现高水平小康社会和率先基本实现现代化这两个宏伟目标,深入推进新一轮农业结构战略性调整,大力实施农业科技化、外向化、标准化、产业化、生态化和法制化战略,全市农业的生产布局结构、高效技术结构、经济功能结构得到了进一步优化,以生产功能为主的传统农业向融生产、生活、生态"三生"功能于一体的现代都市型农业转变的步伐明显加快。2005年,苏州农业初步形成了沿太湖和阳澄湖的水产养殖区、丘陵山区的花果苗木区、沿长江的创汇蔬菜种植区和阳澄淀泖地区优质水稻区"四大生产布局区域",基本形成了优质水稻、特色园艺、优质畜禽和特种水产"四大主导产业",外向农业、农产品质量建设、农村绿化、适用农机具发展、生态休闲观光农业开发等都取得了显著的成效。2006年,苏州市委、市政府按照中央和省建设社会主义新农村的要求，制定并下发了《苏州市建设社会主义新农村行动计划》，把现代农业建设作为新农村建设的主要内容，并在苏州市第十次党代会上明确提出建设粮油、水产、林业、园艺"四个百万亩"的农业保护区，以政府文件的形式对未来苏州农业的发展实施严格保护。2007年，在"富民、强村、现代农业"总目标下，苏州市委、市政府下发了《关于进一步加快发展现代农业的意见》，苏州结合实际，在坚持落实"四个百万亩"主导产业布局规划的基础上，先行启动实施了"百万亩现代农业规模化示范区"建设。示范建设总面积为131.73万亩（水稻76.97万亩，蔬菜17.50万亩，果品、茶叶、蚕桑6.56万亩，花卉苗木7.20万亩，水产23.50万亩）。[1]在建设过程中，涌现出了张家港常阴沙万亩水稻机械化种植示范区、常熟董浜万亩蔬菜标准化示范区、常熟古里坞坵万亩优质水稻示范区、昆山巴城万亩葡萄示范区、吴江区万亩蚕桑示范区等一大批现代农业规模化典型。2018年，苏州农业系统以实施乡村振兴战略为总抓手，以"三高一美"、农业品牌建设等为重点，加快改革创新，狠抓工作落实，全市现代农业发展稳中向好、稳中向新。2018年，全市新认定苏州市级农业园区5个，新增高标准农田面积4 913.33公顷、现代农业园区面积3 586.67公顷、蔬菜基地面积93.33公顷，推进建设标准化养殖池塘面积5 293.33公顷。

二、苏州农业"六化"特征

发达大都市的区位及高度工业化、城镇化的发展阶段，决定了苏州农业拥有众多与全国其他地区不同的特征，因此，推进城乡融合发展的做法也必然有所不同。

（一）农业功能多元化

苏州的农业功能已不仅仅是农业生产、农产品供给，还包括由单纯的

---

[1] 王荣，韩俊，徐建明.苏州农村改革30年[M].上海：上海远东出版社，2007：83.

生产性功能提升为生产、生态、生活、生命"四生"功能，农业的地位与作用不仅未被削弱，反而得到了拓展和加强。

（二）农业布局园区化

为了适应苏州城市化、工业化、现代化的要求，苏州农业呈现出园区化特点。苏州以工业的方式来发展农业，兴建了各类农业园区、专业农场、家庭农场，提高了全市农业的规模化水平。截至2022年，苏州共有75个市级以上农业园区，农业园区建成面积比例达86.3%。其中，科技型农业园区以农业生产示范和农业科技示范为主题，具有生产技术先进性和超前性的特点，具有很强的带动性和辐射性；基地型农业园区主要以特色农产品生产基地和种子繁育基地为特色；外向型农业园区主要面向国外市场，农副产品的生产、加工以出口为特点；旅游型农业园区具有观光、休闲功能，融第一产业和第三产业为一体。

（三）地产农产品品牌化

苏州高度重视农业品牌化建设，以品牌提升质量，以品牌开拓市场，以品牌提高知名度。苏州目前拥有阳澄湖大闸蟹、"苏太猪"、"水八仙"、碧螺春、白沙枇杷等一大批"苏字号"精品农产品。2022年，苏州评定23家单位为市首批农业种质资源保护单位，其中包括作物类（含蚕桑）11家、畜禽类11家、水产类1家，涉及1 000余个农业种质资源。品牌化成为苏州农业的发展战略方向，不仅传承了地方特色，而且提升了农产品的经济价值。

（四）农业业态产业化

通过积极推动农业的转型升级，苏州实现了农业发展的五大转变：一是农产品市场由以国内市场为主向以国际市场为主转变，提高农业外向度；二是农业生产由数量型农业向质量效益型农业转变，更加注重规模化生产；三是农业组织方式由"农户"向"公司+基地+农户"、园区、农场转变，提升农业组织化水平；四是农业科技由传统技术向高新技术转变，发展精品农业与设施农业。苏州积极推动农业第一、第二、第三产业的融合，发展种苗业、生产、加工、流通销售、旅游观光等产业环节，提高农业的产业化程度。

（五）特色农业经营股份化

苏州积极构建以专业合作社为核心的互助式服务组织，发展土地股份合作、社区股份合作、农业专业合作，整合资源，提升附加值，做大、做强、做优产业。

（六）农业服务体系化

苏州积极拓展农技推广网络，覆盖农业生产、农产品营销、农村绿化造林、农业休闲观光、生态环境保护、农民生活改善和农业保险、农村金融服务等各个方面；加强"三品一标"[1]认证，强化标准生产，健全农产品安全监管体系，实现涉农乡镇农产品质量安全监管公共服务机构100%全覆盖；培育和发展了一大批农资经营、种子种苗、施肥用药、农机作业、动物诊疗、产品营销等方面的社会化服务机构，提升了生产经营水平和科技服务水平。

三、"四个百万亩"工程保障农业可持续发展

2012年之后，苏州进入工业化转型、城市化提升、城乡一体化向纵深推进的新阶段，人口压力、资源瓶颈、环境约束矛盾突出。针对这样的发展现状，苏州全面落实农业产业布局规划，加快农业转型升级，逐步形成了优质水稻、特色水产、高效园艺、生态林地"四个百万亩"现代农业发展格局。

（一）提高"百万亩优质水稻"规模化生产能力

加快土地流转，组建土地股份合作社、粮食专业合作社等经济组织，建设一批连片百亩、千亩、万亩以上的水稻生产基地，推动规模生产，提高规模效益，加快实现粮食生产经营规模化。优化区域分布，加大高标准农田建设力度，打造一批高产、稳产农田。深入开展"万千百"高产增效

---

[1] "三品一标"指无公害农产品、绿色食品、有机农产品和农产品地理标志。

创建活动，积极创建粮食"高产增效创建示范区"，提高单位面积生产能力。着力强化产业技术创新研究，大力推广精确栽培、测土配方施肥、病虫草害综合防治等技术，促进高产技术的普及化，实现粮食持续增产增收。实施"百万亩优质水稻"保障工程，进一步完善水稻田生态补偿办法，对列入土地利用总体规划的水稻田予以生态补偿。截至2022年年末，土地资源紧张的苏州以规模化为重点，不但把"百万亩优质水稻"落地上图，近几年还通过退渔还田、退草还田及"三优三保"[1]等行动，新增10万亩水稻田，总量达到112万亩。

(二) 推进"百万亩特色水产"标准化品牌建设

苏州加快推进沿江特色产业带、沿湖蟹产业区、沿城生态休闲渔业圈的渔业"一带、一区、一圈"建设。围绕建设高效设施渔业，实施"标准化池塘改造"工程，力争每年改造池埂整齐、灌排配套、设施先进、环境优美的标准化池塘5万亩。针对连片改造100亩以上的，由各区（县级市）制定补贴办法，苏州市财政对区进行适当补贴，对各县级市实行以奖代补。着力推进现代渔业产业园区建设，按规模化、生态化、科技化、产业化、合作化"五化"要求，建成一批千亩、万亩现代渔业园区。大力发展渔业合作经济组织，壮大龙头企业实力，培育一批养殖规模大、加工能力强、市场知名度高、老百姓口碑好的名品和精品水产品。截至2021年，苏州水产养殖面积为50.79万亩，水产品总产量为14.3万吨，渔业产值为91.18亿元，渔业经济总产值为183.65亿元。重点培育了河蟹、青虾、大口黑鲈、罗氏沼虾等一批主导品种和相关优势产业，形成了特色鲜明的"虾蟹经济"。

(三) 提升"百万亩高效园艺"综合效益

苏州大力实施新一轮"菜篮子"工程建设，进一步加大对张家港市、常熟市、太仓市等地沿江蔬菜产业带建设，努力扩大昆山市、吴江区等地

---

[1]"三优三保"指优化建设用地空间布局保障发展，优化农业用地结构布局保护耕地，优化镇村居住用地布局保护权益；促进保障土地空间优化配置，促进保障土地资源集约利用，促进保障生态环境显著提升。

的菜地规模,重点发展一批近郊蔬菜基地,新扩建一批蔬菜标准示范园区,优化品种结构,加大育苗等新品培育和开发力度,不断提高蔬菜直供能力。积极发展设施园艺,推广运用各类设施大棚、机械栽培技术、自动浇灌技术、智能管理系统等现代化设施和手段,有效提高产量和产值。鼓励各类经营主体加大设施农业投入,由各区(县级市)制定补贴办法,市级财政对各区进行适当补贴,对各县级市实行以奖代补。截至2023年,苏州共有10.42万亩、370个绿色蔬菜保供基地,全部纳入省级名录库管理,基地数量和面积位居江苏省前列。

(四)发挥"百万亩生态林地"生态美化功能

苏州深入开展植树造林,突出抓好河湖林网、绿色通道、生态片林、村镇绿化等建设,有效增加森林资源总量,逐步形成环湖环城、沿江沿路、镇村田园绿化有机结合的现代林业体系。同时,苏州将造林任务纳入林长制年度工作计划,有效衔接生态文明建设、推动长江经济带发展、"一山一策"等重点工作。积极争取市级财政资金1 950万元,对符合导向、重点突出、效果显著的造林绿化项目进行补助,并将长江、太湖等重点生态区域造林补助标准提高至1万元/亩,保障造林绿化工作的顺利推进。按照整体绿化与珍贵化、彩色化、效益化相结合的要求,重点实施长江沿岸造林绿化、"灵白线"山体植被恢复和天平山森林抚育等一批重点工程,系统抓好以"两湖一江一河"生态廊道为骨架,以道路绿化、水系绿化等为补充的绿色生态屏障建设,有序推进森林抚育和退化林修复、低效林改造工作。加大湿地保护、开发和管理力度,重点建设环太湖湿地保护区、北部沿江湿地保护区和中南部湖荡湿地保护区,新建一批湿地公园、湿地保护小区等,高质量构筑一个物种多样、生态优美、自然和谐的湿地生态系统。进一步完善生态公益林、重要湿地生态补偿机制,逐步将一批结构稳定和生态价值高的绿色通道、生态片林、湿地保护小区等认定为市级以上生态公益林,纳入补贴范围,提升管护水平。

(五)推动"四个百万亩"融合发展

苏州着力构建现代农业发展体系,改造和完善农业基础设施,不断提升高标准农田和农业机械化水平。创新土地经营模式，加快合作化发展，推进农业适度规模经营。大力发展现代农业园区，集聚科技、资金、人才等资源优势，着力建成一批规模大、带动能力强、综合效益高的现代农业园区，巩固已建成的各级现代农业园区。突出科技引领，推进农、科、教相结合，发展农业信息化，不断提高农业科技贡献率。加大农业标准化生产、农产品质量检测和监管力度，全面提升农产品质量安全水平。积极发展循环农业、绿色农业，推广种养结合、林农结合等生态种养模式，实施化肥、农药减量工程，提高秸秆综合利用水平。加快农业产、加、销一体化，建设一批农产品加工集群，培育一批投资规模大、创新能力强、品牌知名度高的农业龙头企业，加快农产品物流体系建设，推进农产品现代营销，提升产业化发展水平。着力培养"有文化、懂技术、会经营"的新型农民，减少兼业农户，促进农民职业化，不断提高持证农业劳动力占比。全面推进农业公共服务体系建设，大力培育发展社会化专业化服务组织，着力提高农业社会化服务水平。积极发展农业生态休闲文化产业，立足鱼米之乡、江南水乡的传统特色，拓展农业功能，形成一批形式多样、环境优美、功能齐全的江南田园。

四、"三高一美"守住共同富裕底线

（一）高标准农田建设——小田变大田

以完善田间道路、灌排设施、农田林网、烘干仓储等农业基础设施为抓手，苏州大力开展高标准农田建设，不断提高农业综合生产能力。自2018年起，苏州市级农业、财政部门推出高标准农田建设专项奖补，作为引导资金鼓励各地加大高标准农田建设力度。2019年，苏州出台了《高标准农田建设指南》，进一步明确和规范了高标准农田建设任务、技术指标、投资强度等定性、定量标准。截至2023年年底，苏州已经实现高标准农田建设全覆盖，为实现农业农村现代化打下了坚实基础。

(二) 高标准蔬菜基地建设——水乡新风景

苏州蔬菜种植面积 10 亩及以上的基地占地共 7.88 万亩，约占常年和季节性菜地的 1/4。其中，种植规模在 100 亩及以上的经营主体有 108 个，面积为 3.6 万亩，占 45%。苏州制定了高标准蔬菜生产示范基地创建标准，涉及整体环境、规模化种植、绿色化发展、溯源化管理、产业化经营、绿叶菜自给、"四新"（新技术、新工艺、新设备、新材料）展示等方面。特别是在整体环境美方面，提出苏州标准，打造苏州样板。

(三) 高标准池塘建设——渔业提质增效

2018 年，苏州出台了《苏州市高标准水产养殖示范基地建设实施方案》，启动全市高标准水产养殖基地建设工作。2019 年，苏州确定了 6 家高标准水产养殖示范基地。2022 年，苏州完成了 2 万亩高标准池塘改造任务，实现高标准池塘改造动态全覆盖，高标准池塘面积达 30.41 万亩，覆盖率位居江苏省第一。为贯彻落实江苏省《池塘养殖尾水排放标准》，苏州 33 个市级以上涉渔园区实行养殖尾水排放报备制度，各区（县级市）相应出台尾水净化区长效管护措施。2023 年，苏州渔业经济总产值达 89.5 亿元，占农林牧渔总产值的 25.5%。

案例 8-4

吴江万顷太湖蟹养殖有限公司——高标准池塘助推产业提档升级

吴江万顷太湖蟹养殖有限公司坐落在苏州市吴江区七都镇，是太湖边规模最大的太湖蟹养殖企业，2018 年，该公司由中国水产科学研究院淡水渔业研究中心设计，规划了生产区、管理区、休闲区、尾水净化区，总占地 240 亩，其中养殖池面积为 197 亩，尾水净化区面积为 24 亩，占养殖总面积的 10%。其中，尾水净化区包含沉淀、过滤、净化三级标准，最终实现"没有排放，自我循环"。高标准不仅体现在池塘建设的高标准，还体现在产业的自我提升。公司按照各项规章制度实行公司化管理，从苗种生产、成蟹养殖，到产品销售，全程质量监控可追溯。同时，公司与旅行社等开展合作，打造休闲渔业综合体，依托独特的生态环境和特色产业，努力构建第一产业与第三产业融合发展体系，打造沿太湖现代渔业生态养殖示范区。

吴江万顷太湖蟹养殖示范基地的打造，是苏州市推动高标准水产养殖示范基地建设、提高产业化经营水平和渔业综合效益、促进渔民增收的生动个案。

（四）美丽生态牧园——催生新业态

畜牧业是苏州农业的重要组成部分，事关城乡居民"菜篮子"供应，以及食品和公共卫生安全。2018年5月，苏州市政府出台《关于加快推进我市生态畜牧业建设的意见》，要求以转变畜牧业发展方式为主线，调整优化产业结构和区域布局，加快畜牧业供给侧结构性改革，构建"布局合理、规模适度、环境友好、生产先进、形态优美、产业融合"的生态畜牧业新格局。根据《苏州市美丽生态牧场创建活动实施方案》，美丽生态牧场具备五大要素，即污染治理上要生态循环，设施提档上要联网智慧，安全高效上要全程监管，形态空间上要美丽绿色，功能拓展上要产业融合。2017—2022年，苏州对规模养殖场开展美丽生态牧场建设，累计创建45家美丽生态牧场，覆盖率超过95%。同时，在秉持畜牧业高质量绿色发展理念，拓展美丽生态牧场内涵，启动规模以下畜禽养殖户美丽牧园创建活动中，截至2023年6月底，累计创建美丽牧园102家，覆盖率达91%，基本实现规模以上和规模下动态全覆盖。[1]

---

[1] 资料来源于苏州市农业农村局（内部资料）。

案例 8-5

东之田木——推动现代农牧产业融合，构建新业态循环经济

苏州首批美丽生态牧场东之田木农业生态园，坐落于吴江区松陵镇八坼社区新营村，是以种植翠冠梨和养殖巴马香猪为特色的种养结合生态园。生态园拥有标准化果园107亩，省级畜牧生态健康养殖示范猪场20亩，标准化猪舍3 600平方米，生态循环沟渠2 180立方米。同时，配套建设了沼气、固液分离、干粪发酵、厌氧塘及地下污水输送和果园自动化喷灌设施，基本构建了以果树种植和畜禽养殖为主、农牧结合的家庭农场，实现了农业废弃物综合利用全覆盖、零排放。

该园自产的翠冠梨因品质口感优良成功申报了省、市绿色食品，在苏州和上海的市场上十分抢手；该园生态圈养的巴马香猪现存量约5 000头，年出栏近1万头，在多地设立"东之田木"香猪肉专卖店，受到客户的青睐。同时，"东之田木"还充分利用大面积梨园空地，在林下空间养殖草鸡，在生态净化塘养殖黄鳝、泥鳅、甲鱼等特种水产，在循环经济中赢得了一定的知名度，产生了较好的经济效益。

该生态园按照"植物生产、动物转化、微生物还原"的原理，已形成了较为完善的养殖业和种植业二者互相作用的，以沼气池为废弃物转化枢纽的，以闭合型生态湿地为径流拦截和净化手段的循环农业产业链条，其中具有代表性的循环经济链有3条："猪—沼—梨"生态产业链、"猪—沼—草—鸡"生态产业链、"猪—沼—沟—鱼"生态产业链。

东之田木的相关荣誉如图8-1所示。

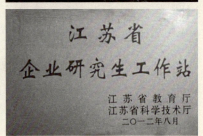

图8-1 东之田木相关荣誉

五、启示与思考

  苏州的农业发展至今，受到历史传承、自然禀赋、传统文化、社会经济发展等多种因素的综合影响。其发展历程显示，无论是"四个百万亩"工程，还是"三高一美"建设都是应对不同阶段挑战的理性选择，建设过程是持续、渐进且变化的，需要坚守"共同富裕"的大目标，以提高土地利用效率为抓手，不放松对农业的保护，因地制宜地探索在地化实施路径。

第九章

服务发展托起共同富裕平台

> 要建立健全城乡基本公共服务均等化的体制机制，推动公共服务向农村延伸、社会事业向农村覆盖。[1]
>
> ——习近平

城乡公共服务均衡发展，始终是城乡融合的重点，也是难点。苏州自古城乡均衡程度高，农村集体经济发达，城乡公共服务均衡发展有一定优势基础和条件。自城乡发展一体化改革以来，苏州进一步加快了城乡公共服务一体化进程，并积累了充满苏州智慧的工作经验。

一、苏州城乡公共服务均衡发展基本经验

苏州通过改革财政体制、搭建服务平台、制定配套制度等措施，逐步解决农村公共服务资金、平台、制度缺失的问题，构建了城乡一体、普惠均等的基本公共服务体系，逐步打破公共服务体制城乡二元分割的状态。以就业创业体系、社会保障体系和劳动保障公共服务体系建设为重点，积极推动城乡就业与社会保障并轨。目前，苏州所有行政村建成了集党员活

---

[1] 焦富民. 新时代乡村振兴的制度引领与保障 [N/OL]. 光明日报，2019-10-09 [2024-05-19]. https://epaper.gmw.cn/gmrb/html/2019-10/09/nw.D110000gmrb_20191009_3-06.htm.

动、就业社保、商贸超市、卫生计生、教育文体、综治警务、民政事务等功能于一体的新型社区服务中心。所有乡镇、行政村实现卫生服务中心（室）、农村公共文化服务设施全覆盖；乡镇数字电视网络、图书室、健身房、书场、文化活动场所普遍建成，硬件建设水平已普遍超过城镇社区。全市近92%的农村劳动力实现稳定非农就业，农村劳动力转移就业率达95.03%。在2005年实现农村社会保障全覆盖的基础上，城乡社会保障并轨步伐加快推进，苏州在2011年7月率先实现高标准、城乡统一的最低生活保障，2023年标准提高至每人每月1 115元；2012年实现城乡居民养老保险、医疗保险全面并轨，参保率都在99%以上。至2023年，农村老年居民享受基本养老待遇或养老补贴覆盖率达99.9%。[1]

（一）改革财政体制，强化建设资金保障

公共服务离不开资金投入，苏州通过改革财税管理体制、改革投资融资体制等措施，构建公共服务均等化长效机制。推进农村财税管理体制改革，规范乡镇财税组织秩序，完善乡镇财政分税体制；理顺乡镇事权和人权关系，建立财权与事权相匹配的乡镇财政管理体制，充分发展乡镇社会事业和提高公共服务的财政支撑能力；进一步明确支出责任，应由县级承担的，不得转嫁给乡镇，也不得要求乡镇财政配套资金，建立保障有力、满足运转需要的财政投入保障机制。深化城乡基础设施建设投融资体制改革，积极吸引民间资本，使更多的民间资本成为经营性基础设施和社会事业领域的投资主体，逐步建立政府主导、市场运作、社会协同、农民参与的监督管理运营平台，不断提高乡镇投融资能力。

（二）搭建服务平台，集约利用公共服务平台

在城乡一体化推进过程中，主要矛盾之一便是公共服务的巨大需求与政府有限的供给能力之间的矛盾，苏州通过搭建服务平台，集约利用公共资源，有效地缓解了这一矛盾。一是通过"三集中"，构建服务的需求平

---

[1] 苏州市民政局.苏州市全面提高社会救助和困境儿童保障标准［EB/OL］.（2024-03-10）［2023-10-26］.zhengju.suzhou.gov.cn/mzj/bjyw/202310/bfd12283a8fd44e1876644d906963022.shtml.

台。长期以来，农民分散居住，这为基础设施和公共服务的提供带来巨大的资源浪费，通过"三集中"，农民实现集中居住，提高了基础设施与公共服务的利用率，降低了投入量。二是推进农村社区服务中心建设，构建服务供给平台。公共服务的提供需要一定的载体，苏州通过建设集行政办事、商贸超市、社区卫生、警务治安、文化娱乐、体育健身、党员活动等多功能于一体的农村社区服务中心，搭建公共服务微观载体。农村社区服务中心的建设用地，主要由地方政府划拨，或者通过复耕复垦、异地置换变成农村社区服务中心建设用地。建设资金，通常由区（县级市）、镇（街道）、村（社区）三方按照一定的比例分摊。

（三）实施配套制度，促进资源向下流动

苏州根据农村"三集中"带来的社会成员聚居结构的新变化，科学规划并合理配置城乡资源，推动优质资源要素向农村流动。在基础设施方面，重点推进基础设施子系统建设，连接农村居民小区，解决农村基础设施的"最后一千米"难题。在教育方面，各地保证教育财政拨款的增长高于财政经常性收入的增长，并向农村学校倾斜；加大义务教育学校校长、教师的轮岗交流力度。在医疗服务方面，加大对农村和经济薄弱地区的支持力度，落实农村卫生服务资金；每年免费定向培养 300 名全科医生，建立城乡医院长期对口协作关系。在文体方面，逐步建立健全以政府投入为主的农村文化、体育基础设施多元化投入机制，鼓励城市文化产业优势资源向农村倾斜，大力发展农村文化、体育事业（产业）。

案例 9-1

昆山市公共服务普惠均衡经验

为了加快推动城市公共服务向农村覆盖，城市现代文明向农村传播，城市生活要素向农村辐射，昆山市大力实施学有优教、病有良医、老有颐养、住有宜居、劳有厚得"五有工程"，重点打造

"10分钟文化圈""10分钟健身圈""15分钟健康医疗圈",推动教育、文化、医疗卫生等资源重点向农村倾斜。

在学有优教方面,统筹城乡义务教育资源均衡配置,建立覆盖城乡全部常住人口的均等化教育设施体系,促进基础教育公平的实现。深化集团化办学改革,通过共享课程资源、校际协作帮扶、发展学校共同体等多种形式,切实打破城乡学校、区域划界形成的"壁垒"。深入开展校长教师交流轮岗工作,建立轮岗期间绩效激励机制。2021年年底,昆山市义务教育公办学校全部实行集团化办学,课后服务惠及学生19万人。2023年年底,昆山市拥有各级各类学校301所,义务教育入学率、巩固率继续保持100%,高中阶段毛入学率达100%。

在病有良医方面,实施健康乡村行动,加快基层医疗卫生机构基础设施建设,各区镇至少建成一所综合医院,每个街道至少配建一个社区卫生服务中心(站)。建立市级医院和社区卫生服务中心(站)紧密合作健康联合体,市级专家到社区开展义诊咨询,推动优质医资直达基层。截至2021年年底,昆山市拥有各类医疗卫生机构666所,社区卫生服务中心(站)实现全覆盖,拥有卫生技术人员14 211人。

在老有颐养方面,加快健全社会养老服务体系,建设老年友好城市和老年宜居社区。推进区域性养老服务中心建设,鼓励引导社会资本参与建设高端养老服务设施。建成区域性养老服务中心5家,日间照料中心98家,社会化运营率超90%。每千名老人拥有床位数44.4张。

在住有宜居方面,坚持"白墙黑瓦、两坡一屋顶",充分体现江南水乡特色,健全"四图一库一网一平台"的"4111"管理模式,打造一批美丽宜居新农房,满足农民住房需求。昆山市大力实施农村人居环境整治三年行动，设立农村人居环境整治"进步奖"和"黑榜村"，有效推动农村人居环境品质提升，昆山获评2019年"全国开展农村人居环境整治成效明显的激励县"。

在劳有厚得方面，完善经济发展和扩大就业联动机制，通过推进转移农民就近就业、加强职业技能培训、完善扶持创业优惠政策、健全劳动关系协调机制等手段，全面提高就业质量和稳定性、创业覆盖面和成功率。农村居民连续多年收入增幅超城镇居民，2023年农村居民人均可支配收入达47 115元，城乡居民可支配收入比缩小至1.78∶1，昆山市是全国城乡居民可支配收入比最低的城市之一。2023年昆山市村均可支配收入为1 262万元，村均集体经营性收入为594万元，年分红总额达1.95亿元，累计分红9.81亿元，惠及14多万户农户。城乡居民共同富裕正在逐渐变为现实。昆山市进入2023年中国县域共同富裕指数榜单前50名。

二、苏州城乡义务教育服务均衡发展特色经验

（一）标准化建设：苏州工业园区"高标建设、高位均衡"

苏州工业园区的开发建设采取的是"一步规划、分步实施"策略，中新合作区通过大动迁、大安置、大建设、大招商，在零基础上全面进行城市化、现代化建设；镇（街道）区域则按照城市副中心定位，在原有基础上进行高标准改造和提升，推进农村城市化进程。同时，这两类区域在各自的发展道路中依次从城乡互动开始，逐步走向区镇联动、区镇一体，进而实现区域一体化。

与此相适应，苏州工业园区的义务教育在顶层设计上紧紧抓住两类区域的不同特征推进优质、均衡发展，呈现出倒"Y"字形的路线图。中新合作区伴随着"先地下后地上""九通一平"的基础设施建设，全面拆除

所有学校布点，重新进行科学规划，预留教育建设用地，"另起炉灶"高标准建设。镇（街道）区域的义务教育学校则将重心放在了原有学校的拆并、改造和提升上，通过设定标准，加强评估，不断缩小与中新合作区内义务教育发展水平差距，最终实现并轨发展。

从1995年开始，苏州工业园区快速推进学校改造工程、学校标准化工程与学校布局调整"三位一体"工程，坚持教育公建配套项目与住宅建设的规划、建设、交付使用"三同步"，对学校进行了优化组合、合理布点、高标建设，改建和新建了30多所中小学、50多所幼儿园及青少年活动中心等一批现代化教育设施，有效缩小不同地区、城乡、校际在硬件设施上的差距，实现了从"资源配置失衡"向"资源配置均衡"转变，一举改变了存在教育洼地的形象。

针对相对薄弱的乡镇学校，2008年，苏州工业园区创造性地启动乡镇学校"达标升级"工程，按照硬件提升、软件攻坚的20条评估标准和"达标一所，验收一所"的分批实施策略，引导乡镇学校主动改善办学条件，努力提升办学水平，与苏州工业园区星海实验高级中学、苏州工业园区星港学校等开发区学校全面"接轨"。经过3年努力，15所乡镇学校全部达标成为苏州工业园区管委会直属事业单位，学校行政和业务由苏州工业园区教育局统一管理。"乡镇学校"的概念彻底淡出苏州工业园区，苏州工业园区所有学校实现统一办学标准、统一办学经费、统一薪酬待遇，成为苏州大市内唯一率先实现城乡义务教育一体化管理的区域，为推进义务教育在高平台上的均衡发展奠定了坚实基础。

为了破解义务教育高位均衡发展难题，苏州工业园区在实现了一体化管理的基础上进一步强化顶层设计，相继推出"新三年"内涵提升和"又三年"品牌亮化行动计划，加快从"硬件"达标向"软件"升级转化，持续推进义务教育的高位均衡发展。

（二）创新办学模式：太仓市、常熟市集团化办学

为了扩大优质教育资源辐射面，提升区域义务教育均衡水平，苏州倡导各区（县级市）根据地域、区位、学校类型、师资结构等要素，组建不

同的教育集团，实行城乡学校捆绑联动，做到管理同谋、计划同筹、活动同行、责任同担、资源共享、信息互通，充分发挥城区优质学校优质教育资源的辐射作用，带动农村学校师资水平的共同提高，从而促进城乡学校基本均衡发展。太仓市从2000年开始进行"教育集团"的探索，2007年又试行"学校托管"制度，截至2023年年底，已基本形成以文化融合与文化重构来促进集团内学校优质化、均衡化的可行之路。常熟市则形成了"一体型""帮扶型""协作型"等多元化集团办学模式。姑苏区也因地制宜，探索和打造了"三横四纵"集团化办学格局。集团化办学通过创新管理架构、优化师资调配、共享教育资源、推进特色发展，全面提升了薄弱学校的内涵与品质，从而在全市范围内达到义务教育资源优质、均衡发展的目的。

案例9-2

太仓市集团化办学模式的三阶段演进

第一阶段（2003—2006年）为松散型城乡学校集团阶段。由各片区的城乡学校，在教育局的指导下，根据区位、学校类型、师资结构等要素组建城乡学校之间的合作共同体——教育集团，集团内学校捆绑联动发展，实行"四同"（管理同谋、计划同筹、活动同行、责任同担），促进农村学校在师资素质、办学水平、教育质量等方面有较为明显的提高。通过三年的实践探索，形成了"四位合作—联动增效"的教育集团活动模式，通过在集团内开展广泛的教研、科研与培训的合作，使教研、科研与培训在区域合作活动中同行。通过教育集团横向联动，定期举行校长联席会议、联合举办重大教育科研活动、开展课题合作研究、开展校际合作教科研培训，每次重大集团活动都使集团内各校受益，活动效能得到最大限度的放大。实践证明，这一模式有效发挥了集团的校际合作、交流、帮带功能，实现了集团内教科研、培训、信息资源整合，促进了太仓市城乡学校均衡发展。

第二阶段（2007—2011年）为紧密型托管农村学校阶段。太仓市借鉴企业"输出管理"模式，由市教育局委托优质学校管理相对薄弱的农村学校——委托太仓市实验小学管理太仓市浮桥镇九曲小学、太仓市沙溪镇直塘小学，委托太仓市经贸小学管理太仓港港口开发区第一小学。在学校人、财、物所属权不变的情况下行使管理权，通过名校托管农村学校的创新方式，有效输入名校先进的管理理念和学校文化，使农村学校迅速提升办学水平和教学效率，在教师培养、课程教学、学生发展等诸多方面打破城乡资源界限，缩小城乡差距，促进区域教育高位均衡发展。为了避免简单移植管理，使被托管学校产生"抗体"，市教育局决定以"文化融合"提升"托管"品质，确立了立足校本、共同发展的五大基本策略：环境影响、舆论树标、典型引路、深挖资源、短板加长。在一轮周期结束后，市教育局委托评估机构对被托管学校整体办学水平的初始状态和发展状况进行评估，履行考核奖励。这一"托管"模式，既可以解决现行属地管理体制下，学校人、财、物等资源难以跨地流动，优质教育资源无法真正辐射的问题，又是农村学校用最短的时间走上内涵发展之路的有效途径。

第三阶段（2012—2017年）为城乡学校一体化管理阶段。太仓市有四所学校参与了城乡学校一体化管理试点，分别由太仓市实验小学与新创办的太仓市科教新城实验小学进行一体化管理，由太仓市实验中学与太仓市沙溪第一中学进行一体化管理。两个一体化管理集团均被苏州市教育局列入教育改革集团化办学的重点项目。一体化管理是新型的城乡学校联合办学方式，是由一所县域名校与一所农村学校组成的学校发展共同体建设形式，两所学校设一名校长、一个管理团队，协同管理，共同发展。但学校的人、财、物相对独立，两套行政班子，两支教师队伍，各自划片招生，分校区进行教育教学，通过一体化管理追求一样的教育质量，彰显不一样的办学特色。在集团化办学探索过程中，坚持从文化融合的视野开展城乡学校共同体建设，在"文化尊重—文化理解—文化认同—文化融合"的基础上促进城乡学校的共同发展，通过建立多层次的任务型、学习型和研究型共同体，促进农村学校办学水平上了一个新的台阶。

第四阶段（2017年至今）为区域性推进的关键阶段。根据太仓市基础教育发展面临的现状，在前期三个阶段的基础上，进一步提高集团化办学效益，努力实现区域优质资源全覆盖，从区域教育基本均衡向优质、均衡迈进，推进实施区域品牌建设和学校联盟化战略，创新办学模式，出台了《关于建设学校教育联盟，推进区域教育优质均衡发展的实施意见》。各教育联盟根据自己的重点研究项目，创造性地开展工作，不断寻找新的突破点，自觉践行符合联盟实际的实践路径，探索合作做强的策略与方法，坚持联盟成员平等参与、各美其美、美美与共的原则，形成"共同价值观引领下的各校平等自由发展"的联盟宗旨。区域内各联盟校资源共享、帮扶共建、特色共显、质量共优，教师素养发展得到促进，人才培养质量得到提高，联盟学校整体办学水平得到提升。

案例9-3

常熟市多元化集团办学模式

常熟市根据各个学校的办学水平和特色，有选择地探索"一体型""帮扶型""协作型"等多元化集团办学模式：以"一体型"模式为主，在城区组建教育集团；以"帮扶型"模式为主，办学从城区扩大到乡镇；以"协作型"模式为主，实现城乡优质教育一体化发展，从而科学有效地推进所有成员校均衡发展、优质发展。具体模式解读如下：

第一类："一体型"。集团内部设总校长（法人代表）1名，由核心学校校长担任。成员学校校长由核心学校校长兼任，设执行校长1名。成员学校保留原校名，原法人单位属性不变，原行政隶属关系不变：学校在管理上整体推进教育集团文化塑造、品牌创建、队伍建设、办学规范、管理创新、质量提升；在教育资源上实现设施设备、管理理念、教育教学、文化建设、课程改革、后勤保障等优质教育资源的共享，提高优质资源的实际使用价值和利用效率，促进集团内各成员学校全方位的良性互动和教育教学水平的均衡发展；在师资上实行定期交流制度，交流年限应为一轮教学周期或一阶段教学周期。核心学校至少派出校级、中层领导各1名，市级骨干教师2~3名到成员学校任职任教；成员学校派出相应人员交流并任职任教；在教学管理上制订大致统一的教学计划，加强集团内同一学科的集体备课和教研活动，使教学进度、教学内容、作业量、辅导内容和阶段测试基本保持一致。

第二类："帮扶型"。核心学校向成员学校输出管理团队，成员学校原法人单位属性不变，原行政隶属关系不变：开展项目研究，每学年围绕管理重难点确立管理项目，共同实践和研究，推进管理文化的融合与创新。其一，健全互助机制，集团内各成员学校要按条线建立行政团队的结对机制，共同制订工作计划、商讨活动方案、开展管理实践、交流管理经验。其二，深化管理改革，融合各校优势，深化德育、教学、后勤管理等改革，提高管理效能。其三，实现共同提高，借鉴领衔学校的办学经验，根据自身实际，积极探索符合自身特点的管理模式，整体推进教育集团文化塑造、品牌创建、队伍建设、办学规范、管理创新、质量提升。其四，建立教师交流机制，根据帮扶学校的师资特点和学科情况，采用定期和不定期的交流方式。定期交流方式一般为2—3年，不定期交流方式是指根据工作的需要实行短期（不超过1个月）交流。核心学校至少派出校级、中层领导各1名，市级骨干教师2~3名到成员学校任职任教；成员学校派出相应人员顶岗任教、交流学习。建立合作教研机制，采用相互借班上课、协作研讨的方式加强合作教研，推进"集体备课、同课异构、卷入研讨"等深度教研工作。此外，还建立教师结对制度，加强平时的研讨交流，促进教师的专业发展。

第三类："协作型"。在区域联动的基础上深化协作办学机制，组建小学5个、初中4个协作型教育集团。设集团工作领导小组，组长由核心学校校长担任，全面负责集团管理工作。在集团内部各专项指导工作小组及其下属各专项研究组的具体负责下，实现集团内各校德育、教学、教科研的常态互动和优质均衡，以及师生共同进步、健康发展。

（三）推动师资均衡配置：太仓市教师城乡有序流动

利用有效机制盘活一个地区的教育人力资源，既是促进一个地区教育均衡发展的关键，也是一个地区教育可持续发展的基本保证。太仓市在这项改革中起步较早，并开展了多种形式的先行先试的探索实践。早在2000年太仓市教育局便开始了共建教育集团的探索，根据地域、区位、学校类型、师资结构等要素，组建不同的教育集团，实行城乡学校捆绑联动，做到管理同谋、计划同筹、活动同行、责任同担、资源共享、信息互通，充分发挥城区优质学校优质教育资源的辐射作用，带动农村学校师资水平的共同提高，从而促进城乡师资力量基本均衡。自2001年以来，太仓市始终坚持中学教师评聘高级职称、小学（幼儿园）教师评聘中级职称，必须有1年及以上农村学校任教经历的规定，并将到农村学校示教、讲座作为太仓市级以上骨干教师学年度考核的重要内容。自2012年起，太仓市每年为农村学校定向招录新教师,建立农村学校教师正常补充机制,对所有新录用的教师实行预分配,录用后先预分配至基地学校接受2—3年浸润式培训,再统一分配至各农村学校或薄弱学校任教5年。2007年,太仓市又创新实施"学校托管"制度,尝试以各类学校发展共同体为载体促进教师对口交流的多样化。具体做法是在规定城乡教师交流的条件和比例,明确城乡交流教师的隶属关系不变的基础上,由区域名校派出副校长、骨干教师到农村学校任校长、中层干部;农村学校派出有潜力的教师到区域名校培训学习。通过城区骨干教师向农村流动,在发挥示范辐射作用的同时为教师搭建个人发展的新平台,通过农村学校教师向城区流动,在共享优质资源的同时为教师提供蹲点现场学习的平台,实现了稳定的互动流动、有机的交融共赢,有效缩小了教师队伍的城乡差距。这些历时10多年的坚持及不断寻求创新突破的实践探索,为太仓市落实江苏省提出的《关于进一步推进义务教育学校教师和校长流动的指导意见》奠定了比其他地区更为扎实的实践基础。所有这些措施都是建立在制度保障的基础上的,相关制度保证了这些措施的有效落实与稳步推进。此外,在教师流动方面出台了《关于加大教师流动力度、促进太仓教育均衡发展的实施意见(试行)》,建立完善教师定期交流制度、农村任教制度、支教制度、服务期制度,以各级各类教育优质均衡发展为目标,不断优化太仓市教师流动机制,强化"市有校用"导向,加快教师由"学校人"向"系统人"转变。

案例9-4

太仓市教师流动推进支撑政策

太仓市教师流动工作推进成效显著,与其紧跟中央、省、市的有关文件出台相关县域政策,并及时跟进实施办法有关。例如,评聘中级职称,须有1年及以上农村学校任教经历,这在太仓市已执行10多年了,基本与中央提出意见的时间同步。此外,同时跟进共建教育集团等创新措施，有效落实相关政策。在江苏省下发《关于进一步推进义务教育学校教师和校长流动的指导意见》后，太仓市教育局紧跟着出台了《关于加大教师流动力度、促进太仓教育均衡发展的实施意见（试行）》（以下简称《意见》），通过教师定期交流制度、农村任教制度、支教制度、服务期制度四大有力举措，并将各个学校流动工作情况列入学校教育质量综合评估、年度工作考核、校长工作考核内容之中，为进一步均衡配置县域人才资源提供政策保障。《意见》规定：教师评定职称时，要有农村学校任教经历2年，且人事关系随调；太仓市级学科带头人，要在命名后的每5年内，至少有1年到农村学校任教经历。不难发现，《意见》中的很多县域性政策都超出了江苏省文件中的要求，走在了全省的前列。从2012年开始，新招录的教师实行预分配和农村服务期制度，新教师由教育局统一预分配2—3年，在入职之初接受良好的培训，再到农村学校服务（至少5年），这也是太仓市探索城乡师资队伍均衡发展的新举措。2013年，太仓市义务教育段教师流动比例达13.9%，其中小学15.34%、初中12.38%。2014年，太仓市义务教育段学校共计交流教师290名，占符合流动条件教师的15.49%，比2013年增长1.59个百分点，达到了省厅的要求。

（四）保障随迁子女教育公平：张家港市积分制入学政策

为了充分保障外来人员子女受教育权益，苏州适时出台积分管理制度，让外来人员在户籍准入、子女入学、居民医保等方面享受同城待遇。2021年6月，张家港市开始试行新市民积分管理办法，苏州市区于2024年3月开始实行。

积分管理是指通过设置统一的积分指标体系，对符合条件的人员，将其个人情况、诚信记录、实际贡献和社会融合度等转化为相应的分值，当累计达到一定分值时,人员可以享受相应的户籍准入、子女入学、子女参加居民医疗保险等公共服务待遇。积分入学是指在原有"三稳定"(稳定住所、稳定工作、稳定收入)要求的基础上,进一步全面衡量入学条件,根据非本地户籍人口参加积分管理累积的分值和当年度公办学校起始年级的可供学位数,按积分由高到低的顺序安排适龄儿童进入义务教育阶段公办学校就读的入学管理办法。

实践证明,积分入学政策在一定程度上解决了外来人员随迁子女入学难的问题,打开了外来人员随迁子女的人生通道,放飞了他们的人生梦想,充分体现了义务教育的公平性和基础性,促进了苏州义务教育的均衡发展,推动了苏州社会和教育事业的平稳健康发展。

案例 9-5

张家港市积分入学——全民教育均等

为了保障新市民子女平等享有受教育权,保证新市民子女读公办学校的公平性和有序性,自 2012 年起,张家港市启动实施了新市民子女积分就读公办学校政策。至 2015 年,张家港市共向新市民子女提供起始年级公办学位数 2.7 万个,实现了新市民子女公平、有序入学。张家港市委、市政府出台了《关于加快新市民同城化待遇步伐的实施意见》《张家港市新市民积分管理办法》两份相关文件,明确了新市民与本市户籍居民在子女教育、社会保障、医疗卫生、妇女儿童权益、住房保障、社会救助等方面享有同等待遇,新市民子女入学"以流入地政府为主,以公办学校吸纳为主",新市民子女按积分入读公办幼儿园、义务教育阶段公办学校,明确了入学管理的具体操作要求。

对参加积分管理,但未能入读所申请公办学校的新市民子女,各镇(街道)会根据积分情况,协调安排其到其他有学位资源剩余

> 的公办学校或民办新市民子女学校就读，以确保每一名新市民子女都有学上。同时，各部门会加强对新市民子女积分就读公办学校政策的宣传，各镇（街道）教育主管部门会提前排查积分入学中的不稳定因素，确保新市民子女积分入学工作有序、平稳推进，不断提高新市民在教育方面的满意度。

三、苏州城乡公共文化服务均衡发展特色经验

文化是苏州的"第一优势"，是苏州发展的"第一资源"，是引领苏州不断创新和跨越发展的"第一动力"，也是苏州实现共同富裕的精神底色。发挥好"第一优势""第一资源""第一动力"，实现城乡公共文化服务均衡发展颇为关键。为此，按照城乡融合发展的内涵与基本要求，苏州开始了统筹城乡公共文化服务均衡发展的进程。截至2023年年底，苏州已经形成以规划确定目标，以文化基础设施为重点突破，以建设公共文化服务示范区实现以城带乡，突出打造城乡特色文化品牌，保障城乡公共文化服务均衡发展的长效机制。

（一）统筹规划，确定城乡公共文化服务均衡发展的目标

苏州文化底蕴深厚，文化资源丰富。但由于城乡二元对立观念长期存在，对文化发展没有树立起全市"一盘棋"观念，因而苏州在全市范围内实行城乡文化共同发展规划的意识不强；即使有规划，也是规划布局，宏观内容多，具体措施少，从而导致文化规划引领城乡文化协调发展的作用不明显。这一状况严重制约了苏州城乡文化共同发展、共同繁荣。

城乡公共文化服务均衡发展，既是城乡融合发展的重要内容，也是率先基本实现现代化的重要组成部分。因此，苏州在推进城乡融合发展的同时，也在统筹规划城乡公共文化服务均衡发展。这表现在"十一五"以来的文化发展规划当中。"十二五"期间，苏州市政府秉承增强城市"文化

竞争力"的发展理念,将城乡公共文化服务体系建设列入城市的中长期发展规划,不断加大全市公共文化服务的投入力度,不断创新公共文化服务方式,基本形成覆盖城乡的公共文化设施网络框架。2011年,苏州全面开启国家公共文化服务体系示范区的创建工作,制定出台了《创建国家公共文化服务体系示范区建设规划》等文件,确定了城乡文化权益同等、城乡文化发展协同、城乡社会文明同步"三同"目标。苏州结合示范区的创建实践,将共建共享机制纳入公共文化服务设施体系,以城乡居民现实需求为导向,以文化资源区域协调为配置方法,构建公共文化服务设施城乡一体的发展机制,不断加深文化资源集约化程度,不断扩大设施服务范围。

另外,苏州市政府颁布的其他文件有《关于进一步加强苏州市新农村文化建设和城区基础文化设施建设的实施意见》《苏州市基层文化标准化建设评选和命名工作的实施意见》《关于进一步加强苏州市社区文化建设的意见》《关于扶持农村、社区书场开展评弹长篇书目公益演出的奖励办法》《关于进一步落实〈苏州市基层文化从业人员资格认证制度〉的意见》《关于鼓励社会力量参与公共文化服务的意见》《关于贯彻〈关于加强地方县级和城乡基层宣传文化队伍建设的若干意见〉的实施意见》《苏州市公共图书馆服务体系建设行动计划》等,均坚持了统筹兼顾、科学规划,坚持城乡并重、城乡互动、共建共荣的总体原则,把加大农村文化建设力度摆在重要位置,将城乡文化事业发展纳入统一部署、统一规划,加快了苏州城乡公共文化服务均衡发展的步伐。

(二)城乡统筹,完善公共文化设施网络体系

城乡基础设施一体化是苏州推进城乡融合发展最为重要的内容之一。文化设施是确保文化事业发展的有效载体和必要物质条件。公共文化设施是政府提供公共文化产品和文化服务的载体。加快农村公共文化基础设施建设,实现公共文化服务网络的全面覆盖,是今后一个时期我国文化建设的重点任务。我国长期存在城乡二元化发展模式和重城市、轻农村的发展思路,导致农村文化建设经费投入严重不足,农村文化设施建设资金得不

到有效保障，公共文化设施建设水平大大落后于城市。苏州在促进城乡公共文化服务均衡发展中，加大对农村文化事业的财政投入力度，加快农村公共文化基础设施建设，尽量缩小城乡文化"剪刀差"，促进城乡文化均衡发展。

为了提升城乡公共文化服务设施建设的系统性与科学性，苏州市政府与各区（县级市）签订《创建国家公共文化服务体系示范区目标责任书》，突出城乡统筹的发展要求，以公众需求为导向，加强城乡文化资源的合理调配，推进公共文化服务设施的城乡共建共享。苏州市政府通过实施博物馆、文化馆、图书馆、文化信息资源共享，乡镇综合文化站和基层文化阵地建设，以及农家书屋等一批重大公共文化设施项目和文化惠民工程，初步形成了覆盖市、区（县级市）、镇（街道）、村（社区）四级的公共文化服务共建共享体系，使城乡公共文化服务设施得到极大补充。截至2023年年底，苏州市级的12个公共图书馆，均为国家一级馆；12个文化馆中，11个为国家一级馆，1个为国家二级馆。区（县级市）级博物馆、纪念馆42个，美术馆11个。全市100%的镇（街道）建有馆舍面积达500平方米且独立设置的综合文化站（创建前的该指标为86%），全市100%的村（社区）建有馆舍面积达200平方米的文体活动室（创建前的该指标为85%），全市镇（街道）、村（社区）公共电子阅览室设置率、达标率均为100%（创建前的该指标分别为84.5%和74.6%），人均公共文化设施面积达到0.25平方米（创建前的该指标为0.14平方米）。此外，苏州还命名了一批公共文化服务示范、优秀、合格文化站、村（社区），基本实现了公益性文化设施市、区（县级市）、镇（街道）、村（社区）四级全覆盖。

此外，苏州公共文化数字服务建设也走在全国前列。一是全面启动苏州下辖4个县级市行政村（社区）"四位一体"（村图书室、农家书屋、党员远程教育、文化信息共享）综合信息服务站建设，并已实现全覆盖。二是积极建设"公共文化有线数字互动平台"，借助有线数字网络，推动公共文化服务进社区、到客厅。三是全力推进区级文化信息资源共享工程县级支中心建设及村（社区）级基层点全覆盖建设，确保城乡群众可以通过多种方式获取数字文化信息资源服务。

（三）以城带乡，建立健全公共文化服务体系

在统筹城乡公共文化服务均衡发展过程中，苏州的重要路径是通过创建公共文化服务示范区，建立健全公共文化服务体系来实现城乡文化一体化。在示范区创建过程中，重点实现"四个下移"，即文化工作重心下移，文化资金投入下移，文化服务下移，文化技术下移。而这些则需要政府主导、社会支持、统筹规划、整体部署、多元投入。

1. 强化政府主导，完善服务体系，使城市文化覆盖农村

苏州确立和强调了政府在创建示范区中的主导作用。政府主导有利于把城市文化与农村文化作为一个有机整体统筹兼顾、协调发展，不断促进城市文化资源向农村流动，带动农村文化的繁荣发展。例如，公共图书馆总分馆体系的"苏州模式"新推进集中体现在实现了从职业行为向政府行为的转变，全面实现了总分馆建设的政府主导，建设成效显著。据《苏州日报》2021年1月31日报道，苏州公共图书馆事业蓬勃发展，全市共建成由8个总馆、811个分馆、92个24小时图书馆、203个投递服务点组成的总分馆体系。再如，吴江区把乡村图书室、农家书屋、文化信息资源共享工程、党员现代远程教育中心整合成"四位一体"的农村公共信息服务中心，用一份成本提供多种公共服务，显著提升了服务效能。又如，张家港市公共文化服务"网格化"建设，创造了一种公共文化服务向均等化、全覆盖方向迈进的实现方式。另外，苏州建成了多层次、结构化、全民可参与的群众文化活动体系。一方面，系列化的、高水平的、地域特色鲜明的重大文化节庆活动精彩纷呈；另一方面，以基层为重心开展的"四大系列"文化惠民活动广受欢迎，苏州年均开展各类公益性展演展示活动6万场次，惠及农村及社区群众5 000万人次，形成一批群众喜闻乐见的特色文化活动品牌。近年来，苏州致力打造城乡"10分钟文化圈"，推动设施布局从"全设置"走向"全覆盖"，努力打通公共文化服务"最后一公里"，全市人均公共文化设施面积达0.4平方米。目前，全市95个镇、街

道综合文化站标准化建设实现全覆盖，总面积达871 989平方米，1 702个村（社区）综合性文化服务中心标准化建设实现全覆盖，总面积达1 915 826平方米（其中社区1 149 450平方米，村766 376平方米）。2016年以来，市、区（县级市）、镇（街道）三级共投入6.69亿元用于村（社区）综合性文化服务中心标准化建设。苏州还专门出台了《苏州市区基层综合性文化服务中心标准化建设引导扶持办法（试行）》，对基层综合性文化服务中心新改扩建进行引导扶持。[1]

2. 推动机制创新，提高服务效能，带动农村文化发展

苏州将文化馆、美术馆、名人馆等8家公益性文化事业单位整合组建成苏州市公共文化中心，进行文化资源整合，形成合力，提升服务水平。张家港市"书香城市"指标体系建设，从标准和制度两个层面保障全民阅读活动向纵深发展。吴江区实行了"区域文化联动"，建立了联动区域内文化交流、互动、共建、共享、共荣的机制和格局，丰富了基层群众公共文化服务的资源供给。这些运行机制改革，鼓励市属文艺院团进农村、社区、学校、企业等开展公益性演出，推进了城市文化带动农村文化发展的进程。

3. 实现文化与科技相融合，构建数字服务体系，将城市文化输送到农村

近年来，苏州建成公共数字文化网络，城乡群众可以通过多种方式享受数字图书馆、数字文化馆、数字博物馆和数字美术馆等文化信息资源服务。如苏州推广的"掌上苏博""掌上苏图"项目，方便观众了解苏州博物馆动态信息和馆藏精品、展览内容和建筑特色等，并通过新浪微博轻松实现信息的发布和分享；方便读者利用苏州图书馆各类文献信息资源，并提供个性化服务和即时互动应用。苏州文化馆远程交互业务指导与培训系统建设，面向全市的区（县级市）文化馆、镇（街道）文化站文化从业

---

[1] 佚名. 在城市发展中感受文化的力量［EB/OL］.（2019-06-28）［2024-05-10］.https://www.sohu.com/a/323543810_120161317.

人员、文化辅导员和文化骨干等开放，提供业务指导、人员培训、群文艺术交流等远程服务。苏州有线电视"文化苏州"数字点播系统建设，把公共文化数字服务送进每个村（社区），送到每个家庭。

4. 完善专业认证，将城市制度推广到农村，通过制度引领城乡文化一体化

苏州出台了《关于进一步落实〈苏州市基层文化从业人员资格认证制度〉的意见》，将早在2007年就在市本级试行的基层文化从业人员职业资格认证制度推广到全市范围，推行持证上岗，将培训工作纳入制度化、规范化轨道，并将资格认证培训作为职称评定的必备条件；为造就一支规模宏大、结构合理、锐意创新的基层公共文化人才队伍奠定了基础，基本实现了基层文化从业人员培训全覆盖。聚英才而用之，苏州不断加大人才扶持的力度，培育和造就更多文化人才。《姑苏宣传文化人才计划实施细则》提出，从2020年起，5年内引进和培养150名宣传文化人才，其中对引进姑苏宣传文化特聘人才提出了明确目标，5年内引进50名，分A、B、C类，分别给予250万元、150万元、50万元安家补贴。到2023年年底，全市共有获得市级及以上人才称号的各类文化人才605名，人才数量、层次及支持力度均居江苏省前列。其中，中宣部文化名家暨"四个一批"人才5名，中宣部宣传思想文化青年英才1名，国家突出贡献专家1名，享受政府特殊津贴专家15名。[1]

（四）贴近实际，打造城乡一体化特色文化品牌

"社会主义文化是人民大众的文化，让人民大众共建共享是文化建设必须坚持的根本立场。"加快推进城乡文化一体化，目的就是"让文化发展成果更好惠及人民群众"。[2] 苏州根据中共中央宣传部印发的《关于组织开展2024年传统节日文化活动的通知》的精神，真正从群众需要出发，

---

[1] 朱琦. 文化人才强基行动：引人才活水繁荣文化之城［N/OL］. 苏州日报，2023-12-30［2024-05-10］. http://www.subaonet.com/2023/szyw/1230/831592.shtml.

[2] 刘云山. 大力加强城乡基层文化建设 让文化发展成果更好惠及人民群众［N］. 人民日报，2011-05-09（4）.

依托"江、河、湖、海"兼具的水文化资源和吴文化的独特优势，开展内容丰富、形式多样的城区广场群众文化活动，做优做强一批具有鲜明地域文化特色和较大影响力的文化节庆活动，不断推进文化惠民活动向纵深开展，使城乡居民共建文化惠民工程，最大限度地满足各阶层人民群众的精神文化需求。

1. 文化惠民工程之一

苏州统筹实施以群星璀璨"我们的节日"、"广场活动天天有"、市直舞台艺术"四进工程"和"城区各广场主题活动"为主要形式的"四大系列"品牌文化惠民活动，开拓多种形式的文化"三送工程"、舞台艺术"四进工程"、数字电影"四进工程"活动，不断提升活动质量。近年来，苏州统筹开展的"群星璀璨"文化惠民活动，覆盖全市1 000多个广场，全市年均开展各类公益性展演展示活动6万场次，惠及农村及社区群众5 000万人次，形成一批群众喜闻乐见的特色文化活动品牌，基本实现全民共建、全民共享的文化惠民全覆盖。

2. 文化惠民工程之二

苏州做亮做强重大品牌文化活动，打造能够传承和弘扬古城文脉、独具魅力和地域特色的艺术节庆活动。近年来，苏州承办了中国昆剧艺术节、中国苏州评弹艺术节、中国国际民间艺术节和中国金鸡百花电影节、中国戏剧节、中国农民文艺会演、中国民间文艺山花奖颁奖典礼等国家级文化节庆活动，各区（县级市）按照"一区（县级市）一品"或"一区（县级市）多品"的发展战略，发挥各自特长和优势，充分展示吴文化和"江、河、湖、海"水文化的深厚底蕴，做强做大各具特色的品牌，如张家港市的长江流域民族民间艺术节、常熟市的江南文化节、太仓市的郑和航海节、吴江区的江南运河文化旅游节等一批具有鲜明地方特色的文化活动品牌，构建了文化开放交流的创新平台。苏州精心举办的每年一届的苏州阅读节（现更名为"百步芳草　四季书香"——苏州市全民阅读系列活动），已成为推动全民阅读、营造学习型城市的重要抓手。苏州市委、市政府因此被中宣部、国家新闻出版总署授予"全民阅读活动先进单位"。

3. 文化惠民工程之三

苏州市属各村镇广泛开展"一镇一品""一镇多品""一村一品"文艺展演活动,鼓励举办各类民间文艺节,以及农民文化艺术节和镇(街道)、村(社区)文化节。如:张家港市举办社区文化艺术节,开展"文明百村欢乐行"送戏下乡活动;常熟市开展"文化惠民村村行"大型公益巡演活动,每个行政村(社区)送一场戏;太仓市不断丰富"欢乐文明百村(社区)行""百团大展演"活动;昆山市每年举办群众文化艺术节等系列文化活动。同时,各镇(街道)还落实"两个一流":每个街道都有一支一流的文化团队,都有一项一流的活动品牌。截至2022年,苏州获评"全国群众文化先进社区"2个、"全国特色文化广场"4个;涌现出民间业余文艺团队近4 000支,每年开展各类活动近1.5万次。此外,苏州还大力加强"民间(特色)艺术之乡"和"市文化示范镇(街道)、文化先进镇(街道)"建设,从多渠道、多角度推进文化惠农村。[1]

4. 文化惠民工程之四

根据未成年人、老年人、残疾人及进城务工人员等特殊社会群体的需要及广大民众的需要,苏州积极主动开展丰富多彩的文化活动,在精心组织特色文化品牌活动的同时,组织开展针对未成年人、老年人、残疾人及进城务工人员等特殊社会群体的文化艺术节庆活动。例如,苏州各级文化主管部门归口管理的各级国有美术馆、公共图书馆、文化馆不断丰富免费开放的内容和形式,积极引导外来务工人员走进博物馆、图书馆、文化馆(站);各类公益性文化机构有针对性地开展面向外来务工人员及其子女的艺术辅导培训、图书阅读、艺术鉴赏等服务。

应该说,苏州推进的文化惠民工程大多是以满足城乡人民群众的基本文化需求为目标的,让群众广泛享有免费或优惠的基本文化服务,进一步保障了苏州城乡居民的基本文化权益,让城乡居民能够共享苏州文化发展

---

[1] 资料来源于苏州市文化广电和旅游局(内部资料)。

成果。文化惠民工程大大缩小了城乡居民文化差距，有利于推进城乡公共文化服务均衡发展。

四、启示与思考

"基本公共服务实现均等化"是 2035 年国民经济和社会发展远景目标之一，在新时代背景下对于促进全体人民共同富裕具有赋能作用。苏州的实践表明：以制度为先导、以公共财政为保障、以公共服务行政管理机制为推进重点，是实现城乡基本公共服务均等化的路径选择。

第十章

基建互联构建共同富裕通道

> 基础设施是经济社会发展的重要支撑，要统筹发展和安全，优化基础设施布局、结构、功能和发展模式，构建现代化基础设施体系，为全面建设社会主义现代化国家打下坚实基础。[1]
>
> ——习近平

俗话说："要想富，先修路。"这句话形象地描绘出基础设施对一个区域发展的重要性。在长期的城乡二元体制下，乡村基础设施滞后，城乡基础设施对接连通不够，是城乡差距较大的重要原因。苏州在改革开放初期就高度重视乡村基础设施建设，在城乡一体化改革中又把基础设施城乡一体化作为改革的重点之一，造就了城乡基础设施高度的一体化和均衡化，为共同富裕奠定了坚实的硬件基础。

一、苏州基础设施城乡一体化建设取得的成就

苏州坚持"城乡共建、城乡联网、城乡共享"的原则，积极推进城镇基础设施向农村延伸，形成了城乡基础设施"六个一体化"（供水一体

---

[1] 习近平主持召开中央财经委员会第十一次会议[EB/OL].（2022-04-26）[2024-05-19]. https://www.gov.cn/xinwen/2022-04/26/content_5687372.htm.

化、污水处理一体化、垃圾处置一体化、道路交通一体化、信息化一体化、再生资源回收利用一体化）的格局。

（一）供水一体化

苏州在江苏省率先推行城乡统一饮用水水源、统一输水管网、城乡饮水同水同质，早在 2011 年就已实现了城乡"一张网、一个价"的一体化供水目标。

（二）污水处理一体化

苏州城乡污水处理设施实现了共建、联网、共享，为进一步提高农村地区污水处理水平，积极探索实施农村及分散生活污水处理的"五个统一"（统一本地区农村生活污水治理的相关标准、统一进行农村生活污水治理项目的设计、统一进行工程招标和设备采购、统一制定本地区农村生活污水治理的长效管理机制、统一建立和完善农村生活污水治理设施建设和运行维护资金的投入与拨付机制）。

（三）垃圾处置一体化

苏州形成了"组保洁、村收集、镇转运、县（市）处理"的城乡统筹生活垃圾收运处置体系，构筑了包括垃圾清运车辆、保洁人员、垃圾中转站、垃圾焚烧发电厂在内的覆盖全市各村、统一配置的垃圾处置设施网络，高质量建成分类投放、分类收集、分类运输、分类处置的垃圾分类体系。

（四）道路交通一体化

苏州建立起"以高速公路为骨架、普通国省道为干线、农村公路为依托"的城乡"公路网"和"以城市为中心、乡镇为节点、道路为纽带、站场为依托"的城乡"公交网"。

（五）信息化一体化

农村中心小学以上建制学校基本实现"班班通"，卫生城域网和覆盖全市的社会保险广域网络已经建成，"五险合一"（基本养老保险、基本医疗保险、失业保险、工伤保险、生育保险）的社会保险管理系统已投入运行。

（六）再生资源回收利用一体化

苏州规划通过三年的努力，构建起由社区回收点、初级加工分拣站和集散交易加工中心（产业园）三个层次组成的再生资源回收利用网络体系，使再生资源主要品种回收利用率达90%。截至2023年年底，苏州建成"三定一督"（定时、定点、定人和督导）小区5 354个，覆盖率达100%，厨余垃圾分出率超25%，生活垃圾回收利用率超40%，资源化利用率超85%。在住房和城乡建设部垃圾分类工作评估中，苏州持续位列大城市第一档前列。

二、苏州基础设施城乡一体化建设经验

（一）打破城乡割据，以城乡一体化的理念统筹规划

在城乡一体化改革中，苏州从经济社会发展的全局考虑，将城市和农村作为一个整体，以城乡一体化的理念指导规划建设活动，对城乡各项资源进行重新整合和优化配置。为此，苏州以城乡一体化的基础设施规划作为龙头，在编制各项规划时，打破城乡界限，把整个市域作为一个整体来规划。从总体规划、控制性详细规划，到各类专项规划，都体现出城乡一体化的理念和标准，确保基础设施向农村延伸，使农民生活与城市接轨。

（二）"三集中"为基础设施城乡一体化建设创造条件

"三集中"是指工业企业向工业园区集中、农业用地向规模经营集中、农民居住向城镇或新型社区集中。苏州的"三集中"一改镇（街道）、村（社区）各自为政的局面，树立了相互合作共生的意识；相反，如果村庄空间格局分散，既会分散基础设施建设的财力，增加基础设施建设的成本，又会导致基础设施运转无法产生规模效益，往往会亏本经营，不能可持续发展。例如，苏州为村庄架设供水供电供气管网、铺设道路桥梁、开通公交线路时，对比有10户人家的村庄和有1 000户人家的村庄的投入与产出，显而易见，集中能提高效益。

(三) 多元筹资为城乡一体化建设提供资金保障

资金是开展各项社会事业和从事社会活动的关键，因此资金的筹措对基础设施的城乡一体化建设来说至关紧要。为了克服这一普遍的难题，苏州积极培育"政府引导、市场运作、多元投资、共同开发"的城乡基础设施建设投融资机制。例如，在农村公路养护方面，苏州按照"县乡自筹、省市补助、多元筹资"的原则，明确县道及乡、村道的管理养护资金分别纳入区（县级市）、镇（街道）人民政府（办事处）财政预算，各区（县级市）政府出台的文件中都明确了辖区内的农村公路相应的配套补贴标准，从制度上落实了资金支出渠道和增长机制。而昆山市北部污水处理厂采用 TOT 机制[1]，2022 年，苏州印发了《关于加快推进基础设施投资建设的若干措施》，要求加快推动基础设施领域公募不动产投资信托基金试点，规范推动政府和社会资本合作模式，发挥政府投资基金撬动作用，健全政银企合作对接机制。

(四) 标准指引为城乡一体化建设提供技术支撑

标准具有先进性、规范性、实用性和指导性。苏州在基础设施建设中高度重视相关标准的制定，通过统一的标准为农村基础设施建设提供技术支撑，保障城乡基础设施实现一体化。例如，在农村信息化建设方面，苏州在充分运用国家、江苏省标准的基础上，逐步完善支撑全市信息化建设的标准体系（该标准体系涵盖通用基础标准、应用标准、信息资源标准、应用支撑标准、网络标准、信息安全标准、管理标准等）。又如，在农村公路建设上，苏州在江苏省率先推行农村公路文明样板路创建及安保工程，制定了相关创建标准，旨在打造出"畅安舒美"的公路环境。在乡村污水处理设施建设方面，苏州还积极探索排放标准、设计方式、治理模式、工艺设计、排放水量方面的"五个统一"规范。

---

[1] 此处的 TOT 机制指由社会企业投资 8 000 万元建设污水处理厂，政府将按每吨污水 1 元的处理费用补偿给企业，企业拥有 30 年特许经营权，此后全部设施交还政府，引入社会资本，进行市场化经营管理，它的成功运行是苏州利用社会资本解决公共设施建设资金难题的一次成功尝试。

(五) 构建完善的城乡一体化建设和管理机制

机制是按一定的方式把系统的各个部分组织起来,良好的机制可以使一个系统正常运作、不断优化。在城乡基础设施建设和管理机制方面,苏州做了长期不懈的探索,取得了可喜的成效。以城乡一体化垃圾处置为例,苏州探索并建立了城乡环境卫生的长效管理机制。苏州市城市管理综合行政执法局是生活垃圾焚烧处理工作的主管部门,由其牵头,市财政局、环保局、安全生产监督管理局、供电局、物价局、卫生健康委员会、爱国卫生运动委员会办公室及各开发区、各镇、各街道,以及垃圾发电有限公司组成的协调机构,负责生活垃圾焚烧有关事项的协调、处理、监督工作,保证垃圾焚烧处理工作的正常开展。生活垃圾的收集、集中工作实行属地管理,按照"谁受益、谁付费,谁污染、谁付费"的原则,由市级和区级财政分级承担生活垃圾收运、处置经费。苏州对垃圾收集、集中工作成绩突出的单位进行奖励,对违规单位进行处罚。

案例 10-1

昆山市城乡基础设施规划和建设管理一体化

昆山市是全国城乡融合水平最高的县级市之一。多年来,昆山市通过加快推动城市基础设施向农村延伸,加快覆盖城乡的公路、电力、天然气、供水、垃圾污水收集处理和消防公共设施等基础设施建设,实施一体化管护。推进乡村公路提档升级,行政村(社区)双车道四级以上公路通达率达100%,昆山市获评省级"四好农村路"示范县。截至2022年,完成无害化公厕改造全覆盖,农村生活垃圾分类覆盖率达100%,农村生活污水治理率达92.7%。从操作经验来看,昆山市主要是通过强化顶层设计,构建了规划管理共同体。一是编制城乡一体化的基础设施专项规划,推动城乡共建共享,满足社会经济发展和城乡居民生活生产需求。编制交通运输发展专项规划，持续推进新时代农村路网建设，形成了"十六横十二纵三环五高速十一互通"的框架路网结构；编制水务专项规划，构建"江湖并举、双源供水"新格局，实施城乡共用同一水源水质、同一输水管网；编制城镇燃气专项规划和农村天然气发展规划，使农村居民使用上安全、高效的"自来气"。二是推行管护一体化。昆山市政府制定《昆山市关于开展公共基础设施城乡一体化管护体制改革试点的实施方案》，建立健全公共基础设施城乡一体化管护体制机制，实行"八个一"模式（一个领导小组、一个试点方案、一张管护清单、一个确权平台、一本产权台账、一套管护指南、一项保障体系、一套考核机制），推动水、电、路、气、信及公共人居环境、公共管理、公共服务等的一体化规划布局、一体化建设管理、一体化共享共用。此外，昆山市还构建了产权清晰、权责明确、运营高效、管护规范、保障到位的管护体系，精心织就了公共基础设施城乡一体化网络。

三、启示与思考

苏州基础设施城乡一体化建设能够取得如此丰硕成果，一是得益于其地处平原水网地带，自然条件优越，自古城乡的联系就十分紧密；二是由于苏州经济发达、财力雄厚，具备工业反哺农业、城市支持农村的能力；三是高度工业化的经济发展阶段使"三集中"成为可能，而"三集中"为基础设施城乡一体化的建设扫清了诸多障碍；四是离不开从上到下高度重视、大力支持的政府，积极参与的民众，以及大胆创新、勇于探索的精神。鉴于此，许多经济发展相对滞后、城乡发展条件和发展水平差距大的区域，不可盲目照搬苏州的经验。然而，苏州的探索依然可以为我国其他地区基础设施城乡一体化的建设提供诸多借鉴。对于城乡差距较大的偏远落后地区来说，在加速城镇化和工业化进程、为基础设施城乡一体化建设提供经济基础的同时，首先，要从理念上扭转重城轻乡的思维，从制度和政策上打破城乡分割的传统。其次，要结合自身实际和发展阶段特征，前瞻性地做好城乡统筹规划，逐步合理地实现居住、生产的集中，为基础设施的城乡一体化建设扫清障碍。再次，在科学规划的基础上，要制定符合实际的城乡基础设施一体化建设标准，分阶段、分区域、分层次推进，避免"一刀切"和超越实际能力的过高标准。最后，充分发挥市场作用，调动全社会广泛参与，依靠民众自身力量不断缩小城乡基础设施差距，从而实现城乡基础设施的互联互通。

第十一章

底线思维补齐共同富裕短板

共同富裕路上，一个也不能掉队。[1]

——习近平

在城镇化和城乡融合的过程中，随着资源重新配置、空间重组，追求效率难免会让一部分人、一部分区域在发展中处于相对劣势的地位，造成相对贫困或经济相对薄弱。苏州也不例外，既有因老、因病等掉队的弱势群体，也有地处生态敏感区、农村集体经济发展滞后等造成实力偏弱、发展能力不足的薄弱村。面对这种情况，为了确保"一个也不能掉队"，苏州分类施策，通过三大保障并轨、薄弱村帮扶、生态补偿等特色举措，从个体、群体和重点区域入手，守牢共同富裕底线，着力补齐短板。

一、瞄准个体参与共富的短板，推动"三大保障"并轨

（一）城乡最低生活保障并轨

1. 苏州城乡低保政策并轨状况

政策的支持、经济发展的支撑和制度运行的实践基础，使苏州较早具

---

[1] 汪晓东，武卫政，吴秋余，等. 在推动高质量发展上闯出新路子（领航中国）[N/OL]. 人民日报，2022-09-19［2024-05-19］. http://paper.people.com.cn/rmrb/html/2022-09/19/nw.D110000renmrb_20220919_1-01.htm.

备了实行低保政策城乡一体化的条件。并轨的过程是一个循序渐进、先易后难的过程，在政策统一、资金保障的基础上，由标准有别，到逐步缩小差距，最后达到标准并轨，实现城乡低保一体化。2011年，苏州最低生活保障于年初、年中两次提高了标准，从7月份开始，城乡低保标准分别由450元、400元统一提高至500元，率先在江苏省乃至全国实现城乡统一的高标准最低生活保障目标，完成了城乡居民低保标准并轨任务。至2023年，此标准已提高至1 115元/月，以此为根据，苏州低保边缘救助标准、残疾人救助标准也随低保标准同步并轨运行，实现了真正意义上的社会救助城乡一体化。同时，苏州还探索出对特殊群体供养（补助）标准城乡并轨的路子。2009年，苏州首先对两类特殊对象的供养（补助）标准实行城乡并轨：一是将农村五保供养对象的供养标准提高到城市三无人员（无劳动能力、无稳定收入来源、无法定抚养人或法定抚养人无劳动能力的人）的供养标准，即按当地城镇低保标准的140%享受。二是对20世纪60年代初精简退职职工生活补助标准实行城乡统一，当年为每人每月540元，2011年提高到每人每月750元，至2023年提高到1 955元/月。

2. 低保政策城乡并轨的共富效应

低保政策城乡一体化是城乡融合发展的必然趋势，是消除制度型贫困、实现底线公平的必然要求，也是突破改革瓶颈，促进低保政策可持续发展的现实需求。对于农村居民来说，低保标准城乡一体化不仅是多了一份资金保障，还体现出了与城镇居民地位的平等。因此，城乡低保标准并轨可谓意义深远。首先，低保标准的大幅提升使农村低收入群体的生活得到较大改善，特别是保障了农村贫困家庭的基本生活，有利于农村社会的稳定，从而促进城乡协调发展。其次，有利于促进农村地区其他各项工作的开展。随着农村低保的规范化、制度化、一体化，农村居民的供养难题得到有效解决。低保政策城乡一体化，为苏州城乡社会保障，包括基本养老保险（被征地农民保养）、基本医疗保险、失业保险、工伤保险、生育保险和社会救助等，提供了参考依据和基础标准，从而有力地推动了社会保障城乡一体化建设。因此，低保政策城乡一体化是苏州保障和改善民生的基准线。

(二) 城乡居民社会养老保险并轨

自 2012 年 1 月 1 日起，苏州正式开始实施城乡统一的居民基本养老保险制度，把新农保、城镇老年居民补贴等制度统一纳入居民社会养老保障制度框架，将仅剩的 12.9 万名农保人员全部纳入城乡统一的居民保险之中。通过着力规范各类养老保险之间的转移衔接办法，将非农产业就业的农村劳动力及劳动年龄段的被征地农民纳入城镇养老保险，通过积极的财政补贴政策引导农村居民参加城保，社会保障体系建设逐步向纵深推进，逐步实现城乡社会养老保障制度一元化。经过农村养老保险与城镇职工养老保险并轨运行，以及实行统一的城乡居民养老保险，苏州已形成比较完善的"一个体系、两种制度"并存的格局，即一个覆盖全市城乡的统一的社会养老保险体系，城镇职工基本养老保险和城乡居民社会养老保险两种制度并存发展，各类参保人员养老保障水平稳步提高。

(三) 城乡居民社会医疗保险并轨

在城乡社会医疗保障体系建设过程中，管理体制差异导致的城乡医疗保障制度发展的不均衡矛盾逐渐凸显，统筹城乡医疗保障、实行城乡居民医疗保险制度并轨成为大势所趋。苏州积极探索破解城镇职工医疗保险与农村医疗保险的城乡二元分割局面，力求实现城乡社会医疗保障制度的一元化，并取得了显著进展和成效。截至 2011 年年末，社会医疗保险制度在实现了城乡居民全覆盖的基础上，已形成了比较完善的"一个体系、两种制度"并存的格局，即一个覆盖城乡全体社会成员的职工医疗保险、居民医疗保险和社会医疗救助"三位一体"的社会医疗保障体系，城镇职工医疗保险和城乡居民医疗保险两个制度并存发展，促进了苏州医疗保障事业的健康、稳定和可持续发展。

1. 兼顾城乡不同医疗保障制度的无缝对接

苏州在进行覆盖城乡医疗保障体系设计时，充分考虑到城乡不同制度之间的无缝对接，积极探索职工医疗保险、城乡居民医疗保险"两大板块"之间的衔接和转换，建立起职工医疗保险和居民医疗保险互相转移的双向通道和制度间年限折算机制，所有参保人员随时可以根据自己的就业状态，办理职工医疗保险与居民医疗保险险种之间的转移衔接手续，实现在两个险种之间通过个人账户转移衔接，使农民进入各类企业就业时，能顺利转入城镇职工社会医疗保险，从而使城乡居民无论处于何种状态，都能获得医疗保障，其个人权益都能获得认可。

2. 实施城乡统一的困难人群医疗救助

在普遍提高待遇的基础上，积极探索医保由普惠向特惠的转变，坚持政策调整的"四个倾斜"，即向在基层医疗机构就医人群倾斜，向低保、低保边缘等特殊困难人群倾斜，向大病、重病患者倾斜，向老年人倾斜。自2008年起，苏州整合分散的医疗救助资源，在全国率先建立了由社保部门统一管理的城乡统筹的社会医疗救助制度，城乡医疗救助由普惠型向特惠型迈进，社会医疗救助资金向贫困家庭倾斜。对所有参加职工医疗保险、城乡居民医疗保险的人员，有关部门均按同一标准认定救助对象，按同一程序、同一方式救助，被救助对象享受同一标准的医疗救助待遇，包括保费补助、实时救助、年度救助和专项医疗救助。例如，持有低保证、低保边缘证、三无救助证、五保供养证的人员和持有特困职工证并患重病的医疗救助对象作为特困人员，持本人医疗保险就医凭证和特困证件，在定点医疗机构就医时可享受医疗实时救助待遇。实时救助待遇为城乡救助对象直接减免85%以上的医疗费用，彻底改变了先垫付后补偿的旧模式。又如，未享受实时医疗救助、家庭人均收入在低保标准2倍以内，且有较大医疗费用支出的低收入人员，可享受年度专项医疗救助。通过城乡医疗救助范围对象一体化、救助标准一体化、经办管理一体化，有效减轻了困难家庭的医疗费用负担，遏制了因病返贫现象，促进了社会的和谐发展。

二、瞄准群体参与共富的短板，开展薄弱村帮扶

尽管苏州县域经济比较发达，农村集体经济实力总体比较强，但区域间发展不平衡的情况仍然存在，还有不少薄弱村，这既是"三农"工作的

短腿、短板，也是全面建成小康社会的重难点。从 20 世纪 90 年代开始，苏州一直把薄弱村帮扶作为扶贫工作的一项重要内容，通过因地制宜的方法解决薄弱村发展滞后问题。到 2018 年为止，苏州先后开展了 10 轮薄弱村帮扶工作，很多薄弱村已经脱"薄"致富，不再属于薄弱村行列，薄弱村界定标准已从 1992 年的农村集体经济稳定收入不足 10 万元提高到 250 万元，薄弱村的门槛在持续提高。经过 20 多年的探索和积累，苏州逐渐形成了一套具有地域特色的薄弱村帮扶模式，并取得了显著成果，为其他地区的薄弱村帮扶提供了重要经验借鉴。

（一）苏州薄弱村成因分析

1. 村庄规模偏小

村庄规模包括土地资源、劳动力、资金、产业等生产要素。村庄规模越小，支撑村庄发展的生产要素总量就越少，从而导致一系列的发展问题。首先，发展空间不足。苏州约 31% 的薄弱村村庄规模小，缺乏发展空间，这些村庄行政面积不足 3 平方千米，其拥有的资源禀赋无法满足经济活动需求。村庄规模小最直接的影响就是土地资源短缺，村庄缺乏发展空间，规模型农业无法形成。其次，劳动力缺乏。青壮年劳动力的匮乏直接阻碍劳动密集型产业的形成。最后，资金的缺乏。村庄规模小，很难吸引外来资本和企业的入驻，村庄发展更多的是依靠村级经济。然而，村级经济总量小，村庄产业发展受限，农村集体经济发展水平低，致使村级经济入不敷出，无法支持村庄发展建设。

2. 地处生态敏感区

从空间分布来看，苏州薄弱村与生态敏感区分布高度一致。这是因为严格的生态保护制度对经济活动产生了多重限制。位于生态敏感区的薄弱村，由于受到特殊保护政策的限制，一些经济效益较高、可以明显增加地方财政收入、改善居民生活但影响生态环境的相关产业无法发展，村庄和居民自由选择产业经营项目而获得经济利益的权利受到限制，也就拉大了与原属同一层次但现在被列为优先开发区域的差距。在基本农田保护区，农业种植种类被限制，农民不能进行收益较高经济作物的种植。比如，在太湖、阳澄湖和长江沿岸5千米之内的水源保护区，农民不能进行水产养殖和基本的副业生产，化肥与农药的施用也必须符合环境保护要求。对农户来说，严格的生态保护制度，使他们高强度的农业开发行为受到约束，导致收入减少，部分发展机会丧失，给他们的生计带来损失；对农村集体而言，村庄是集体所有土地和利益的代表者，在环境保护政策的实施过程中，需要改变土地的用途，这使得农村集体经济收入水平下降。

3. 农村集体经济发展滞后

苏州薄弱村最严重的问题之一是农村集体经济发展滞后，村级经济入不敷出，收支缺口大。随着城乡一体化的发展、乡村建设的不断深入，村级组织的职能在不断的改革中增加新的管理内容，村级公益性服务项目不断增加，各方面工作人员人数不断增多，刚性支出呈现出增加趋势。除村干部和管理人员的报销和办公管理费用之外，村级组织支出还包括基础设施建设和村级公益项目的修建。这对于急需维持自身日常运转、为村民提供服务的村级组织来说无疑是沉重的负担。

在薄弱村，农村集体经济实力弱是所有村庄普遍存在的现实问题，在外部资本注入匮乏的情况下，农村集体经济是村庄发展的主要资金来源，这直接制约了村庄发展。农村集体经济来源主要有两个渠道：一个是农村集体经济的发展，另一个是政府的财政补贴。由于村内公益事业发展、基础设施建设等都需要村级集体经济组织出资，而政府补贴不足以满足村庄发展所需资金要求，村级经济入不敷出。

4. 工商企业落户动力不足

工商企业可以为村庄发展带来资金和技术支持，改变农村劳动生产方式，使村民由体力劳动向智力劳动转变，产业由单一化向多样化转变。因此，工商企业发展动力不足将限制村庄经济转型升级，进而影响整个农村的发展，从而形成薄弱村。对苏州薄弱村的工商企业发展情况的分析发现，76%的薄弱村的工商企业发展水平低于苏州农村工商企业平均发展水平。影响工商企业发展的因素有很多，具体包括两个：其一，城市的集聚效应使得无论是政府还是企业都在资本的配置上将城市和经济发展好的村庄作为重点考虑对象，因此资本总是趋向于流向发达地区；其二，薄弱村大多以传统农业为主，农业基础设施落后，大量设备年久失修，且经营方式较为传统，农业现代化水平低，缺少吸引工商企业发展的动力，产业发展缺乏企业带动。没有工商企业的资金、技术、市场、产业等资源的注入，农村的农业市场化发展就会缺乏外力推动，农业生产链条短、土地生产效率低等现状就无法改善。因此，产业结构单一已成为薄弱村面临的共同问题。

5. 乡村旅游发展滞后

乡村旅游对推动农村经济发展具有重要作用。一方面，通过乡村旅游的带动，农业生产将向产业化、观光化方向发展，促进产业转型，增加农业生产经济效益；另一方面，乡村旅游通过推进旅游配套设施建设，带动相关产业发展，同时增加很多劳动岗位，解决农民就业问题，增加村民经济收入。然而，苏州薄弱村的乡村旅游发展明显滞后。虽然这些薄弱村大多位于生态景观条件较好或纯农地区，但没有对良好的自然资源、人文资源和区位条件进行开发利用。2017年，仅18%的薄弱村拥有乡村旅游产业，绝大多数农村的经济发展还是依靠传统农业支撑。[1] 传统农业虽然是农村的支撑产业，但是经济效益低，农民仅能靠此维持基本的生活。乡村旅游的潜能无法激发，资源禀赋的价值没有得到开发和利用，这也成为村庄经济薄弱的原因之一。

（二）苏州薄弱村帮扶转化的基本措施

苏州对薄弱村的帮扶是一个长期而持续的过程，先后经历了多轮帮扶转化。这里仅以2015—2017年的帮扶举措为例来说明苏州对薄弱村的帮扶转化。

1. 落实多元帮扶政策

苏州先后出台了《关于帮扶转化集体经济薄弱村的实施意见》《关于开展市级机关部门和企事业单位挂钩帮扶集体经济薄弱村工作的实施办

---

[1] 资料来源于苏州城乡一体化改革发展研究院·苏州乡村振兴研究院（内部资料）。

法》《关于筹集利用集体经济薄弱村帮扶转化资金的意见》《关于继续筹集利用集体经济薄弱村帮扶转化资金的意见》《聚焦富民持续提高城乡居民收入水平的工作意见》等政策。

2. 建立帮扶挂钩机制

苏州坚持实施结对帮扶措施，让100个市级机关部门和企事业单位挂钩帮扶100个薄弱村，不脱贫、不脱钩，并选派优秀干部驻村任"第一书记"，为薄弱村脱贫转化提供强有力的智力支持和人才保障。据初步统计，仅2015年上半年，苏州100家挂钩单位累计进村服务541次、2 665人次，多数挂钩单位做到每月至少进村服务1次，最多的超过20次。挂钩责任单位提出建设性意见达396条，帮助策划拟定发展项目200多个，已帮助落实发展项目98个（不含薄弱村自主确定的项目），从总体上保障了薄弱村项目落地。

3. 加大财政帮扶力度

2015—2017年，苏州共落实财政补贴资金21 500万元。其中，7 497万元是对薄弱村公共服务开支的补贴，14 003万元用于薄弱村扶贫转化载体项目，对100个薄弱村的富民载体项目建设实施了重点扶持，增强了薄弱村的"造血"功能。

4. 聚焦帮扶转化成效

调研发现，截至2016年3月底，该轮挂钩帮扶的100家薄弱村累计已组织实施脱贫转化发展项目126个，投资总额达到3.92亿元，平均每村项目投资额近400万元，其中项目投资额超过千万元的村有10个，超过2 000万元的村有3个。经过3年的帮扶，所有薄弱村在2016年年底的稳定性收入都超过200万元，实现了这一轮帮扶的经济指标。

（三）薄弱村帮扶转化工作的经验

薄弱村帮扶经过多轮的持续推进，市、区（县级市）、镇（街道）各级政府高度重视，采取多种方式，出台扶持政策，强化组织保障，加大财政帮扶转化资金补贴，完善结对帮扶机制，创新帮扶方法，形成了一系列既有地方智慧又有推广借鉴价值的宝贵经验。

1. 帮扶机制创新

薄弱村脱贫转化看似是一个阶段性任务,实际上是一项长期工作。在加大资源、资金、项目、人才等支持的同时,要着力构建起薄弱村发展农村集体经济的长效机制、农民与农村集体经济的联结机制,让广大农民得到更多实惠,共享发展成果,切实提升广大农民的满意度、获得感。

第一,加强组织领导。苏州为薄弱村帮扶建立起了党委统一领导、党政齐抓共管、有关部门各负其责的领导体制和帮扶机制。各级党委和政府加强统筹协调,落实帮扶举措,和各市级挂钩部门一道推动工作向更加深入发展;组织部门重点抓好农村基层党建工作,发挥农村基层党组织的领导核心作用。

第二,夯实基层基础。农村基层党组织是党在农村基层执政的根基,是农村脱贫致富的"排头兵"。苏州高度重视选优配强薄弱村党组织书记及村"两委"班子,开展"第一书记"驻村帮扶工作,把更多的优秀干部选送到一线岗位去锻炼和培养,切实增强薄弱村班子队伍的战斗力、凝聚力。此外,坚持把薄弱村班子建设与发展党员、培养后备干部一起抓,重点在复退军人、知识青年、村教村医和致富能手中培养党员与后备干部,为薄弱村发展注入活力、积蓄后劲。

第三,严格落实责任。脱贫转化能不能取得良好成效,关键在于能否狠抓落实。为此,苏州启动了100家企事业单位挂钩100个薄弱村的帮扶机制,各区(县级市)也根据全市的统一部署,相应出台了帮扶机制和细化措施。在此基础上,苏州进一步优化薄弱村脱贫转化工作的各项考评机制和督查机制,把薄弱村年度经济发展、财力增长、农民收入等情况纳入各级党委和政府、挂钩部门与企业及镇(街道)村(社区)干部目标考核内容,切实以严格的考核机制推动工作落实。

2. 帮扶路径创新

习近平总书记深刻指出,"扶贫开发贵在精准,重在精准,成败之举在于精准"[1]，这是做好脱贫转化工作的重要遵循。苏州坚持因地制宜、精准施策、分类推进，帮助薄弱村找准发展定位，聚焦优势资源和优势产业，走特色发展之路，着力提升脱贫转化实效。

第一，整合资源要素。各区（县级市）充分利用土地增减挂钩、"三优三保"行动、"一村二楼宇"等政策，统筹谋划薄弱村空间布局和要素配置，优先在城镇规划区、各类开发区等优势地段建设富民强村载体，提升产业层次，增强发展后劲，并大力拓展融资渠道，充分利用苏州城乡发展一体化改革试点的有利条件，以优势项目集聚发展资金，积极争取国家开发银行、中国农业发展银行等政策性金融机构的支持。

第二，实施抱团发展。苏州以镇（街道）为主体，采用政府出资、异地代建等方式，组建联合发展载体，引导薄弱村通过抱团、联合、异地发展实现资源共享、优势互补。鼓励有条件的地区引导薄弱村参与政府投资的公共事业、实事工程等载体项目建设，项目建成后由政府或企业支付费用。

第三，挖掘农业优势。大多数薄弱村地处生态保护区，具有发展现代农业的独特优势，鉴于此，苏州鼓励和支持薄弱村重点发展精致农业，建设高标准农田，开展农业综合开发，不断增强农业产业化经营能力。大力发展"互联网+"现代农业和农村电子商务，深入推进对传统农业的数字化、智能化改造和提升，着力培育新型营销模式，延伸产业链，打造供应链，提升价值链，切实提高农产品附加值和农业综合效益。

3. 帮扶平台创新

在帮扶薄弱村发展农村集体经济时，选择和搭建什么样的平台很重要。最初的农村集体经济发展大多是单村发展，平台在村级层面；后来发展到村村联建、多个村合作共建的多村平台层面；考虑到有的项目或者投资，村村合作还缺乏竞争力和资源聚集，则进一步升级到镇级统筹平台层

---

[1] 谋划好"十三五"时期扶贫开发工作　确保农村贫困人口到2020年如期脱贫［N］.人民日报，2015-06-20（1）.

面，乃至区级统筹平台层面。这方面颇具代表性的当数吴江区的做法。吴江区从 1.0 版"单村独斗"、2.0 版"村村联建"到 3.0 版镇级统筹发展平台，再一举升级到 4.0 版区级统筹转化平台（苏州市吴江惠村投资发展有限公司），彻底避免走"村村点火、户户冒烟"，低效、无序的发展"老路"，而是走"三优三保"集约发展道路。

4. 帮扶内涵创新

薄弱村帮扶较为直接和明显的内涵就是帮助薄弱村使农村集体经济稳定性收入水平显著提升。苏州薄弱村帮扶的内涵没有局限在农村集体经济的帮扶，而是拓展到薄弱村的基层党组织建设、基层社区治理结构、村民自治体制等方面的帮扶。薄弱村的农村集体经济帮扶过程实际上是帮助他们建立起"产权清晰、政经分开、定位准确、公平分配、民主管理"的新型农村集体经济。

三、瞄准区域实现共富的短板，实施生态补偿

（一）苏州生态补偿的出发点

作为生态屏障的环太湖、阳澄湖地区，经济社会发展与环境发展之间的矛盾尤为突出。以吴中区东山与金庭两镇为例：20 世纪七八十年代，它们是苏州地区村镇中的富裕地区，但由于生态保护，它们的发展受到限制，于是滑落为全市人均纯收入较低的地区。特别是两镇严禁开山打矿，关闭水泥厂、矿石厂，造成大量人员下岗。当地的社会经济发展受到极大的制约，镇级财政相对困难，直接导致保护区基础设施建设严重滞后。在这样的背景下，为了体现发展的公平性和公正性，更好地推动城乡融合发展，更好地守护好生态环境，苏州的生态补偿机制应运而生。

（二）苏州生态补偿的发展历程

早在 2008 年苏州就已经开始试点生态补偿机制。2009 年，相城区已开始实施生态补偿机制，并出台了《关于实施生态补偿的意见（试行）》，对保护区生态安全致使经济发展受到制约区域实施生态补偿。对

太湖、阳澄湖沿岸纵深1千米范围内的村（社区）按户籍人口数制定不同标准，实施生态补偿，对户籍人口数少于3 000人的村（社区）每年补偿25万元，对户籍人口数在3 000人以上的村（社区）每年补偿30万元。

2010年，在相城区不断探索的基础上，苏州市第十四届人民代表大会第三次会议通过了《关于进一步加强苏州生态文明建设的决定》，明确提出要建立健全生态补偿机制，出台生态补偿办法，具体落实相关政策措施，并组织试点。2010年7月12日，苏州市委、市政府联合推出了《关于建立生态补偿机制的意见（试行）》（以下简称《意见》），明确将对因保护和恢复生态环境及其功能而经济发展受限地区给予经济补偿，重点对太湖、阳澄湖周边的镇（街道）、村（社区）开展生态补偿，突出以基本农田、水源地和重要生态湿地、生态公益林为生态补偿重点，补偿重点均为农业和生态领域。为了规范和加强生态补偿资金的拨付、使用和管理，提高资金使用效益，建立生态保护的长效机制，2010年10月，苏州市财政局牵头，会同有关部门及时制定了《苏州市生态补偿专项资金管理暂行办法》，对生态补偿对象、生态保护职责、补偿资金分配使用原则和资金申报程序等重点内容进行了细化，后又出台了《苏州市生态补偿条例》《苏州市生态补偿条例实施细则》《关于实施第四轮生态补偿政策的意见》，并于2020年1月重新制定了《苏州市生态补偿资金管理办法》。苏州市农业农村局、财政局联合制定了《苏州市生态公益林区划界定办法》，明确了市级生态公益林区划范围和标准。苏州市水务局、财政局拟定了《苏州市水源地生态补偿村（社区）保护责任考核办法（试行）》，对接受生态补偿的镇（街道）及水源地村（社区）饮用水源保护情况进行考核，明确镇（街道）、村（社区）保护职责，强化饮用水源安全保障。

根据《意见》的要求，各区（县级市）结合实际，从政策上、机制上积极探索和实践，突出特色，创新举措，积极完善区域生态补偿机制。常熟市、太仓市、吴江区、吴中区、相城区、高新区（虎丘区）先后出台了生态补偿实施办法，全面推行生态补偿。例如，吴中区制定了生态补偿专项资金管理办法，并与接受生态补偿的镇（街道）、村（社区）签订生态保护责任书，用责任书的形式明确生态保护责任。同时，吴中区还按照《意见》提出的"逐步扩大生态补偿范围，增加补偿内容，提高补偿标准"的要求，将镇级集中式饮用水水源地、连片200亩以上的水稻田及与阳澄湖水面相接的村（社区）纳入生态补偿范围，并增加耕地保护专项资金，明确规定凡按标准整治改造的基本农田，按1000元/亩给予补偿。又如，高新区（虎丘区）结合实际，在原有制度的基础上，将种植粮食、蔬菜作物的农田按400元/亩给予生态补偿，并扩大了生态公益林补偿范围，将市级以上生态公益林扩大为区级以上生态公益林，增加的生态补偿资金全部由区级财政承担。在市级规定使用范围基础上增加了两点：一是村级生态补偿资金可以补助因病因残致贫的特困户；二是补偿资金的1/3可作为社区股份合作社的股份分红来源，但不得投入只有部分村民参与的各类合作社。

（三）苏州生态补偿的对象、标准方式、资金来源及资金使用情况

1. 补偿对象

苏州充分考虑到生态保护重点地区长期以来经济发展受到制约、群众收入增长较慢的实际情况，以直接承担生态保护责任的乡镇政府、村委会、农户为补偿对象，以基本农田、水源地和重要生态湿地、生态公益林为生态补偿重点。

2. 补偿标准

对于连片水稻田，根据耕地面积，按不低于400元/亩的标准给予生态补偿。对于县级以上集中式饮用水水源地保护区范围内的村（社区），按每个村（社区）100万元的标准给予生态补偿。对于太湖、阳澄湖及各区（县级市）确定的其他重点湖泊的水面所在村（社区），按每个村（社区）50万元的标准给予补偿。列为县级以上生态公益林的，按100元/亩的标准给予生态补偿。苏州县级以上生态公益林达30.63万亩，其中国家级生态公益林为21.15万亩。对水源地和重要生态湿地、生态公益林所在地的农民，凡人均纯收入低于当地平均水平的，给予适当补偿［标准由各

区（县级市）自行确定]，以进一步调动农民保护生态环境的积极性。

3. 补偿方式及资金来源

苏州主要通过财政转移支付，使生态保护区的责任单位得到经济补偿，增强其保护生态环境、发展社会公益事业的能力，促进地区间平衡发展。根据现行财政体制，各区（县级市）生态补偿资金由市、区（县级市）两级财政共同承担。其中，水稻主产区、水源地及太湖、阳澄湖水面所在的村（社区）、市级以上生态公益林的生态补偿资金，由市、区（县级市）两级财政各承担50%，其他生态补偿资金由各区（县级市）承担。区（县级市）生态补偿资金由各区（县级市）承担，市财政对各区（县级市）的生态补偿工作进行考核，并予以适当奖励。

（四）生态补偿资金的使用情况

这里仅以2010—2012年为例，概述苏州生态补偿资金的使用情况。该时期，苏州给镇（街道）、村（社区）拨付的生态补偿资金中，有24%的资金分配给镇（街道）使用，涉及27个镇；有76%的资金分配给村（社区）使用，涉及136个村（社区）。2010—2012年接受生态补偿的镇（街道）、村（社区）共使用生态补偿资金26 787万元。

从资金用途来看，主要用于五个方面：一是加强生态环境基础设施建设，投入8 628万元，约占32%，主要用于村庄环境整治、生活污水治理、农田基础设施投入、公益林防火设施建设等；二是实行生态环境保护，投入6 195万元，约占23%，主要用于河道保护、村庄保护、湿地水环境改善、公益林管护等；三是发展村级公益事业，投入3 496万元，约占13%，主要用于医疗卫生、文体教育、村庄路桥、社区建设等；四是发展村级经济，投入5 821万元，约占22%，主要通过在经济开发区发展物业等，增强村级"造血"功能；五是对农民补贴2 647万元，占10%，主要用于股份分红，因病因残特困农户、低收入农户补助等。

（五）生态补偿机制的共富效应

苏州生态补偿机制的建立和完善，不仅对苏州生态湿地、基本农田、生态公益林、饮用水水源、风景名胜区的保护工作产生了重要的推动作用，还对地处生态敏感区的村（社区）与居民的物质水平提升起到了重要作用。

1. 直接提升了生态敏感区村级收入水平

生态补偿机制的建立，为薄弱村的村委会开展各项建设提供了启动资金。它既解决了薄弱村的村级资金问题，又为薄弱村今后开展生态建设提供了资金保障。以 2012 年为例，苏州通过生态补偿政策的落实，由市、区（县级市）两级下拨用于恢复和保护生态，提升镇（街道）、村（社区）等区域公益性事业及加快农村集体经济发展的补偿资金达 11 749 万元，其中沿太湖、阳澄湖的水源地村（社区）、生态湿地村（社区）每年获得生态补偿金 7 375 万元，平均每个村（社区）增加可支配收入 55 万元，部分薄弱村得以"摘帽"。2013 年 10 月以后，沿太湖、阳澄湖的水源地村（社区）、生态湿地村（社区）每年获得的生态补偿金增加到 1.34 亿元。以吴中区金庭镇为例，2013—2015 年镇（街道）获得的生态补偿资金从 1 403 万元增加到 2 137 万元，增加了 734 万元。

部分镇（街道）发挥生态补偿资金"造血"功能，助推农村集体经济发展。吴中区木渎镇、香山街道等直接将市级生态补偿资金的一部分用于股份分红；香山街道明确市级补偿资金的 40% 用于发展村级经济或投入街道物业股份合作总社。东山镇陆巷村、杨湾村等 10 个村共出资 2 000 万元，与苏州市东山集团有限公司合作建设富民工业园，2013 年每个村获得分红收益 10 万元。相城区度假区（阳澄湖镇）莲花村成立莲花村股份经济合作社，经过发展生态农业，2011 年分红 20 万元，到 2015 年分红升至 83 万元。2020 年，该村实现可支配收入 550 万元，农民人均纯收入 4.7 万元。生态补偿资金提高了农民生产生活水平，较快地缩小了城乡差距，增强了农民保护生态环境的积极性。

2. 直接增加了生态敏感区农民收入

生态补偿政策以间接补贴为主、直接补贴为辅的方式对生态补偿区的农户进行了补助。在生态保护和生态修复等工作开展过程中形成的工作岗位，主要提供给低收入农户，通过提供就业岗位来增加他们的收入，诸如公益林管护、环境整治、村庄河道保洁等。同时，苏州不仅用生态补偿资金对因病因残丧失劳动能力的农户给予适当补贴，还使农户通过参股分红获得收益。2010—2015年，苏州生态补偿中直接补贴农民的资金加上通过安排公益性岗位等间接补贴农民的资金，超过了补偿总额的40%。

3. 以优化的农村生态人居环境换取更大增收机遇

苏州通过建立生态补偿机制，部分解决了一些村开展生态环境保护资金短缺的难题，接受补偿的镇（街道）、村（社区）将补偿资金用于生态环境保护、修复和建设。2013—2014年安排的生态补偿资金中，用于生态环境基础设施建设的有219 181万元，主要用于村庄环境整治、生活污水治理、农田基础设施建设、公益林防火设施建设等；用于生态环境保护的有93 246万元，主要用于村庄保护、河道保护、湿地水环境改善、公益林管护。生态补偿政策的实施，推动了生态补偿区的各镇村基础设施的建设，加大了各村环境整治的力度，优化了农村生态环境。例如，相城区度假区（阳澄湖镇）渔业村，实行保洁长效管理机制，聘用保洁员10名，负责村庄内的日常保洁和绿化养护工作，对村民垃圾乱倒、污水乱排、杂物乱放、棚舍乱建、墙体乱涂、禽畜乱跑等"八乱"现象进行全面清理，垃圾做到日产日清，村内绿化做到定期养护、修剪、除虫，种种举措增加了该村的绿化面积，改善了村民的人居环境。人居环境的改善，不仅提升了农民的生活质量，也为发展旅游、民宿、文创等产业，提高农民收入带来了更多机会。相城区度假区（阳澄湖镇）整顿了苏州天丽丝绸印染有限公司，控制污染物排放，苏州市阳澄湖镇紫薇园提升改造后，吸引了大量游客休闲观光；区内的莲花村通过农业产业结构调整，形成旅游风景区和花卉种植园等，村庄环境的改善及旅游观光环境的建设给该村的旅游产业发展提供了有利条件。吴中区东山镇三山村将2012—2013年的185万元生态补偿资金全部用于环岛湿地工程建设，有效拦截农业生产生活污水，恢复太湖自然植被，保护野生动植物资源，大大增加游客人数和旅游收入，2013年三山村门票收入较2012年增长了75%。

4. 通过农田生产保护提升农业收入水平

随着补偿资金的到位,农田的规模化、设施化和生态化程度不断提高。如:相城区度假区(阳澄湖镇)莲花村自 2010 年以来恢复种植了 1 137.5 亩水稻田;新泾村在 2015 年复垦增加水稻田 100 多亩,使水稻田面积达 1 168 亩。吴中区出台了《加快水稻田生产实施的意见》,落实水稻田扩种计划,各乡镇通过渔改稻、苗木改稻、桑树改稻、蔬菜改稻、果树改稻和抛荒地复垦六种途径扩种水稻。复垦质量也不断提高,复垦扩种的水稻田田面平整、沟渠配套、道路通畅、排灌到位,尤其是规模化程度持续提高,使得水稻经济效益和生态效益的产出大大增加,形成良性循环。高新区(虎丘区)通安街道金市村 2010 年和 2012 年共计得到水源地补偿和水稻田补偿资金 240 万元,其中,148 万元用于土地平整、道路和沟渠修建、泵房建设、绿化等基础设施建设,改善水蜜桃、黄桃、翠冠梨和水稻规模经营的条件,由种植大户承包,进行现代化、规范化种植和经营。农田生态环境的改善,对于农产品品质和农业效益的提升具有重要作用,为发展休闲观光农业、绿色有机农产品创造了机会,也在很大程度上促进了农民收入水平的提高。如相城区望亭镇北太湖旅游度假区,依托万亩稻田及油菜等农作物,打造了美丽的太湖田园风光片区。相城区度假区(阳澄湖镇)莲花村的生态补偿资金用于村庄的保洁、沿街道路绿化及生态系统的修复(种植树苗、收割芦苇)、村里的道路建设和道路修整。由于生态环境得到了改善,吸引了更多游客,旅游业发展蒸蒸日上。

5. 村级公益事业投资运营能力得到提升

生态补偿机制的建立,为贫困村村委会开展公益事业提供了资金。2010—2012 年安排的生态补偿资金中,有 9 317 万元用于发展镇(街道)、村(社区)公益事业和村级经济,主要包括村庄路桥建设、社区建设、社会治安支出、村级经济发展等。例如,吴中区金庭镇东村用 18.9 万元建设了阴山、横山、东村等自然村的停车场和道路。又如,缥缈村建造了 8 个公共停车场,面积约为 1 650 平方米,安装了 183 盏路灯,硬化道路 5 800 平方米。再如,堂里村分批次为全村村民安装便民路灯,覆盖范围从村庄外围道路到村庄内部的各条支路;为村民建设了多条生产便道,总长度达 5.6 千米;为村民建设了 4 个生态停车场,共 3 000 多平方米,很好地解决了村民反映强烈的停车难问题。再如,东蔡村拿出 73 万元生态补偿金,实施了道路建设和路灯亮化等实事工程,使该村的村容村貌及村民的生产生活都有了明显改善。

四、启示与思考

习近平总书记强调,要强化精准思维,坚持"致广大而尽精微",做到谋划时统揽大局、操作中细致精当,以绣花功夫把工作做扎实、做到位。[1] 苏州不管是对个体、群体的帮扶,还是在区域层面的帮扶,都充分体现了精准思维和绣花功夫的结合。在"三大保障"并轨中,苏州并不急于一蹴而就,而是分成不同阶段,循序渐进。在薄弱村帮扶中,苏州以三年为一轮,一轮轮推进;同时,坚持问题导向,依据薄弱村产生的原因,抓主要矛盾和矛盾的主要方面,靶向施策、精准发力,同时又持之以恒、循序渐进、久久为功。在生态补偿中,苏州市政府尊重内部差异,充分放权给各个区(县级市),在共同方向指引下,因地制宜地发展出符合各地现实条件和群众需求的补偿资金使用方式。

---

[1] 习近平. 努力成长为对党和人民忠诚可靠、堪当时代重任的栋梁之才[J]. 求是,2023(13):4-16.

ant
第十二章

小镇大业成就共同富裕特色

> 因地制宜发展小城镇,促进特色小镇规范健康发展,构建以县城为枢纽、以小城镇为节点的县域经济体系。[1]
>
> ——习近平

小城镇曾是"苏南模式"的精髓,引领了20世纪八九十年代苏州的发展,对集聚乡镇企业、吸纳农村劳动力、促进农民致富和繁荣农村集体经济,起到了重要的历史性作用。可以说,没有小城镇的发育及由此营造的发展平台,就没有苏州今天的辉煌成就。不仅如此,小城镇的更大意义在于提供了农民参与城镇化和工业化的关键平台,正是借助小城镇平台,苏州农民较早、较好地分享了工业化和城镇化红利,这才塑造了今日苏州城乡融合推动高水平共同富裕的格局。

一、苏州小城镇的发展历程

改革开放以来,苏州的小城镇经历了快速发展、高速分化、整合提升三个阶段。如今的苏州小城镇,虽然仍被冠以"镇"之名,但很多镇的人

---

[1] 刘亚慧. 加快推进宜居宜业美丽小城镇建设[EB/OL]. (2023-10-16)[2024-05-19]. http://www.chinajsb.cn/html/202310/16/36245.html.

口规模达到数十万人、经济规模超过中西部地区许多县城,不仅在城乡之间起着重要的枢纽作用,还在全球经济大循环中扮演着重要的角色。

(一)"苏南模式"时期的小城镇大发展

改革开放初期,乡镇工业的大发展促进了苏南小城镇的蓬勃发展。家庭联产承包责任制激发了农民的劳动积极性,把农民从土地的束缚中解放出来。在土地匮乏而观念较为领先的东南沿海地带,农民很自然地转入工业制造领域寻找生存机会,这直接诱发了乡镇企业的"意外崛起"。1985年,苏州乡镇工业产值已占全市的"半壁江山";1990年,更是形成了"三分天下有其二"的局面。乡镇工业的发展推动了农村工业化、就地城镇化,创造了120万农民"离土不离乡,进厂不进城"的"苏南模式"。借助小城镇搭建的平台,苏州农民较早、较好地参与到工业化和城镇化的过程中,由此奠定了苏州高水平城乡融合与共同富裕的基础。

(二)外向型经济诱发了小城镇分化

20世纪90年代中期之后,"苏南模式"遇到了新情况、新问题,突出表现在乡镇企业所有制结构单一、政企权责不分、产权不明晰,逐渐为旧体制所"同化",活力锐减。随着改革的深入,以传统加工制造业为主的乡镇企业不再适应新的"开放"需要。而同时期加快推进的外资经济的国家导向加速了苏州发展的步伐,城市化的动力逐渐由以乡镇经济推动为主转变为以外资推动为主。为了吸引外资,各地纷纷建立开发区,在工业用地方面推出优惠政策。苏州进入"造城"阶段,中心城市得到更多的发展机会,小城镇建设总体上进入了分化时期:城关镇凭借其基础和优势,在外向型经济及开发区建设上取得较大发展,很快达到城市规模;一些产业基础雄厚、区位条件好、特色鲜明的镇在乡镇合并等政策的支持下,亦继续保持良好发展势头;大多数小城镇发展速度放缓,动力减弱。但从总体上看,苏州小城镇在外向型经济中仍然承担着重要作用:依托中心城镇的工业园区成为工业增长的重要载体;中小城镇成为乡镇企业转制后各类民营企业的聚集地,其培育、孵化的民营企业成为今天苏州转型升级的核心力量。

（三）21世纪以来的小城镇整合提升

进入21世纪以来，随着创新驱动、服务驱动成为发展导向，小城镇偏小的规模、狭窄的腹地、偏弱的资源整合能力和服务能力与时代发展的需求脱节更为明显，因此，苏州加大了对小城镇的撤并工作。到2010年，全市小城镇陆续撤并为55个（含5个城关镇）。2012年，小城镇数量进一步锐减为50个（图12-1）。同时，苏州通过强镇扩权、区镇合一等大力度的体制机制改革，进一步增强小城镇发展活力，提升小城镇发展质量。至2023年，小城镇数量维持在51个。

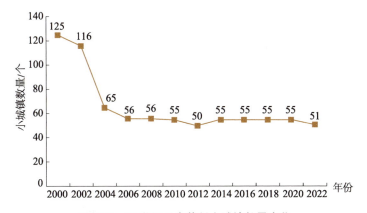

图12-1　21世纪以来苏州小城镇数量变化

二、城乡一体化阶段苏州小城镇发展特征

在城乡一体化改革推进过程中，苏州小城镇发挥了巨大的作用，因此，我们以苏州城乡一体化国家试点改革快步推进的2012年和2013年为节点来分析苏州全市小城镇总体特征。2012年，苏州50个小城镇建成区平均面积为8.17平方千米，平均镇域户籍人口为6.66万人，常住人口为8.57万人，暂住人口约为5万人；全部小城镇建成区总人口达293万人，约占苏州总人口的1/3；规模以上企业总产值为1.1万亿元，占全市的34%；GDP达5 216.4亿元，占全市的43%。

（一）人口规模特征

1. 建成区人口规模分化明显

我们将 50 个小城镇按建成区总人口分为 5 个等级，2012 年人口规模大于 10 万人的特大镇包括盛泽镇、金港镇、千灯镇、锦丰镇、花桥镇、张浦镇 6 个镇；介于 5 万~10 万人之间的较大镇有 8 个；1 万~3 万人的小城镇居多，占比高达 42%；金庭镇、东渚镇两个镇的人口规模小于 1 万人。人口最多的盛泽镇与人口最少的东渚镇之间人口数量相差 44 倍。（图 12-2、表 12-1）

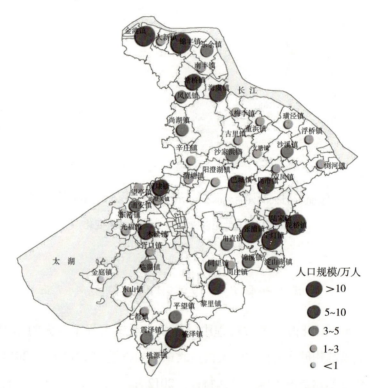

图 12-2　2012 年苏州小城镇建成区人口规模分布图

表 12-1　2012 年苏州小城镇建成区总人口规模等级表

人口规模/万人	城镇名称	个数/个	占比
>10	盛泽镇、金港镇、千灯镇、锦丰镇、花桥镇、张浦镇	6	12%

续表

人口规模/万人	城镇名称	个数/个	占比
5~10	黎里镇、塘桥镇、木渎镇、黄埭镇、陆家镇、巴城镇、周市镇、海虞镇	8	16%
3~5	锦溪镇、甪直镇、凤凰镇、平望镇、沙溪镇、同里镇、淀山湖镇、震泽镇、临湖镇、尚湖镇、乐余镇、通安镇、沙家浜镇	13	26%
1~3	浏河镇、梅李镇、东山镇、浮桥镇、七都镇、辛庄镇、胥口镇、南丰镇、光福镇、渭塘镇、支塘镇、璜泾镇、大新镇、董浜镇、桃源镇、浒墅关镇、望亭镇、阳澄湖镇、周庄镇、古里镇、双凤镇	21	42%
<1	金庭镇、东渚镇	2	4%

图12-2反映了2012年苏州小城镇建成区人口规模分布，总体上各镇的人口密度不均匀，建成区人口密度较大的小城镇主要集中在昆山市、吴中区、高新区（虎丘区）及相城区。相城区黄埭镇人口密度最大，高达14 956人/平方千米。人口密度在10 000人/平方千米以上的小城镇还包括昆山市张浦镇、千灯镇及吴中区木渎镇。高新区（虎丘区）通安镇人口密度较大，浒墅关镇和东渚镇人口密度相对较小。吴中区除金庭镇人口密度较小（仅为1 626人/平方千米）之外，甪直镇、光福镇、临湖镇及东山镇人口密度均在5 000人/平方千米以上。吴江区黎里镇与桃源镇人口密度较小，平望镇与震泽镇人口密度较大。张家港市小城镇人口密度也较大，尤其是大新镇与塘桥镇。相对来说，常熟市与太仓市是苏州小城镇人口密度较小的地区，尤其是古里镇与浮桥镇，人口密度均小于1 000人/平方千米。小城镇平均人口密度为4 496人/平方千米，低于此平均水平的小城镇有32个，占比为64%。

2. 外来人口数量众多

2012年，苏州50个小城镇的外来人口总量达211.88万人，占乡镇人口总量的比重高达40.85%，户籍人口与外来人口比例达到1.4∶1。

从各分镇来看，在50个小城镇中，外来人口超过10万人的一共有4个，5万~10万人的一共有12个，3万~5万人的小城镇最多，有14个，少于1万人的一共有7个。其中，外来人口超过户籍人口的小城镇有11个，占比为22%。

从全市来看，昆山市、张家港市及相城区小城镇的外来人口最为集中。吴中区木渎镇外来人口不仅数量最多，而且密度也最大，高达3 035人/平方千米。

（二）用地规模特征

2012年，苏州50个小城镇的镇域总面积达4 250.26平方千米（不含大型水域面积），占全市行政面积（不含大型水域面积）的69.75%。50个小城镇的耕地总面积达1 243.66平方千米，其中黎里镇耕地面积最大，达84.73平方千米。

从建成区面积来看，规模最大的是盛泽镇，面积为37.7平方千米；面积大于30平方千米的较大镇的占比为4%；面积为20~30平方千米的一般镇有2个；面积为10~20平方千米的小城镇的占比为16%；面积为5~10平方千米的小城镇最多，一共有27个，占比为54%。吴中区、高新区（虎丘区）及相城区小城镇建成区规模较小，相比之下，张家港市、常熟市及昆山市小城镇建成区面积较大。其中，光福镇是建成区面积最小的镇，占地1.02平方千米，约为盛泽镇的1/37。

（三）经济规模特征

1. GDP

2013年，50个小城镇的GDP总量高达5 618.49亿元，占苏州市GDP总量（13 015.70亿元）的43.17%。[1] 由此可见，苏州经济总量的近一半源于小城镇的贡献。

通过对50个镇GDP总量的比较可以发现，各镇GDP差距较大。GDP总量最大的金港镇（578.03亿元）与最小的东渚镇（3.12亿元）之间，相差约184倍。

---

[1] 苏州市统计局，国家统计局苏州调查队. 苏州统计年鉴：2014 [M]. 北京：中国统计出版社，2014：53.

根据小城镇GDP规模分级情况，可将小城镇分为经济强镇、经济较强镇、经济一般镇及经济较弱镇，具体名单如表12-2所示。从表中可以看出，经济较弱镇一般出现在沿太湖、沿阳澄湖生态敏感区及远离主城区的地带。

表12-2　2013年苏州小城镇GDP规模分级名单

分类	镇名
经济强镇	金港镇、锦丰镇、浮桥镇、盛泽镇
经济较强镇	黎里镇、张浦镇、周市镇、塘桥镇、花桥镇、千灯镇、古里镇、巴城镇、陆家镇、沙溪镇、木渎镇、梅李镇、黄埭镇、璜泾镇、平望镇、震泽镇、南丰镇
经济一般镇	甪直镇、凤凰镇、辛庄镇、海虞镇、胥口镇、尚湖镇、七都镇、沙家浜镇、浏河镇、淀山湖镇、支塘镇、桃源镇、同里镇、乐余镇、锦溪镇
经济较弱镇	渭塘镇、董浜镇、浒墅关镇、临湖镇、阳澄湖镇、周庄镇、望亭镇、大新镇、双凤镇、光福镇、通安镇、东山镇、金庭镇、东渚镇

2. 财政收入

2013年，50个小城镇实现财政总收入930.52亿元，占全市（2788.91亿元）的33.37%。[1] 从50个小城镇对比来看，财政收入在10亿~30亿元的小城镇最多，一共有20个。从总体上看，呈现出两头小中间大的布局结构，5亿~10亿元的小城镇也较多。（图12-3）

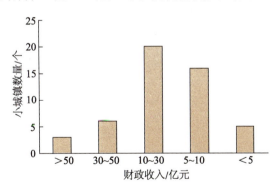

图12-3　2013年苏州小城镇公共财政总收入分级图

---

[1] 苏州市统计局，国家统计局苏州调查队. 苏州统计年鉴：2014 [M]. 北京：中国统计出版社，2014：430.

从产业内部情况来看（图12-4），2013年50个小城镇第一产业生产总值为124.29亿元，占全市（214.49亿元）的57.95%；第二产业生产总值为3 334.02亿元，占全市（6 849.59亿元）的48.67%；第三产业生产总值为2 160.19亿元，占全市（5 951.62亿元）的36.30%。[1] 由此可以看出，全市第一产业生产总值半数以上来源于50个小城镇；小城镇第二产业生产总值也接近占据全市半壁江山；在第三产业中，小城镇的贡献度还有待提高，只占全市的1/3左右。

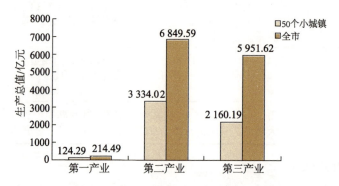

图12-4　2013年苏州50个小城镇的三大产业产值与全市比较图

从50个小城镇的对比来看，第一产业生产总值最高的小城镇为沙溪镇（6.1亿元），最低的为东渚镇（0.24亿元）；第二产业生产总产值最高的小城镇为锦丰镇（394.46亿元），最低的为东渚镇（1.98亿元）；第三产业生产总值最高的达266.34亿元，最低的仅为0.9亿元。由此可见，小城镇之间经济实力差距巨大。

三、小城镇在苏州城乡融合发展中的地位与作用

随着苏州新型城镇化战略的推进和城乡一体化战略、城乡融合改革的深化，数量众多、分布均衡、实力强劲、城乡联系紧密的小城镇发挥着越

---

[1] 苏州市统计局，国家统计局苏州调查队. 苏州统计年鉴：2014 [M]. 北京：中国统计出版社，2014：53.

来越重要的作用，总结起来包括以下十个方面。

（一）提升城镇化质量效益的最佳着力点

这种作用随着时间的推移而有所变化，因此，我们可以从乡村工业化和"逆城市化"两个阶段来讲。

1. 乡村工业化阶段小城镇对城镇化质量的保障作用

在 20 世纪 80 年代开启的快速工业化进程中，大量农民洗脚上田进入工厂，"村村点火、户户冒烟"的乡镇企业尽管为苏州带来了众多益处，但也制约了城镇化发展。为了应对这一状况，苏州在城乡一体化改革中加快了"三集中"的步伐，推动工业向乡镇工业小区集中，农民向安置小区集中，这些集中的空间基本在小城镇。可以说，是小城镇承载了原本可能涌向中心城市的农村剩余劳动力和中低端工业企业，这既减少了中心城市的压力，保障了中心城市的城镇化质量，也为中心城市的产业发展提供了产业配套和市场。

2. "逆城市化"阶段小城镇对城镇化质量的提升作用

到 2011 年年末，苏州常住人口城镇化率已达 71.31%，其中市区达到 81.81%，已跨入"逆城市化"阶段。随着汽车保有量快速增加和交通条件的改善，因向往农村地区的开敞空间、新鲜空气、安静环境而渴望离开城市，回流到附近农村地区的苏州城市居民越来越多，"逆城市化"已经是大势所趋。所谓"逆城市化"，实质上是追求更高质量的城镇化，是城镇人口在更大的区域范围内均衡布局，以期提高生活质量。"逆城市化"的推进，对缓解中心城市的压力、提高中心城市的品质品位、降低区域发展的不平衡性具有重要意义，同时它也是降低城市集中度、避免出现规模不经济现象的必然选择。如果合理引导，"逆城市化"的推进还有利于缩小城乡差距，加快实现城乡基础设施和公共服务的均等化。然而，若不对"逆城市化"加以引导，则可能产生美国式的城市蔓延、郊区蔓延等不良后果。因此，将这批在"逆城市化"进程中流向乡村地区的"中产阶级以上、比较富裕的阶层"引导向何方，是苏州城镇化进程中的重大战略考量。

与发达国家不同,苏州的"逆城市化"面对的是严峻的资源环境形势。苏州本是人多地少、资源匮乏之地,长期高速工业化又使生态环境承受了极大压力。330万亩耕地由105万农户分散经营,农业的规模化经营水平与效益提升难以实现。紧缺的土地资源大量沉淀、分散在每户278.84平方米的农村宅基地(大量房屋长期闲置)上,无法释放应有的红利。零星分散的农村居民点使基础设施和公共服务的配置效益低下,还让改善环境举步维艰。这种形势决定了苏州能够腾挪的空间有限:一方面,打破城乡二元制度造成的自然资源、人力资本、土地、资金等资源僵化滞留、零碎分割、低效配置困局,推动农民向城镇集聚,是苏州必须直面的改革重任;另一方面,对于"逆城市化"扩散出来的人口,资源环境条件不允许在广大农村腹地提供高水平的基础设施和公共服务来满足农民对生活品质的需求,只能通过小城镇的建设来吸引其入住,引导人口的流向。而在"逆城市化"阶段大力支持新城镇、卫星镇的建设,已被英国、德国、法国等发达国家证明是缓解中心城市压力、促进区域和城乡均衡发展的成功经验。由此可见,小城镇必须承担起缓解"逆城市化"压力的缓冲器之责。

(二)农民市民化的主战场

1. 小城镇是本地农民市民化的主要场所

推进农民市民化是我国新型城镇化的主要任务之一。然而,市民化又是需要巨大成本,并且需要化解诸多矛盾的艰难过程。在发达国家,农民市民化可能是一个延续上百年、涉及几代人、以自发为主的漫长过程,诸多矛盾可以随时间而化解。改革开放短短40多年,尤其是在城乡一体化改革推进的3年多时间里,苏州经历了发达国家上百年乃至数百年的市民化历程,多个发展阶段重叠在一起,使原本可以由时间来消化的矛盾叠加起来,市民化的成本在短时间内集中产生,矛盾需要在短时间内尽快化解。因此,寻找成本最低、矛盾最少的市民化载体便是紧迫任务。相较而言,在中心城市市民化的农民,要同时经历物理适应、经济适应、社会适应和心理适应多个进程,并且具有不可逆性,因此,这一载体成本高、矛盾多；在农村地区就地市民化的农民，不必经历痛苦的物理适应和社会适应过程，市民化的进程平缓且可逆，但由于农村地区容纳能力有限，且容易对乡土地域文明的传承造成打击，这一载体不可能成为主流；向各级小城镇集聚的农民，由于位居城乡之间，拥有了更多的社会网络和资源可以依托，而且其生活落差相对小些，市民化的进程虽不可逆但相对平缓，因此，这一载体成本相对较低、矛盾相对较少。如此，小城镇成为本地农民市民化的绝佳载体。拥有数量众多、基础设施和公共服务相对完善的小城镇，既是苏州的优势，也是苏州赖以平稳、快速完成农民市民化进程的主要依托。在实践中，通过"三集中""三置换"，离开村落的苏州农民绝大多数聚居于小城镇上的大规模农民安置区，要让这数百万在居住就业、社会行为和社会心理等层面尚未完全融入城市社会的"半城市化"居民实现真正的市民化，还须进一步完善小城镇的功能，以适应农民市民化的需求。

2. 小城镇是外来人口固化的理想场所

根据第五次人口普查数据，截至2010年年末，苏州有408万外来人口，占苏州总人口的39%；其中约246万人（约占60.3%）分布于城关镇及各类乡镇。长期以来，外来人口在降低劳动力成本以拉动投资、繁荣市场、促进房东经济发展等方面发挥着不可替代的作用。从更长的历史时期来看，外来人口的固化对苏州至关重要。首先，从市场规模扩展来看，如若数百万外来人口在苏州没有定居的希望，他们只能几十年如一日地尽量缩减本地消费——不买房、不买车，而是把钱寄回原居住地，这样苏州相当大的一部分内需市场就流失掉了。因此，外来人口固化可以使苏州生产成本的上涨不至于过快，从而为经济转型升级争取宝贵的时间。其次，这些没有永久身份、流动性极大、风险抵御能力弱的外来人口，是重要的社会不稳定因子，外来人口固化是和谐社会建设的需要。最后，固化以青壮年为主的外来人口，对苏州走出高龄少子化困境意义重大。

那么，外来人口固化的理想场所在哪里呢？毫无疑问，在小城镇。具体理由有三：首先，中心城区承担着吸引高端产业要素、提升城市品质品位、引领城市未来发展的重任，没有空间提供众多的公共产品，即便勉强容纳了外来人口，也会因城市发展中的"贵族化"倾向对低成本居住、就业、出行的限制众多而提高了生活成本，进而导致劳动力价格上涨。其次，乡村村落容纳空间有限，还要承担地域文化传承等重任，不能兼容过多异质文化人群。最后，小城镇拥有较好的基础设施条件，能够为外来人口提供相对低成本的住房及其他生活设施，降低了外来人口的生活成本，对劳动力价格的上涨起到缓冲作用。同时，小城镇又是劳动密集型产业的集聚区，能够提供众多就业岗位。当然，如果要担起这一重任，小城镇不只要提供劳动岗位，还要提供居民生活的所有条件，包括住房、学校、医疗机构和社会保障等，这就对小城镇公共服务功能的提升提出了更高的要求。

（三）城乡发展一体化的组织中心和服务中心

乡镇自古就是农村地区的组织中心和服务中心。尽管随着现代交通和通信技术的发展，农民与中心城市的联系可能越来越直接、越来越紧密，使乡镇的部分功能出现弱化，但中心城市依然无法直接对接成千上万异质性强、组织性弱、资源分散、以血缘宗亲为联系纽带的农民，必须将小城镇这个不可或缺的组织中心和服务中心作为中介。这不仅仅表现在农业生产服务与组织、农民基本生活服务功能发挥必须依托小城镇，更重要的是，在地缘相近、文化相通、血脉相连的小城镇层面，可以对农村地区极度分散的土地、劳动力、房屋、资金等要素进行流转整合、优化配置，凝聚成更强大的力量来参与更大范围的竞争，同时整合中心城市的信息资源、市场网络、创新技术、人才、资金，服务于广大农村地区。

（四）低碳生态城镇化建设的核心抓手

低碳生态城镇化是我国新型城镇化的应有之义，其核心就是促进人口、经济、资源和环境相协调，以及人与自然和谐共处，实现集约、智能、绿色、低碳的城镇化。对于苏州而言，小城镇在全市生态文明建设中不可或缺，不仅仅在于其面积、经济规模、人口等占比较大，更重要的是，无论是中心城市还是乡村地区的生态建设都离不开小城镇这个核心节点。首先，出于规模经济考量，乡村地区生态基础设施的建设及其高效运转，只能依托小城镇这个组织运营主体、资源整合主体（甚至投资主体）。其次，环太湖、环阳澄湖、沿江湿地及农田森林水体等对于维护区域生态环境至关重要的生态功能区，基本位于各小城镇辖区。在当前体制下，没有小城镇的积极参与，这些功能区的保护根本落不到实处，普遍推行的生态补偿、共建共保等有偿生态服务方式，也离不开小城镇这个运作主体。最后，为提高农村地区生活质量，需要不断完善农村地区的基础设施和公共服务，但若仿照"村村通公路"的做法将各种基础设施与公共服务全部向星散的村落延伸，则背离了"低碳、集约"的目标，即便是英国、德国等极为重视乡村地区生态质量的发达国家也没有这么做。以苏州独具特色的"村收集、镇转运、县处理"垃圾处理体系为例，如果缺失了"镇"这个中枢，成千上万个村庄各自将收集的垃圾运输到县里去处理，那么所产生的浪费、拥堵、二次污染及由此带来的种种社会矛盾又将成倍增加。因此，将基础设施和公共服务建设的重点放在小城镇上成了兼顾多元目标的必然选择。

（五）地域特色和文化传承的关节点

当世界被紧紧联系在一起，地方特色和个性就会彰显出更大的价值，这种特色更多地蕴藏在独特的地域文化之中。在历史文化名城苏州，大量的古镇、古街区与古城、古村落一样，承载着地方文明的历史记忆，是地方传统文化的标本。如果这些标本荡然无存，那么众多的非物质文化遗产也就失去了载体。在工业化、城市化和全球化的冲击下，在大跨步推进的城乡一体化进程中，苏州数量众多的古镇在地域文化传承中的作用更加凸显：一是苏州的"古村—古镇—古城"构成了地域文明的完整网络，缺一不可，诸如刺绣、玉雕等传统工艺文化，尽管扎根于广大村落腹地，但只有依托小城镇的市场、信息、技术等中介和平台才能完成产业链条的整合，最终走进城市、走向更广阔的市场和舞台，离开了小城镇这一中介，许多传统工艺产业、文化产业链条必然断裂；二是由于城市中残存的许多文化记忆和地域特质已被荡涤一空，众多传承千年的村落被拆除，其中保存的乡土历史和文化已"无可奈何花落去",一些较少受到现代文明冲击的古集镇、古街区相对完整地保留着地方历史记忆和乡土意象,成了确保地域文明延续且不出现断层的最后阵地,与古城、古村一起,成了苏州人培育地域自豪感和文化归属感、寄予乡土情感的场所;三是由于位处平原水网、交通要冲、物产丰饶之地,又有运河、太湖、长江和众多繁华城市可依托,许多在历史上盛极一时的苏州小城镇往往拥有相对独立于中心城市的独特发展路径,形成了既有联系又有区别的多元、灿烂的文化形态,这种多元、灿烂的文化形态的保护和传承,必须依靠对小城镇这一载体的保护。

(六) 农村集体经济升级发展的理想平台

农村集体经济是苏州特色,在苏州城镇化历史中扮演着不可或缺的角色。然而,以村为单位的农村集体经济,虽然沉淀了众多优质资源与资产,但在总体上却表现出规模小、机制僵、效益低、内聚力过强、与农民的社会福利捆绑过紧等特点,这不仅阻碍了资源配置效率的提高,还阻碍了农民的市民化进程。而且,在资源紧缺的形势下,农村集体经济的发展空间也不断受到挤压。因此,鼓励农村集体经济组织整合资源、资金,集中投向、联合、抱团、异地发展,成为苏州农村集体经济升级的必然趋势。那么,联合与抱团的规模做到多大、在哪个层次更为合适呢?在区(县级市)的层面,由于异质性过强、规模过大而不具实操性;少数农村集体经济的联合则经济资源偏少、规模过小。因此,规模适度、文化相通、社会网络稳固而健全的小城镇就成为理想的操作平台。在实践中,苏州也确实是通过镇镇组建集团公司、镇镇成立合作总社来推动村级集体经济组织在更高层次携手合作、向更宽领域拓展延伸、往更高平台联合发展的。可以说,村级集体经济组织的升级、富民强村战略的成功,与小城镇的发展息息相关。

(七) 城市经济转型升级的转移空间

在乡村工业化时期,苏州小城镇曾占据全市经济的半壁江山;在外向型经济发展阶段,小城镇自觉做好配套与服务,以庞大、完善、低成本的配套产业体系，与各级各类城市高等级开发区中的大型企业相互支撑、互为依托，共同进入世界经济的循环之中。随着苏州进入工业化后期，服务驱动与创新驱动成为经济发展的主方向。这一时期，各中心城市都致力提升城市品质和品位，以便集聚创新要素，壮大服务经济，进而提升城市竞争力，因此，一些效益低、占地多、用工大、能耗高或对环境敏感的产业环节就被排斥出来。然而，一旦这些环节离开苏州，将会带来三个严重问题：一是完善的产业配套体系可能会出现断裂，最终导致苏州想要留住的高端生产环节也随之外移；二是如果实体经济外移过多，则可能出现严重的产业空洞化，进而导致城市衰退；三是随着产业外移，人口大量外迁可能导致市场萧条，并让苏州百姓失去重要的收入来源——房东经济和物业经济。为了防止出现这样的困局，必须将中心城市外迁的产业环节适度留在苏州，那么唯一的选择就是向小城镇集聚。由此可见，小城镇是苏州经济转型升级中必不可少的支撑空间。

（八）信息时代新兴经济发展的重要载体

基础设施的城乡一体化与公共服务的均等化配置，不仅缩小了交通、产业配套、公共服务等传统区位差距，而且使许多区域在人居环境、文化资源等方面拥有的优势得到彰显，使产业布局得以在城乡全域铺开，城镇体系的层级格局逐渐走向扁平化，区域逐渐呈现出以"流空间"为导向的网络化特征。这种区域扁平化的趋势，叠加在信息化和新产业革命的浪潮之中，为新兴产业在小城镇的落脚创造了条件。一是部分人居环境优越的小城镇（以往多由于位置偏远、交通不便，工业化步伐较慢，却幸运地保留了良好的生态环境和深厚的文化底蕴）得以成为总部经济、创新创意经济的集聚地，如淀山湖畔的昆山锦溪古镇，吸引了正威集团、富信天伦天（福建）户外体育用品有限公司、华瑞国际集团旗下上海拉谷谷时装有限公司等总部和研发中心集聚，这与英国、美国等发达国家的诸多大企业总部落户小城镇是一个道理，如劳斯莱斯总部在英国古德伍德小镇。二是随着个性化定制生产逐渐替代大规模标准化生产，新兴的创客经济尤其青睐创业成本低、廉价厂房资源丰富、生态环境优越、配套条件好，同时又能通过发达的信息化基础设施与外界便捷沟通的产业区位，苏州有众多小城镇符合这些条件。三是随着区位、交通、政策等条件的均等化，传统产业衍生已成为苏州新兴产业导入的重要途径，民间积累的巨额资本和企业家资源逐渐取代优惠政策和廉价土地，成为整合新兴产业发展要素的关键力量。由于企业家的情感偏好加上固定资产的通用性，大量民营企业密集、本土企业家扎堆、传统产业基础雄厚的小城镇成为新兴产业的导入地。如：张家港市位于金港镇的江苏沙钢集团有限公司、位于南丰镇的江苏永钢集团有限公司依托制造业向物流、休闲旅游领域拓展；太仓市沙溪镇做拖鞋起家的香塘集团有限公司一次性投资 3 000 万元进入生物医药领域，并带动沙溪镇成为 20 多家生物医药企业集聚地。

（九）现有中小微企业转型发展的主载体

中小微企业是数量大、颇具活力的企业群体，是增加就业的主渠道，也是实体经济的重要基石。然而，中小微企业生存并不容易，饱受"三高两难"——劳动力成本高、生产成本高、税负高和融资难、扶持政策落实难的困扰。在税负、融资等问题上，小城镇与中心城市面临同样的大环境，但在劳动力和生产成本上，小城镇具有明显优势：一是由于生活成本低，劳动力成本比中心城市相对低；二是由于地价、房租等成本相对低，总体生产成本要远低于中心城市。由于大部分中小微企业的利润率在 5% 以下，劳动力和生产成本上的微小变动可能攸关企业生死。这也是在发达国家城市化中后期，许多中小微企业从中心城区迁往郊区小镇的重要原因。在"逆城市化"趋势日益显著的苏州，中心城区的高地价、高房租、高人力成本对中小微企业的排斥作用将日益凸显，若没有小城镇的承接，则将损害到中小微企业这一重要的经济基石。

（十）农民创业的主平台

推动农民创业对苏州来说是一项日益紧迫的任务。一是因为经过了乡镇企业发展与"苏南模式"之后，农村工业发展的动力式微，农村迫切需要新的产业与经济发展方式；二是苏州城乡一体化进程中从农业转移出来的 240 多万尚未实现市民化的就业群体迫切需要实现充分就业，而转型升级攻坚阶段的经济体系对进城进镇农民的吸纳能力不足，必须通过创业来促进充分就业的实现。因此，对于个体而言，创业是农民的安身之本、致富之源；对于区域而言，农民创业则是振兴之路、稳定之基。然而，农民创业不仅需要技术与经验，还需要创业机会、创业环境和创业网络。中心城市不仅缺乏适用农民技术和经验的创业机会，还缺乏农民可以依托的经济资本和社会资本，甚至有较高的创业成本，因此，很难吸引农民进行创业。而保留村落又不具备发展第二、第三产业的政策空间。在小城镇，既可以依托广阔农村的创业机会和环境，也可以整合城市的创业信息与资金、市场等要素，还可以便利享用依托地缘、血缘而形成的社会资本，以摆脱创业初期在资金、人力、用地等方面可能出现的困境，并且拥有相对较低的创业成本。因此，小城镇必然也必须成为农民创业的主平台。

四、小城镇功能提升的路径

小城镇在苏州城镇化和城乡融合发展中的作用已得到广泛认可，未来也将发挥不可或缺的作用。但小城镇能级低、资源配置权限小、规划建设水平低、基础设施和公共服务品质不高、社会治理现代化程度相对不高等问题的存在也毋庸置疑。因此，为了更好地发挥小城镇的作用，必须对小城镇进行功能提升，提升的路径至少包括以下五个方面。

（一）强化规划引领，提升综合能级

1. 规划引领

根据苏州全市城镇布局的基本思路，编制小城镇培育行动计划，明确小城镇发展和建设目标。确定所培育小城镇的具体数量和名单、容纳人口数量、承载经济总量，提出小城镇集聚人口、资源和产业的具体规划方案，明确各小城镇发展方向和特色。强化经济社会发展规划、国土空间规划和生态规划的融合。鼓励各小城镇从实际出发，运用先进理念和先进技术手段编制镇域城乡整体规划，优化城乡用地结构和空间布局，构建城乡全覆盖的空间规划管治体系。

2. 集聚人口

鼓励小城镇开展本地农村居民进镇落户原有权益可保留、当地城镇居民基本公共服务可享受、原有经济和财产权益可交易流转的户籍制度改革试点。创新"三集中"机制，制定具体政策，改善劳动与就业环境。提升社区服务、教育服务、医疗服务、养老服务质量，引导农民进入小城镇。完善外来务工人员落户政策，有计划、有步骤地解决外来务工人员在城镇的就业和生活问题，逐步实现外来务工人员在劳动报酬、子女入学、公共卫生、住房租赁及社会保障等方面与城镇居民享有同等待遇。

3. 培育小城镇

以高标准的绿化、美化、净化来提升小城镇生态环境质量，以低生活成本、高生活品质和便捷的公共服务来提升居民生活质量。按城市标准与区域服务需求集中配置区域性的学校、医院、文化体育中心、科技培训中心、娱乐中心、商业零售中心等，使小城镇成为功能健全的现代小城市。

4. 分类发展

对于地处中心城市近郊区的小城镇来说，其发展重点应是适应大城市对其发展的要求，服务并参与中心（副中心）城市经济。对于历史文化名镇和具有一定文化保护价值的古镇，应注重历史文化保护和发展，传承和弘扬地域传统特色与文化内涵，通过文化继承和创新，增强其特色和吸引力。对于经济实力较弱的农业型小城镇，应发挥农业资源丰富、品质较高的优势，建设都市型农业，使之成为镶嵌于城镇和高新技术产业、工业园区之间的空间景观。

（二）强化产城融合，推进产业升级

1. 强化产城融合

坚持"以产强城，以城引产，产城一体"的发展理念，以产业集聚带动人口集聚，以人口集聚促进市场繁荣。加大小城镇的改造与整治力度，促进城市功能升级。推进中心城镇各类开发区、产业园区的调整，推进产业基地、工业区块与周边城镇协调发展。探索城乡产业融合新机制，促进各类新兴产业业态生长和农村原有产业转型升级,提升镇域经济整体水平。

2. 推进产业集聚

支持小城镇培育和发展新兴产业,壮大一批行业龙头企业。挖掘集体经济和民营经济优势,打造特色鲜明的产业集群。提升中心城镇产业承接能力,引进与自身比较优势相符合的各类产业,吸引城市待转移产业与资源的转移。搭建支持小微企业的综合服务平台,推动小微企业向规模化发展。依托小城镇产业功能区,集聚发展与制造业紧密配套的各类专业型生产性服务业。围绕古镇、古村旅游资源进行开发,发展旅游业。吸引民间资金,发展养老、体育、文化、医疗等生活性服务业。

3. 发展现代农业

建立并完善主要地产农产品最低保有量制度,确保粮食、蔬菜等地产鲜活农产品有效供应和质量安全。加强现代农业园区建设,增强农业综合生产能力。发展低碳循环农业,有效防治农业面源污染,加强农用地土壤环境保护。扶持农民专业合作社和家庭农场的发展,培育新型农业经营体系。

(三) 强化基础设施建设,提高公共服务水平

1. 按城市标准推进小城镇基础设施建设

按照小城镇基础设施适度超前、生态环境质量优于中心城市的原则,加强小城镇基础设施建设。实施一批事关城乡均衡发展和民生福祉的重大项目,提升城乡基础设施一体化水平。加快小城镇与主城之间的干线公路网建设,积极发展城镇公共交通,提高各个小城镇的交通配套水平。

2. 提升教育医疗公共服务均等化水平

以小城镇为中心,完善稳定的农村文化投入保障机制,形成覆盖城乡的公共文化服务体系。优化城乡医疗卫生资源配置,加快形成城乡"15分钟健康服务圈"。构建城乡体育公共服务体系,推进农民体育健身工程覆盖农村社区和规划保留村庄,加强城乡"10分钟体育健身圈"建设。

3. 提高就业和社会保障均等化水平

建立并完善被征地农民保养金标准正常调整机制。统筹安排各类保障制度的梯度衔接，确保保障水平稳定提升。完善城乡统一的就业制度，提升城乡居民就业质量。在基本公共服务全覆盖的基础上，探索提高型、发展型的公共服务配置，诸如咨询服务、信贷服务等。

（四）强化社会管理，注重文化建设

1. 健全新型社区管理体制

按照地域相近、规模适度、有利于整合公共资源的原则，稳步推进镇村体制向街道社区体制转变，实现政府行政管理和社区自我管理的有效衔接、政府依法行政和居民依法自治的良性互动。推进小城镇社区信息化建设，按照城市化社区管理模式，引导居民转变生产生活方式，提升生活质量和水平。构建以小城镇为枢纽的"社区15分钟""农村社区2公里"管理服务圈。

2. 提升文化凝聚力

重视展示吴文化、水文化的传统风貌和历史底蕴，注重人与自然的和谐，彰显优美的江南水乡特色。积极保护周庄、同里等古镇，引导民居等各类建筑形态的整体风貌保持协调，完善配套基础设施，充分体现江南水乡粉墙黛瓦、诗意栖居的人居风貌。加强非物质文化遗产的保护与发掘，打造有农村特色的文化品牌，增强小城镇文化的认同感和归属感。

（五）强化生态文明建设，推进低碳发展

1. 建设生态文明

完善小城镇生态文明建设规划，构建以"生态、景观、休闲"为主要特征，布局合理、物种多样、水绿相融、景观优美的湿地生态系统。健全生态补偿政策法规体系，使生态补偿由单纯补偿自然环境，扩展到人文环境。以小城镇为重心推进"四个百万亩"、阳澄湖生态圈、十万亩湿地建设等生态文明工程。

2. 推进低碳发展

充分运用各类政策手段和措施,探索土地、资本、劳动力等要素集聚使用机制。小城镇以土地为核心的资源利用效益明显提升,土地利用结构得以优化,耕地资源得到切实保护,节约集约用地新格局初步形成,地均产出水平明显提升。

3. 改善生活环境

实施小城镇河道水质提升行动计划,推进城乡污水处理设施、污水收集管网、污泥无害化处置设施全覆盖。全面落实控源截污、生态清淤等各项整治措施,完善水污染预警和应急管理机制。强化小城镇污染源监管与治理,加快实施一批重点治污民生工程,加强重点区域环境综合治理。

五、苏州顺应小城镇功能升级需求的体制机制创新

随着小城镇在苏州不同领域发展中新地位、新功能的逐渐显现,源于前一个发展阶段中对小城镇功能认识基础上的制度设计,不仅无法应对城乡社会经济新阶段、城镇化和城乡融合新格局对小城镇发展的需求,还在诸多领域形成掣肘,这就迫切需要顺应新时期小城镇功能升级需求的体制机制创新。可喜的是,无论是国家新型城镇化的战略导向,还是苏州内部从量变到质变的改革积累,都为小城镇的体制机制创新提供了有利时机。首先,国家新型城镇化战略强调大中小城市、小城镇、新型农村社区协调发展、互促共进的城镇化;在国家新型城镇化综合试点方案中确定的62个试点以中小城市和小城镇为重点,这意味着小城镇的功能受到了应有关注。其次,浙江、广东等各地普遍兴起的镇级市改革,为小城镇的体制机制创新提供了经验借鉴。最后,苏州多年来在撤乡并镇、强镇扩权、区镇合一等方面的改革也积累了丰富的经验,国家也给予了苏州将城关镇等发达镇纳入江苏省第二批经济发达镇行政管理体制改革试点范围的优惠政策。在这种形势下,苏州把握住了有利时机,顺应了时代潮流,加强了顶层设计,推进了小城镇的体制机制创新,积累了丰富的成功经验。

（一）管理体制创新

1. 建设了一批副县级小城市

从镇区人口大于 5 万人的 17 个小城镇中选出盛泽镇等一批大镇，赋予其副县级市的行政权，按城市标准与区域服务需求集中配置区域性的公共服务与基础设施，建成了一批城市功能健全的现代小城市。

2. 进一步推行强镇扩权和区镇合一

在强镇扩权试点的基础上，进一步扩大强镇的土地使用权、财政支配权、行政审批权和事务管理权，加大对强镇的用地支持、财政扶持、项目支持力度，扩大区（县级市）派驻强镇部门的权限。完善相应的工作平台，探索在符合条件的强镇建立城镇管理综合执法大队、镇审批服务中心、镇招投标中心等工作平台，积极推进昆山市张浦镇、吴江区盛泽镇、常熟市梅李镇、张家港市凤凰镇、太仓市沙溪镇、吴中区木渎镇、相城区渭塘镇等国家和省、市经济发达镇行政管理体制改革试点，在取得经验的基础上，逐步扩大到其他小城镇、历史文化名镇进行试点。根据国家和省的部署，推进经济发达镇行政管理体制改革，赋予部分镇县级经济社会管理权限，加强对强镇扩权改革试点镇的指导，及时总结经验；推进小城镇行政综合执法管理体制改革，探索基层政府行政管理与群众自治有效衔接的多种实现形式。扩大强镇的人事权，高标准配置党政"一把手"，允许小城镇在核定的编制总数内统筹安排机构设置和人员配备。垂直管理部门在试点镇设派驻机构。根据试点镇的经济社会发展实际和生产要素流向，允许适度调整小城镇的行政区划，拓展发展空间，增强集聚辐射能力。鼓励各类产业园区和所在镇探索建立区镇合一的行政管理体制，以优化后的体制设计推进区（县级市）、镇（街道）之间的资源共享、能力互补及规划与建设的统筹，促进产城融合。

3. 推广功能区管理模式

苏州立足昆山旅游度假区建设经验，借鉴发达国家功能区管理经验，结合小城镇承担的生态、文化、产业等不同功能，成立跨镇的特殊功能区，如覆盖昆山各古镇的旅游功能区、跨太湖各镇的生态保护区、跨近郊城镇的棚户区改造功能区、跨多个相邻小城镇的学区等，将下辖各镇涉及相应功能区主导功能的规划、建设、招商等管理权限收归功能区统一扎口，以确保区域性重大功能的落地，同时破解乡镇在落实区域性重大功能方面的能力不足、恶性竞争带来内耗等难题。

（二）财税和金融体制创新

按照财权、事权相匹配的原则，建立并完善有利于小城镇发展的财政体制，进一步理顺区（县级市）与小城镇的财力分配关系，区（县级市）与镇（街道）的财政关系原则上采取确定基数、超收分成、一定几年不变的办法。一方面，建立并完善规费优惠激励机制，将小城镇土地出让金净收益留成部分及土地开发、整理、复垦产生的净收益等，全额返还给小城镇；向小城镇征收的城镇基础设施配套费等规费也应全部留给重点小城镇。另一方面，加大财政扶持力度。苏州市政府设立每年（暂定为期3年）1亿元的推进专项资金，用于小城镇的基础设施、社会事业、产业功能区、技术创新和人才集聚服务平台、公共服务平台等项目的补助。以政府和财政投资为导向，运用市场机制，引导商业银行、企业、团体、个人、外商参与建设，形成多元投资机制，构建以国有投资公司为依托，吸引民间资金参与的小城镇建设投融资平台；通过股权转让、拍卖经营权等方式盘活城镇基础设施存量，利用回笼资金建设新项目；鼓励金融机构到小城镇设立分支机构，支持有条件的试点镇设立村镇银行和小额贷款公司。

（三）土地制度创新

积极实施土地增减挂钩政策，加大农村土地综合整治工作力度。根据苏州市城乡建设用地增减挂钩和空间移位制度，将小城镇列为城乡建设用地增减挂钩政策的实施主体。在确保现有耕地面积不减少、城乡建设用地不增加的基础上，允许镇（街道）、村（社区）新增的建设用地指标根据出让价值情况置换给小城镇规划建设用地。鼓励小城镇通过旧城、旧村改造，开发利用荒地和废弃地等措施，积极开展土地综合整治工作，同时，通过推进农民集中居住，加快宅基地的复垦、转换，增加建设用地。小城镇实施土地增减挂钩产生的结余指标，全部留镇使用。加大苏州市土地统筹计划指标对小城镇的支持，安排一定数量的用地计划指标，单独切块，直接下达到强镇。对于符合苏州市土地统筹计划指标申报条件的小城镇的重大基础设施、社会民生项目，苏州市土地统筹计划指标予以优先支持，各区（县级市）对小城镇的切块指标要按1∶1配套支持。

（四）规划体制创新

推进"四规"融合，经济社会发展规划定目标、城市总体规划定坐标、土地利用规划定空间指标，将小城镇的发展定位体现在各级指导性规划和法定规划中，实现小城镇中长期发展战略、发展目标与空间布局、土地资源配置的协调统一，切实发挥规划在小城镇培育和发展中的引领作用。首先，进一步加强对城乡规划编制、修改、审批和实施的管理，提高城乡规划的权威性。在涉及土地利用、发展密度和主要基础设施投资问题时，小城镇规划从属于大都市区发展规划。其次，鼓励各小城镇从实际出发，运用先进理念和先进技术手段编制镇域城乡整体规划，优化城乡用地结构和空间布局，构建城乡全覆盖的空间规划管治体系，实现空间资源配置和管理方式由城乡二元结构向融合发展转变。再次，灵活应对小城镇发展和升级的需要，在开展法定城乡规划编制的基础上，积极推进生态低碳城市建设规划、历史文化街区、历史文化村落、历史风貌区保护等专项规划的编制工作。最后，整合小城镇和周边村镇发展，建立健全以小城镇为核心的区域发展协调机制，统筹利用发展空间和资源，统筹区域内基础设施和公共服务设施建设，对小城镇域内的重大规划、计划、项目、土地等实行统筹协调和实施监督。

（五）考核监督体制创新

加强组织领导，充分认识小城镇建设的重要性，把小城镇建设列入政府工作的重要议事日程，并制定切合实际的建设发展规划和实施方案。各部门各司其职，密切配合，形成合力。苏州市发展和改革委员会作为小城镇建设的牵头部门，统筹推进，加大协调力度，强化工作保障，促进各项改革措施落实到位；苏州市委农村工作办公室积极探索农村集体非建设用地使用权流转的途径和方法,使农民从集体土地上得到长期稳定的收入;苏州市人力资源和社会保障局不仅实施社会就业工程,积极引导农村剩余劳动力向非农产业和城镇转移,还实施社会保障工程,以非公有制企业、个体工商户和农民工为重点,推进社保扩面,确保基本保险完全覆盖;苏州市卫生健康委员会结合当地人口发展情况,积极开展工作,满足当地居民的卫生文化需求;苏州市自然资源和规划局加强规划前的衔接;苏州市住房和城乡建设局加大基础设施建设力度,改善镇(街道)、村(社区)面貌。在研究制定小城镇发展改革配套措施的同时,要加强舆论引导,形成全社会关心支持的良好氛围;根据小城镇功能定位和发展基础的差异,建立差异化的小城镇建设工程考核评价长效机制。每年由小城镇建设领导小组办公室负责组织对小城镇人口集聚目标、产业发展目标、资源集聚目标、财税增长目标、城镇就业目标、城镇管理目标、土地政策目标实施综合考核。根据小城镇不同的功能特点和建设任务,分类考核,使考评内容与小城镇发展方向、功能定位相一致,引导小城镇按照各自特色加快发展。此外,重视权力监督,借鉴绍兴等地探索的"小城镇权力规制"制度创新,从权力的清单、运行的程序、细节的公开及结果的监督和考评等各个环节,规范小城镇的权力。

六、启示与思考

苏州人口稠密、经济发达的社会经济条件和地处平原水网、大都市密集区的优越区位条件,客观上孕育了数量众多、布局均衡的小城镇。人们对小城镇的认识虽然经历了"肯定—否定—再肯定"的反复过程,但苏州小城镇在促进城乡融合和高水平共同富裕中具有重要作用已是不争的事实。这些作用一部分是特定历史条件下的"无心插柳",另一部分是"小城镇、大战略"等思想指引下的"有意栽花",还有一部分是苏州独特的地理、历史条件风云际会的结果。在一定程度上,苏州的小城镇无论是规模、发展条件还是辐射带动能力,都更像是中西部地区的县城而非乡镇。

因此，苏州小城镇在实现城乡融合和高水平共同富裕过程中不可或缺，但也只是证明在大城市和乡村之间需要有承担缓冲作用的集聚载体、组织中心和服务中心，而不能说明，这个载体与中心必须由小城镇来充当。对中西部地区而言，选择县城作为城乡之间的缓冲载体与组织、服务中心可能更为现实，这应该就是国家推出以县城为重要载体的新型城镇化战略的重要出发点。

第十三章

数字赋能探索共同富裕新路径

> 让人民群众在信息化发展中有更多获得感、幸福感、安全感。[1]
> ——习近平

在传统的发展路径下，城乡融合发展面临诸多难题，突出表现为城乡要素流动不畅、城乡基础设施与公共服务不均衡等问题。新一代信息技术的发展，尤其是智慧农业和智慧农村的建设，为破除城乡融合中的种种障碍、实现高水平共同富裕带来了前所未有的机遇。2020年，苏州获批智慧农业首批国家试点。多年的试点，已充分展现出数字技术在突破城乡融合瓶颈中的巨大威力。

一、苏州乡村数字赋能情况概述

在认识到数字技术推动农业农村现代化的巨人潜力之后，我国高度重视智慧农业和智慧农村的发展，先后在《乡村振兴战略规划（2018—2022年）》《数字乡村发展战略纲要》《数字农业农村发展规划（2019—2025年）》《关于开展国家数字乡村试点工作的通知》及连续多年中央一号文

---

[1] 王思北，余俊杰. 乘风破浪时 扬帆济沧海：党的十八大以来我国网信事业发展取得新成就［EB/OL］.（2019-10-17）［2024-05-19］. https://www.gov.cn/xinwen/2019-10/17/content_5441236.htm.

件中做出系统部署。苏州的乡村数字赋能，主要以智慧农业与智慧农村建设为统领。通俗地讲，智慧农业与智慧农村就是将互联网、大数据、物联网、人工智能等现代化技术与农业农村发展深度融合并加以应用，以信息数据为核心要素，实现农业农村智能感知、精准投入、及时决策、智慧控制等智慧化操作，以集约化利用土地、资金、人才等要素，提高农业生产效率效益和竞争力，优化乡村治理，实现产业结构升级、产业组织优化和产业创新方式变革，提升资源利用率、劳动生产率和经营管理效率。

作为国家电子信息产业基地、国家高技术产业基地，苏州拥有智慧农业和智慧农村发展的有力技术支撑。早在2014年，苏州就启动了农业信息化三年行动。2016年和2017年，全国"互联网+"现代农业工作会议连续两次在苏州召开，苏州的农业信息化工作得到了时任国务院副总理汪洋同志的高度肯定。到2019年，苏州已建成智能化设施种养基地100多个，面积超过7.5万亩，创建省级农业信息化示范单位18个，认定市级"智慧农业"物联网技术应用型示范基地（企业）31个；农业企业探索推动"互联网+"与农产品种养、加工、保鲜、仓储、配送、质量监管等融合发展，全市农产品电商企业超过2 000家，农业电子商务销售额达48.67亿元；农村信息服务新模式快速拓展，信息进村入户快速推进，农业公益服务、便民服务、电子商务服务、培训体验服务等功能不断增强；全市和各区（县级市）的智慧农业信息服务平台基本搭建完成，信息服务体系基本健全，信息数据资源日渐丰富，农业监管网络持续完善。良好的信息化基础为苏州获批智慧农业国家试点奠定了坚实的技术和应用基础。

2020年2月，苏州获批智慧农业国家试点之后，全市上下高度重视，始终牢记习近平总书记关于试点的意见，牢记试点的目的是探索改革的实现路径和实现形式，为面上改革提供可复制可推广的经验做法。积极发挥"侦察兵""试验田"的作用，在实践中不断优化改革方案，寻找规律，为改革整体推进积累经验。3年多来，苏州抢抓智慧农业国家试点机遇，制定了《苏州市智慧农业改革试点工作实施方案（2020—2022年）》，明确5大项、19条具体试点任务，重点围绕布局改革试点"一盘棋"、构建智慧生产"一条链"、打造生产经营"一品牌"、搭建数字管理"一朵云"、建设惠民服务"一平台"、集聚产业发展"一载体",累计认定了57个智慧农业示范生产场景和165个智慧农村示范村。其中,智慧农业示范生产场景主要包括智慧农场(大田)生产场景、智慧牧场生产场景、智慧渔场生产场景、智慧蔬菜生产场景、智慧园艺生产场景等类型。

二、苏州数字赋能推动城乡融合的路径

苏州的实践证明,数字技术对农业农村的赋能,不仅改变了资源的种类和形态,还彻底改变了资源流动和配置的方式、规则和逻辑,打破了原本横亘在城乡之间的物理距离、制度屏障和空间约束,有望形成一条时空高度收缩的新型城乡融合之路。

(一)基于智慧平台为乡村导入优质资源

长期以来,人才、土地、资金、技术等各种要素和资源在总体上呈现出由乡入城的单向流动局面,导致乡村地区由于"人、地、钱、技"等的供给瓶颈而发展受阻。以前,苏州主要是通过鼓励和引导人才下乡、健全财政金融支持农业农村政策、强化农业科技创新推广、持续强化土地相关制度改革等措施来为乡村导入资源。在智慧农业农村建设试点中,苏州通过不同层级的公共平台建设,为乡村地区打造出可按需无限扩展、低门槛享用的优质资源库,使城市的人才、技术、信息、服务等优质资源无须跨越重重障碍向乡村流动,只要汇入平台就可以极低成本服务于乡村。

苏州的智慧农业农村公共平台主要包括以区(县级市)、镇(街道)为单元的区域性公共平台和以农业园区为单元的片区性公共平台,基本以财政投资为主,结合"三高一美"的改造,导入物联网、人工智能、区块链、大数据等信息技术,搭建公共数据中心、管理系统和应用平台,不仅为区内外农户提供了强大的共享硬件基础设施,还通过易扩展的应用平台,按需提供数据、信息、品牌、质量追溯、农技农资供给、技术培训、补贴、保险、产学研支持,甚至知识产权、产业链体系等各种各样的定制

化服务，更重要的是，随着接入平台角色的增多还可产生威力巨大的网络效应来赋能农户。例如，昆山农业农村大数据云平台上的农技云服务，通过建设田间课堂直播室，以录播和直播方式传播科技知识，实现农业生产者与专家视频互动，共同解决生产中碰到的实际问题。又如，张家港市常阴沙现代农业示范园区的智慧农业公共服务平台，集成了绿色稻麦生产管理、设施园艺生产管理、智慧农机管理、优质农产品智慧营销及数字农旅等服务，事实上是整合了农业领域专家、技术、信息、渠道、政策等众多资源来服务于农村。

这样的公共平台，可以绕过现有用地、户籍等制度障碍及资金障碍，为乡村地区导入可以随需调动、无限使用但无须拥有的强大资源，使乡村能够以更低门槛和成本、更高效率和效益、更多更快地享受到城市优质资源和服务，因此，对于加快城乡融合具有极其重要的作用。

（二）以云上同城服务破解城乡公共服务均等化难题

公共服务均等化既是城乡融合的核心追求，也是难点所在。苏州已经通过集团化办学、县管校聘管理体制改革、城乡医联体共建、公共基础设施城乡一体化管护体制改革、三级党群服务体系建设、农村基本公共服务清单化及"10分钟文化圈""10分钟健身圈""15分钟健康医疗圈"建设等充满地域特色的改革创新，不断提升城乡基础设施和公共服务均等化程度。但这也遭遇了乡村用地空间约束、乡村人口流失导致需求达不到规模门槛、人口高速城镇化导致公共服务需求动态难以均衡等难题。智慧化技术的导入为破解这些难题带来了希望，其中，云上教育同城帮扶行动的成功推进就是代表性案例。

为了促进教育公平，推动优质教育资源共享，实现中小学生同城待遇，自2019年起，苏州启动云上教育同城帮扶行动，出台了《苏州云上教育同城帮扶计划》等文件，通过共建直播教室、课堂教学帮扶、教师结对帮扶、扩大名师直播课程受众等方式，开展课堂讲授、问答互动、作业布置、同考同批等教学工作，让全市学生能够共享优质名校的名师课程，让所有教师都能接受优质学校教师的在线教研帮扶，充分利用信息化技术缩小乡村学校与城市优质公办学校之间教育教学质量的差距，为乡村导入名校先进办学理念、成功管理模式、优秀课程教学和优秀教师团队，充分放大名校示范辐射作用，切实打破城乡学校、区域划界形成的壁垒。仅2021年，苏州就利用线上、线下相结合的方式开展了4 000次同城帮扶教研活动，受惠学生超过50万人次。

类似地，苏州在医疗、便民服务等领域，都有利用智慧化手段优化乡村服务供给的成功案例。例如，以往由于村庄规模小、分布散，许多公共服务难以向村庄延伸，村民享受各类公共服务必须到中心镇甚至县城去，但现在通过智慧化技术，将人力资源和社会保障、计划生育、民政、残疾人服务、老年人服务、退役军人服务等近70种服务事项延伸到村便民服务中心（站），使人们不出村就能享受到比以往更全面、更高品质的便捷服务。可以看出，云上同城模式推动公共服务均等化的优势明显：无须人员流动，不受用地、消防等限制，无须担心规模门槛问题，更重要的是扩展成本极低。因此，云上同城服务有望成为推动城乡公共服务均等化的一条重要路径。

（三）以智慧技术和经营主体打通城乡产业链

产业是城乡融合的基础，推进城市与农村不同产业相互渗透、相互交叉、融为一体，是促进城乡融合发展的关键。然而，除了前述的人才等要素和资源瓶颈，乡村产业规模小、布局分散、组织能力低、产业链短、服务体系不健全等众多难题的存在，也从多个环节阻碍着城乡产业融合。苏州不仅依托现代农业园区、特色田园乡村、共享农庄、美丽镇村建设在农文旅融合、三产融合方面先行示范，还在智慧农业农村建设中取得了产业融合的新突破。具体而言，苏州依托数字化基础设施，导入各类智慧化经营主体，不仅缓解了城乡产业断链、缺链问题，助力打通全产业链，还提供了实力强大的柔性化、开放式产业组织主体，弥补了城乡产业融合发展中优质组织主体匮乏的缺憾。

案例 13-1

食行生鲜的城乡产业融合模式

苏州本土农业龙头企业苏州食行生鲜电子商务有限公司采用"消费者到企业到产地"（C2B2F）模式，以电子商务为载体，通过大规模的基地直采和集约化的冷链配送，直接连通农产品生产基地与城市消费市场，一手牵农民，一手牵市民，以精准的市场对接能力、强大的品牌运作能力为滞销和难销农产品解决了销路问题，消除了农民的后顾之忧，反过来又通过"以销定产""产地直供"模式，以消费端引导供给侧的优化。此外，还凭借稳定、强大的冷链物流体系和分拣、加工、品牌打造能力，解决了农产品流通中高损耗的问题，增加了农产品的附加值，从多个方面提升了农民的收入水平。

案例 13-2

区域性公共品牌融合城乡产业链条

"昆味到"是昆山市农产品区域公用品牌。昆山市针对本地农业大多布局分散、品种多样、单品种种植规模小、品牌缺失的状况，通过统一包装、统一标准，形成满足市场要求的标准化产品，采用品牌授权零费用的方式，给那些在昆山市区域内生产的符合"昆味到"品牌标准的优质农产品使用，并通过"网红"带货直播等方式促进销售，最终使小户农民都能享受到品牌增值的收益。

类似案例13-1、案例13-2中通过搭建电商、物流等智慧化平台，从市场端向前端延伸并最终打通城乡产业全链条的成功企业还有很多，如苏州永联天天鲜配送股份有限公司、苏州江澜生态农业科技发展有限公司、苏州三港农副产品配送有限公司、江苏四记联洋农业科技有限公司等。另外，还有类似苏州大域无疆航空科技有限公司等从技术服务端延伸整合或"缝合"全产业链条的例子。未来，类似江苏润正生物科技有限公司、苏州久富农业机械有限公司、苏州市华冠园创园艺科技有限公司等掌握了各自领域的智慧化生产全套技术和系统解决方案的企业，都可能转向解决方案服务商、平台服务商，成为产业链组织主体，对城乡产业深度融合起到关键性的引领作用。

（四）以智慧赋能放大农业农村价值和吸引力

苏州智慧农业农村的建设，通过提高农业效益、改善农业劳动体验、优化农村生态人居环境，对放大农业农村的价值和吸引力展现出巨大威力。

1. 通过改善农业劳动体验提升农业吸引力

数字赋能使农业的劳动强度大幅下降，劳动环境明显改善。以养猪为例，传统养猪场景又脏又臭，吓退了不少年轻人。然而，常熟的智慧养猪项目的喂料、冲洗、控温、通风、排污等环节全面自动化，使管理人员不需要进入生产区就能实现生产管控、远程指导和诊疗，又脏又臭的养猪业变成了"白领工作"。再以水稻大田生产场景为例，传统的水稻从种植到收获的过程费时费力，需要农民付出艰辛劳动，而吴江的"无人农场"实现了耕、种、管、收全程无人作业，人们只需在室内动动鼠标即可完成农业生产全过程。此外，张家港七彩明珠农业科技专业合作社的葡萄生产场景，通过手机遥控大棚温控、灌溉和施肥施药系统，让传统葡萄生产中高强度的劳动场景成为历史。

可以畅想，在数智技术的持续推动下，农业经济效益和务农体验的提升将逐步由量变到质变，不仅对缩小城乡收入差距有着重要意义，而且对提升农业吸引力、促使优质人才和社会资金向农业农村流动也大有裨益。

2. 通过改善农村生态环境放大农业价值和吸引力

从农业面源污染来看，智慧农业技术通过精准控制农药、化肥、饲料（饵料）等施用量，能够极大地减少农业生产对生态环境的污染。例如，在以往的加州鲈鱼养殖中，冰鲜饲料利用率仅为60%，约40%残留在水中，在高温季节须10天左右换一次水，养殖污水排入水体将造成严重污染。在引入智慧养殖技术后，通过饲料精准投放、尾水在线监测与全程管控，完全可做到"零排放"，可极大改善水体生态环境。又如，苏州太湖现代农业示范园将"生产—经营—销售"连接成一个有机循环的整体，使水利用系数从0.66提升到0.85，每年可节约灌溉用水23.5万立方米，节约耕地10亩。比如，江苏常熟国家农业科技园采用温室潮汐式灌溉技术种植天狼月季，高效节约水肥90%以上，解决了水资源短缺和肥料渗漏污染严重的问题，而且成品率高，质量有保证。再如，太仓市东林农场专业合作社通过生态循环农业、农业物联网建设，有效解决了农业废弃物处理难题，秸秆综合利用率达100%，化肥减量20%以上，减少农药使用量约25%，节约灌溉用水15%以上，生态效益显著提高。

从村庄人居环境治理来看，苏州通过智慧农村建设，不仅以网格化管理模式实现对农村人居环境的全方位监管，还通过智慧积分管理推动着农民行为"移风易俗"。具体而言，就是通过引入智慧积分系统，将志愿服务、文明创建、垃圾分类、村内活动等自动形成积分，并将积分与各项福利挂钩或者用于日用商品兑换，充分调动了农户积极性，规范了农户行为，推动农村人居环境实现了全面提升。农村生态环境和人居环境的改善，不仅有利于通过完善的生态产品价值实现机制为乡村地区换取更多的经济收益，从而进一步缩小城乡收入差距，还有利于吸引城市中对生活品质要求高的各类人才返乡居住、度假乃至就业、创业。

三、苏州数字赋能城乡融合的共同富裕效应

2022年，针对208名智慧农业生产场景和示范村从业人员的调查发现[1]，

---

[1] 资料来源于苏州城乡一体化改革发展研究院·苏州乡村振兴研究院2022年度课题调研（内部资料）。

数字赋能带来了明显的收入增长。从原理上看，数字赋能不仅对农民增收有着直接促进作用，还通过生态效益、社会效益等的释放，间接产生多方面的共富效应。

（一）通过提高农业经济效益促增收

农业经济效益的提升，是促进农民增收的重要渠道。从苏州实践来看，数字赋能对农业经济效益的提升主要通过推动农业产业体系、生产体系和经营体系的现代化来实现。

1. 数字赋能产业体系促增收

第一，通过打通乡村产业全链条来促增收。通过数字赋能，苏州建立了覆盖种苗培育、养殖种植、深加工、流通、销售链的五大农业应用场景，推进农产品从"田间地头"到"城市餐桌"的全链条数字化升级，提升了产业链各环节的附加值，极大促进了农民增收。以江苏常熟国家农业科技园区为例，通过实施智慧农业项目，土地产出率、资源利用率明显提高，农业效益提升明显，例如，智能环控系统有效节约劳动用工30%以上，生产效益提升10%以上，减少投入品10%以上；5G云端草莓智慧生产应用场景提高了71%的温室面积利用率，提高了60%的单位面积产量，并使农药使用减少了38%；植物工厂温室生产种子成本降低了46%，节约了75%的劳动成本，经济效益提高了3倍以上；天狼月季温室高效节约水肥90%以上。类似的案例在各种生产场景中都可以看到。

> **案例13-3**
>
> **智慧园艺（葡萄）产业链的全闭环**
>
> 张家港市神园葡萄科技有限公司集"科研、生产、培训、营销、服务"于一体，打造从优势产区"最初一公里"到销售渠道"最后一公里"的链条，形成"品种研发+配套技术+优势产区+绿色防控+质量品控+流通储运+品牌销售+客户体验"的闭环。

案例 13-4

智慧养殖产业链的全闭环

吴江区七都镇浦江源太湖蟹生态养殖示范园以太湖蟹为主体，开发太湖蟹的营养价值和科研价值，构建集生态养殖、高科技加工、物流交易、休闲旅游等于一体的产业链。

案例 13-5

智慧蔬菜产业链的全闭环

江苏新合作常客隆数科商业有限公司通过自主研发的多媒体自助终端、互联网、5G无线网络及生鲜电子菜箱，形成集种植、采摘、分拣、包装、配送于一体的产业链，不仅实现了农超对接，还使用户实现了网上订购、社区取货，逐步形成了集网上订购、集中采购、统一分拣、加工配送、食品溯源等为一体的生鲜农产品智能配送体系，实现了农产品从田头到餐桌的无缝对接，有效解决了如何打通生鲜"最后一公里"的问题。

第二，通过催生新产业、新业态促增收。数字赋能的设施、科技、装备的发展，为新产业、新业态向乡村导入创造了无限可能："元宇宙"旅游在乡村揭开面纱，直播带货、社区团购、智慧微菜场、农产品集网购、众筹农业等电商新业态模式层出不穷，一批本地电商平台次第涌现。这些新产业、新业态的出现，放大了产品的附加值，提升了资源配置的经济效益，提供了新的就业岗位，最终有利于农民增收创收。

案例 13-6

高新区（虎丘区）树山村的"元宇宙"乡村促增收

树山村发布了苏州首个"元宇宙数字景区"项目"云游树山"，打造了一个"满是花海"的沉浸式新场景，通过数字化手段、多媒体呈现的方式记录下"梨花春色"。在"元宇宙"的世界中，只需一秒钟，每名游客就能从树山春天的"满园梨花"进入冬天的"白雪皑皑"。文体旅商数字推荐官"枫灵"在线带领大家"云游树山"，感受苏式田园生活，漫步于竹林栈道，赏千亩梨园。独特的发展模式使树山备受游客青睐，年游客量最多达 138 万人，特色农产品"树山三宝"年产值超 6 000 万元，村民人均收入超 5.5 万元。

案例 13-7

张家港市华田家庭农场的多元化销售模式促增收

张家港市华田家庭农场打造的特色品牌产品"金村大米"，通过与张家港优农市集优质农产品展销馆、农产品电子商务平台"召保帮"，电商平台淘宝、京东合作，进行网上销售，建立农产品配送网络，构建多元化销售模式，极大地提高了产品附加值，年销售额近 800 万元。

2. 数字赋能生产体系促增收

通过农业信息化基础设施建设、智慧农机装备开发应用、以农业生产场景为统领的生产过程智能化系统化建设，以及数字赋能产品标准化，苏州大大加快了农业生产体系现代化进程，提高了农业附加值，促进了农民增收。

第一，提高生产装备机械化、智能化程度。通过政策优化，发挥市级农业机械化资金导向作用，不断加大对高效（绿色）植保机械、深翻犁、热泵型烘干机、侧深施肥插秧机、北斗导航终端等智能绿色农机的财政补贴，同时，加大对产学研合作的农机智慧化研发支持力度，有效提升农业生产装备的机械化、智能化水平。

> **案例 13-8**
>
> **智慧农机解放人力**
>
> 苏州太湖现代农业示范园，依托无人插秧机、无人拖拉机、无人收割机、无人植保机等先进设备，使水稻生产"耕、种、管、收"四大环节更加顺畅，让整个种植过程更加精细化，避免管理人员频繁奔波，20个人就能轻松管理7 000亩农田，人均生产效益大幅提高，为农民增收提供了有利条件。

第二，构建基于大数据的生产管理系统。苏州以大数据整合为基础，围绕水稻、蔬菜、茶叶、大闸蟹等特色品种，着力打造"四大监管系统"（溯源管理系统、可视监管系统、移动巡查系统和质量追溯系统），做到源头可追溯、流程可跟踪、信息可查询、责任可追究。这不仅提高了农产品的相关决策水平，还通过全程追溯系统，赋予了农产品产地准出"身份证"和市场准入"健康证"，为提高农产品质量、打造农产品品牌、提升农产品附加值创造了条件。

第三，数字赋能推动农产品标准化。通过数字赋能，以往在产品标准化领域比较头痛的标准执行、过程追溯等问题得到良好解决，极大地加快了农业生产产品标准化进程，提高了农产品的质量和市场竞争力，带动了农业增产、农民增收。

> **案例 13-9**
>
> **大闸蟹生产标准化促增收**
>
> 通过渔业智慧化生产体系，阳澄湖大闸蟹从产地环境、养殖设施、放养前准备、苗种放养、投饲管理、日常管理、病害防治、捕捞、生态维护等各个方面皆建立并执行标准化工作流程，形成了一套完善的大闸蟹智慧养殖标准化体系，强化了阳澄湖大闸蟹质量管控，实现了生产过程数据互联互通、资源共享、全程可溯可控，提升了品牌价值，促进了农民增收。

3. 智慧赋能经营体系促增收

在智慧农业试点之前，尽管苏州土地流转比例较高，但小农户数量占比高，农业经营主体小且散，农业社会化服务信息匹配难、服务质量有待提高。经过多年智慧农业国家试点，苏州智慧农业在推动农业经营体系现代化方面的成效逐步展现，农业经营体系现代化程度有了快速提升。

第一，高科技生力军逐渐成为农业经营主体，为农民增收创造了新机遇。数字赋能的资源整合、农田基础设施升级、市场联通、模式创新，以及生产环境的改善，为科技型企业、人才的导入创造了良好条件。诸如苏州农业经营主体中涌现出布瑞克（苏州）农业互联网股份有限公司（大数据公司）、苏州嗨森无人机科技有限公司（无人机公司）、苏州博田自动化技术有限公司（机器人公司）等高科技公司。这些高科技生力军的加入，使农业创新能力和农业附加值得到了极大提升，为农民增收创造了新机遇。

第二，经营主体的能力和组织化程度提升，极大地带动了农民增收。通过科技、服务、信息、模型等资源的导入，原来能力弱的小型经营主体的经营能力得到大幅提升，推动着农业降低成本、提高效率、提升产量与品质，带动着农民收入水平的提高。此外，通过数字化公共服务平台、电商平台提供的技术、市场、信息等服务，一个个小型农业经营主体实现了

"云上组织化",享受了云上全方位服务,极大地提高了各经营主体的组织化程度和农业经营效益。

第三,以完善的农业社会化服务体系促增收。通过智慧化平台与模式创新,苏州建设了覆盖5条完善的全产业链的专家服务系统,基于互联网、云计算、大数据和人工智能等技术建立专家知识库,利用视频、图像、文字、语音识别等多种形式,提供智能决策、知识概览、病虫害智能诊断、专家问答、农事指导等功能,实现水稻、特色蔬菜、茶果、渔业、生猪5条全产业链服务,为农民提供农机、农资、农业信息、农业科技、技能培训、农业政策、农业气象等服务,实现农民收入增长。

案例 13-10

农业气象服务惠农

吴中区气象为农服务业务平台,通过整合农业气象预报、灾害预警、农业区划、服务信息、管理系统等,经由网站、微信、手机APP等多种方式为用户提供数据和系统的智慧气象服务,还可以为不同用户定制产品和服务,让农业大户坐在家里就能知道何时播种、何时施肥、何时授粉、何时择果、何时采收。

(二)通过"遍在化"培训促增收

传统农民素质低、就业创业渠道窄,这是城乡收入差距大的重要原因。以往苏州虽然有众多面向农民的线下培训基地和课程,但毕竟供给有限、受益面窄。智慧农业农村的建设,搭建起了可以迅捷触及每个农户的"遍在化"培训网络,整合起了政府、农业园区、企业、集体等各类培训资源,形成了全天候的便捷培训体系,使得农民可以摆脱时间、空间和身份等诸多约束,随时随地接受培训。这些培训不仅可以使农民不断更新知识、技能和信息,实现充分就业和持续增收,缩小城乡差距,还可以为农业农村发展提供急需的人才支撑。这方面的典型案例非常多。

案例 13-11

苏州久富农业机械有限公司的"云课堂"

智慧农机龙头企业——苏州久富农业机械有限公司,通过"服务前置,授农机手以渔"的方式,依托微信、快手、抖音、钉钉云等新媒体平台搭建的"云课堂",为农民提供高效、便捷、实时互动的远程技术培训,让农民随时随地都能学习智慧农机知识和技能。

案例 13-12

苏州嗨森无人机科技有限公司的植保飞手培训

智慧农业龙头企业——苏州嗨森无人机科技有限公司为农民开展无人机飞手培训。培训的所有飞手均为当地农户、农忙季有空闲的兼职人员及农村未就业的剩余劳动力,年龄层覆盖20—65岁,飞手每年仅农忙季节的飞防作业收入即可达到人均4万~7万元,有些甚至可以达到十几万元,大大增加了农户及兼职人员的额外收入,带动了农村剩余劳动力就业。

案例 13-13

倪家湾水之田农业示范基地的生产场景直播教学

相城区倪家湾水之田农业示范基地与苏州农业职业技术学院智慧农业学院合作成立智慧农业产教融合基地,通过5G技术进行VR云视讯,对农业机器人无人化生产场景进行直播教学,培训农民进行智慧化生产。

案例 13-14

苗木特色村的"线上+线下"专业培训

吴中区光福镇香雪村通过组织"线上+线下"多渠道专业培训学习，着力培育新型职业农民、电商人才、苗木经纪人及绿化养护人员，围绕"党组织+苗木市场+合作社+农户+苗木经纪人"的发展思路，探索"党组织+"的人才队伍培养模式，通过素质提升为农民生活富裕创造条件，全村全年苗木产业年产值超4亿元。

案例 13-15

东阳澄湖村的电商培训

昆山市巴城镇东阳澄湖村坚持每年定期为村民组织网店运营、实战营销、网络直播等形式的电商培训，270名村民参加培训并取得合格证书，该村平均每年创造村级电商销售收入超3 500万元。

案例 13-16

善港村量身定制的特色培训

张家港市杨舍镇善港村运用录播录课、远程教育等数字化手段实行"线下培训+线上辅导"，设置理念革新、模式推广、党建引领、项目扶持、专技讲堂五大模块，80多个专题，针对不同培训对象，量身定制培训"套餐"，累计培训学员1.5万人次，带贫减贫6万多人。

（三）通过改善生活环境产生多维共富效应

前文提到，数字赋能可以通过降低面源污染、进行数字治理等方式，大幅度改善农村人居环境，并通过云上同城服务使乡村居民享受到高质量公共服务。这种变化从多方面改善了乡村的生活环境，而生活环境的改善，让更多的城里人涌入乡村休闲度假甚至养老、创业。这对农民产生了多样化增收和共富效应，主要表现在三个方面：一是农宅租金提升，例如，在相城区度假区（阳澄湖镇）清水村，一栋农宅的年租金可以高达10万元。二是人居环境的改善，使得乡村田园生活的吸引力增强，更多的农民可以通过开办民宿、出租农宅获得收入。以相城区度假区（阳澄湖镇）莲花岛为例，农民通过开办农家乐，每年每户收入可达50万元。三是优越的环境吸引大量来自城市的游客到乡间创业、办公，为农产品带来了就近销售的市场，为农民带来了家门口的就业岗位，还为农民带来了创业示范、市场渠道、创新信息和模式。

四、启示与思考

苏州的城乡融合改革已进入深水区、前沿区，更需要攻坚克难，勇于探索新的方法和路径。苏州的实践揭示出，智慧农业农村建设对化解和突破城乡融合发展中的各种矛盾和瓶颈潜力巨大。然而，当前在智慧农业农村建设中，还未能有意识地把推动城乡融合纳入目标体系，也缺乏有针对性的模式设计和技术选择。因此，未来应重视强化智慧农业农村建设与城乡融合的协同效应：在城乡融合改革中，要充分认识到智慧农业农村建设的巨大潜能，有意识加入智慧化的工具和模式来攻克利用传统手段"治疗"效果不佳的"顽疾"；在智慧农业农村建设中，也应围绕城乡融合改革目标和难点、痛点，勇于担当，主动作为，助力探索出充满智慧的城乡融合新路。

第十四章

新时代苏州城乡高质量融合发展的形势、环境和新使命

> 今后15年是破除城乡二元结构、健全城乡融合发展体制机制的窗口期。[1]
>
> ——习近平

一、新时代苏州城乡高质量融合发展形势

（一）国际城市化先进经验带来新的启示

一是城市通过抢占全球科技、金融、文化、物流等网络核心节点来占据重要创新地位；二是通过分类构建优势产业价值链，将产业功能区建设成为带动城市发展的增长极和建设全球高端产业中心的主战场，推进产业深度融合和智能化，以提升产业竞争力；三是竞争已逐步从"技术—生产创新"转向"文化—智能创新"和"文化—技术创新"，文化含量、人口受教育水平、文明程度、休憩舒适度等对城市知名度和美誉度的影响日趋增强；四是让每个居民都过上高品质的生活，努力建设经济繁荣、机会均等、职住平衡、包容多元、公平公正、绿色清洁的人类居所，成为世界许多著名城市规划建设的共同价值取向。

---

[1] 袁红英. 以城乡融合破解不平衡不充分问题 [N/OL]. 经济日报，2022-12-13 [2024-05-19]. http://paper.ce.cn/pc/content/202212/13/content_265649.html.

（二）全国城镇化发展态势产生新的需求

根据第七次全国人口普查结果，2020年，我国常住人口城镇化率为63.89%，户籍人口城镇化率为45.4%。城镇化从总体上呈现出规模体量大、区域人口承载力和经济发展动能差异明显、半城市化和城乡二元结构并存等特征，解决流动人口市民化问题已然成为当务之急。推进以人为核心的新型城镇化现实意义重大，既是构建以国内大循环为主体、国内国际双循环相互促进新发展格局的重要支撑，也是深化供给侧结构性改革和实施扩大内需战略的关键结合点。

（三）长三角一体化提供新的机遇

长三角城市群已进入更高质量一体化发展阶段。一是对内深化跨区域合作，共建一体化发展市场体系，率先实现基础设施互联互通、科创产业深度融合、生态环境共保联治、公共服务普惠共享，推动一体化制度创新，为全国其他区域一体化、高质量发展、现代化建设提供示范；二是对外将从产业、创新、生态、文化、开放等方面，建设中国经济全球化战略新空间，重构国家基础性战略性资产，提升参与全球资源配置和竞争能力。

（四）江苏省新型城镇化规划明确新的方向

江苏省在"十四五"规划纲要中，对率先基本实现社会主义现代化，建设"强富美高"新江苏确立了路线图和时间表；在新型城镇化规划中，提出了以人的城镇化为核心、以城市现代化为导向、争创全国新型城镇化示范省份的目标，并对城市环境、城镇化格局、现代城市建设、城市治理体系和治理能力现代化、城乡深度融合发展、城镇化体制机制等领域做出制度安排。苏州新型城镇化须立足自身特色，扬长避短，为践行"争当表率、争做示范、走在前列"新使命、建设"强富美高"新江苏再创奇迹。

（五）建设社会主义现代化强市提出新的标准

作为"四化同步"之一的城镇化，是建设社会主义现代化的必由之路。要加快以信息化驱动城镇化，推动城镇化与工业化良性互动、与农业现代化相互协调，促进城镇功能、产业支撑、要素吸纳、人口集聚联动统一。苏州必须加快补齐城镇化短板,优化重塑生产生活生态空间,基本实现幼有善育、学有优教、劳有厚得、病有良医、老有颐养、住有宜居、弱有众扶,让人的全面发展、全体人民共同富裕取得更为明显的实质性进展。

二、新时代苏州城乡高质量融合发展环境

在当前和今后的一个时期里,世界百年未有之大变局的加速演变和我国社会主义现代化建设新征程的开局起步相互交融,苏州仍然处于重要战略机遇期,但机遇和挑战都有新的发展与变化。

从国际来看,受新一轮科技革命和产业变革深刻影响,全球产业分工格局和创新格局面临重塑,经济发展前景总体向好,和平与发展仍然是时代主题,人类命运共同体理念深入人心,经济全球化和区域一体化为大势所趋,新兴经济体和发展中国家正在崛起,共建"一带一路"成果丰硕。我国成功签署《区域全面经济伙伴关系协定》《中欧全面投资协定》,积极参与《全面与进步跨太平洋伙伴关系协定》谈判,这意味着国际贸易投资关系被重塑。同时,国际环境更趋复杂,地缘政治力量此消彼长,大国竞争日益激烈,不确定性有增无减,新冠病毒的影响广泛而深远,经济全球化遇到阻碍,全球产业链、供应链面临非传统因素的冲击,单边主义、保护主义对世界和平与发展构成威胁。

从国内来看,"十四五"时期是我国全面建成小康社会、实现第一个百年奋斗目标之后,乘势而上开启全面建设社会主义现代化国家新征程、向第二个百年奋斗目标进军的第一个五年。我国已转向高质量发展阶段,处在转变发展方式、优化经济结构、转换增长动力的攻坚期,尽管面临着结构性、体制性、周期性问题相互交织所带来的困难和挑战,但是社会主义制度优势显著,治理效能提升,经济长期向好,物质基础雄厚,人力资源丰富,市场空间广阔,发展韧性强劲,回旋余地够大,社会大局稳定,具备更高、更快发展的优势和条件。

从区域来看，区域发展协调性进一步增强，区域增长活力正逐步释放，中心城市和城市群日益成为资源要素的主要承载空间和经济稳定发展的重要支撑力量。长江经济带发展、长三角一体化发展等创新平台和增长极建设效应显现，苏锡常都市圈融入上海大都市圈建设、苏通跨江融合发展、苏南自主创新示范区联动发展等快速推进，区域协调发展体制机制创新成果不断涌现，各类要素合理流动和高效配置，优势互补、分工有序的发展格局正在加速形成。

从苏州自身来看，经过改革开放以来的接续奋斗和拼搏实干，苏州已成为综合实力位于全国前列的特大城市，面对内外环境变化，经济社会发展的阶段性特征发生转变。改革创新驱动发展到了攻坚期，外延扩张转向内涵提升，部门改革转向系统集成；服务构建新发展格局的示范作用到了凸显期，畅通国内产业链大循环、促进国内国际双循环的优势更快彰显，加快推动要素型开放转向制度型开放；区域协调合作共赢到了加速期，以一体化的思路打破行政壁垒、提高政策协同，深化与上海及长三角兄弟城市的分工协作，共建全球一流品质的世界级城市群；提升城市发展质量到了窗口期，以古城保护更新赋能城市转型发展，变产业投资环境塑造为吸引高层次人才环境营造。

"十四五"时期，苏州既面临巨大的困难和挑战，也适逢前所未有的发展先机，要全面、长远、辩证地总结过去、剖析问题、谋划未来，重鼓逢山开路、遇水架桥的奋斗勇气，坚决扛起新时代的历史使命和责任担当。科技创新带来产业发展新机遇，新一代基础设施建设、数字化赋能等带动传统产业升级，为推动苏州经济高质量发展提供新引擎、新动能。抓住扩大内需这个战略基点，引领服务构建新发展格局，有利于苏州巩固和提升开放型经济发展新优势。长江经济带、长三角一体化发展及上海建设社会主义现代化国际大都市，有利于苏州在更大格局中谋划特大城市现代功能，促进各类要素高效集聚。中国（江苏）自贸试验区苏州片区、苏南国家自主创新示范区、昆山经济技术开发区和苏州工业园区现代化试点等的改革，有利于苏州率先描绘社会主义现代化新画卷，探索新时代对外开放新路径,保持高质量发展始终走在最前列。

伴随着百年未有之大变局,国际经贸新格局正在重塑之中,制造业面临着发达国家"高端回流"和发展中国家"中低端分流"的双重挤压。全球产业链供应链重组,核心技术和关键环节受制于人,实体经济特别是制造业成长壮大挑战增多。区域竞争日益加剧,创新资源、优质资本和高层次人才等加快重组,人口增长和公共服务供给投入的协调难度加大。城市能级与发展水平不匹配,资源配置与要素市场化改革任重道远。新型城镇化综合效应减弱,常住流动人口市民化步伐放缓,居民高品质生活的含金量有待提升。

与此同时,苏州新型城镇化道路也面临挑战,主要表现在四个方面:一是城市能级偏低,综合创新能力不强,资源配置能力受限;二是城镇化发展不平衡不充分问题依然存在,优质教育、医疗资源过度集中于中心城区,郊区新城、产业开发区、小城镇的公共服务配套滞后;三是资源环境约束趋紧,建设用地奇缺,水环境质量堪忧,生态保护价值实现机制有效性差;四是农村集体产权、土地等改革进展缓慢,城乡一体化的要素市场效率不高、互动阻滞,农村的发展活力未能被充分激活,农业转移人口市民化缺乏全面统筹。

三、新时代苏州城乡高质量融合发展新使命

(一)"四个走在前"的历史使命

高质量发展是一个永恒的课题。作为工业大市、开放大市、人口大市,苏州只有站得高、看得远、谋得实,才能把握高质量发展的深刻内涵,担当进取、行稳致远、造福人民。苏州要全面贯彻党的二十大精神和习近平总书记对江苏省、苏州市工作的重要讲话和重要指示精神,坚定不移地贯彻高质量发展这个新时代的硬道理,聚焦落实"四个走在前""四个新"重大任务,牢固树立领先、率先、争先意识,加压奋进、担当作为,切实扛起经济大市"挑大梁"的责任,发挥好"压舱石"的作用,

为全省、全国发展大局多做贡献，推动中国式现代化美好图景率先在苏州变为现实。具体而言，要做到五点：一是要全力以赴地提升经济发展质效。大力推进新型工业化，实施苏州智造"强基提质"工程，构建"1030"产业体系（"10个重点产业集群+30条重点产业链"），形成更多新质生产力；实施中小企业数字化转型城市试点，打造数字经济发展高地；巩固外贸基本盘，促进量稳质升；扩大传统消费，壮大新型消费，打造"苏州购物"品牌。二是要一以贯之地保持转型升级定力。把创新驱动摆在更加突出的位置，统筹推进科技创新"八大工程"，加快动能转换，打造具有全球影响力的产业科技创新中心主承载区；持续增加科创投入，将其占财政支出比重提高到10%以上；服务保障好苏州实验室建设，高水平推动"一区两中心"等重大平台发展；大力激发企业创新原动力，加快创新联合体建设；实施"全球科创伙伴计划"，全年新增科创项目超1万个。三是要坚定不移扩大高水平开放。对标世界银行新评估体系，打造国际一流营商环境，深度融入江苏省"1+3"重点功能区（"扬子江城市群+江淮生态经济区、沿海经济带、淮海经济区中心城市"）建设，助力提高发展的整体性、协调性。四是要坚持不懈地推动绿色低碳发展。推进长江大保护和太湖治理，加强水源地保护，守护好长三角"大水缸"；持续建设"无废城市"，打造更多"无废园区""无废工厂"；加快构建碳普惠体系，大力发展循环经济，引导全社会践行绿色低碳生产生活方式。五是要用心用情用力增进民生福祉。实施文化强市"811"计划（"8大行动+100项重点任务+100项重点工程"），推动人文与经济交融互促；始终以百姓心为心，持续办好民生实事，持之以恒做大"民生蛋糕"，让"福气苏州"更有内涵、更有质感、更有温度，在高质量发展中为"强富美高"新江苏贡献更多"苏州力量"。

（二）率先基本实现现代化阶段人民生活需求升级

苏州在率先基本实现现代化阶段，要坚持以人民为中心的发展思想，就要以人民群众对美好生活的需求为高质量发展的导向。从需求方来看，人民美好生活之需牵引高质量发展。人民群众不仅仅对物质文化生活产生了更加个性化、多样化、高层次的需求，对公平、正义、法治、生态等方面的需求也日益增加。人民群众的需要集中体现在美好生活层面，发展必须更加关注"好不好""优不优""精不精"等问题。这就要求我们全面深化改革，提高经济发展的质量和效益，从而以推动高质量发展来满足人民对美好生活的需求，更好地推动人的全面发展。从供给方来看，发展不平衡不充分问题倒逼高质量发展。当前，我国发展不平衡不充分问题仍然突出，重点领域、关键环节改革任务仍然艰巨，创新能力不适应高质量发展要求，发展中的矛盾和问题集中体现在发展质量上。因此，必须着力推进供给侧结构性改革，加快转变经济增长方式、调整经济发展结构、提高发展质量和效益，推动经济更有效率、更有质量、更加公平、更可持续地发展，推动经济社会向着形态更高级、分工更优化、结构更合理、供需更协调平衡的阶段迈进。可以说，推动高质量发展是遵循经济发展规律、保持经济持续健康发展的必然要求，是适应我国社会主要矛盾变化、解决发展不平衡不充分问题的必然要求，也是有效防范与应对各种重大风险和挑战、以中国式现代化全面推进中华民族伟大复兴的必然要求。

（三）苏州城乡发展进入存量阶段

当前，苏州已经进入存量发展阶段，在城市可建设用地日益紧缺的背景下，增量式发展难以为继。从城镇化发展的一般规律来看，苏州城市发展将由大规模增量建设转变为存量提质改造和增量结构调整并重，城市基础设施和公共服务需要迫切地推进城市更新，让人民群众在城市生活得更舒适、更放心、更美好。存量变增量是城市高质量发展新理念的必然选择，在严格控制新增建设用地总量、严格保护耕地、禁止大拆大建等新形势下，城市建设必须全面落实土地供给侧结构性改革，盘活存量土地和低效用地，不断增强城市核心承载力。苏州要加强土地利用计划管理，实行建设用地总量控制，通过实施城市更新，按照"管住总量、严控增量、盘活存量"的总体要求，严格落实集约节约用地要求，盘活存量土地和低效用地，促进城市紧凑、集约、高效、绿色发展；要加强耕地与生态保护，解决城镇快速扩张占用大量耕地良田、土地开发强度过高等问题，对城镇内部存在的大量低效用地，通过实施城市更新，盘活存量用地，向"土地存量"要"发展增量"，进一步改善城市人居环境，减少土地资源浪费，从而保护耕地、保护生态，化解资源保护和城市发展的矛盾。

（四）数字经济变革效应逐步显现

近年来，苏州瞄准数字经济"新赛道"，坚持制造业数字化转型、服务业数字化发展、农业数字化提升，促进数字经济与实体经济深度融合。一是数字化转型是推动制造业高质量发展和实现苏州制造"大强"的重要举措。苏州扎实推进"智改数转网联"，实现规模以上工业企业全覆盖，获评国家中小企业数字化转型试点城市，拥有"灯塔工厂"7家，工业互联网平台连接设备超百万台，引育16家国家级双跨平台。二是探索以数字化服务改革推进城市数字化转型，以数字化服务赋能高质量发展。苏州通过"苏商通"APP，搭建数字化转型供需对接平台，创新建设了金融、人才、科技、法律等特色专区，打造科技枢纽、免申即享、楼宇招商、政策直达、资金直达、活动广场等高需求的服务应用板块，实现惠企服务直达。苏州城市服务总入口"苏周到"创新构建"政务+生活"双主页、政务服务移动端、城市服务聚集端和新闻资讯触达端"一体两面三端"格局，累计接入567个服务事项，用户总数突破2 300万，数字化服务正在解锁更智能的幸福生活。三是在推进数字乡村建设的道路上不断前进。数字乡村集聚数字资源、联通数字网络、应用数字场景、强化顶层设计和系统集成等，有效整合"三农"资源、促进平台深度融合，加"数"绘就苏州乡村振兴壮丽画卷。

（五）大力发展新质生产力

作为江苏乃至全国的经济重镇，苏州加快形成新质生产力，结合自身功能定位、人才优势和资源禀赋等，提出了明确的产业导向。新质生产力就是新质态的生产力，它有别于传统生产力，涉及领域新、技术含量高，是科技创新发挥主导作用的生产力，代表生产力演化中的一种能级跃迁。科技创新能够催生新产业、新模式、新动能，是发展新质生产力的核心要素。要盯住头部、尖端、骨干，激发企业创新原动力，重点支持第三代半导体、生物医药、工业母机、工业软件等领域的关键核心技术攻关，聚力解决一批"卡脖子"难题。打造开放的科技成果库、概念验证中心、中试工程化等成果转化服务平台，注重统筹、整合、集约，做强载体平台硬实力，建设未来产业研究院，高水平推动"一区两中心"等重大平台发展。同时，苏州要及时将科技创新成果应用到具体产业和产业链上。新质生产力本身就是绿色生产力，必须加快发展方式绿色转型，加快构建绿色产业链供应链，探索建设"零碳园区""零碳工厂"；要激发生产要素活力，优化培育新质生产力的土壤，新质生产力以劳动者、劳动资料、劳动对象及其优化组合的跃升为基本内涵，以全要素生产率大幅提升为核心标志；要深化经济体制、科技体制等改革，着力打通束缚新质生产力发展的堵点、卡点，围绕全链条、全要素、全周期，提升创新生态竞争力；要加大科技创新投入，围绕"0到1"的基础研究、"1到100"的工程化和产业化突破、"100到10 000"的产业化加速阶段，构建全链条创新支持体系。

第十五章

未来苏州城乡融合发展的目标与任务

> 坚持农业农村优先发展,坚持城乡融合发展。[1]
>
> ——习近平

推进城乡融合发展是国家现代化的重要标志,主要内容包括逐步实现城乡居民基本权益平等化、城乡公共服务均等化、城乡居民收入均衡化、城乡要素配置合理化,以及城乡产业发展融合化。对照党的十九大报告提出的决胜全面建成小康社会、分两个阶段实现第二个百年奋斗目标的战略安排,实现城乡融合发展既是新型城乡关系的最终目标,也是一个需要花费较长时间,直到实现全面现代化才能完成的历史任务。

一、未来苏州城乡融合发展的指导思想

以习近平新时代中国特色社会主义思想为指导,全面贯彻党的二十大会议精神,紧紧围绕统筹推进"五位一体"总体布局和协调推进"四个全面"战略布局,坚持和加强党的全面领导,坚持以人民为中心的发展思想,坚持稳中求进工作总基调,坚持新发展理念,坚持推进高质量发展,

---

[1] 中央农村工作会议在京召开:习近平对"三农"工作作出重要指示[N]. 人民日报, 2023-12-21 (1).

坚持农业农村优先发展，以协调推进乡村振兴战略和新型城镇化战略为抓手，以缩小城乡发展差距和居民生活水平差距为目标，以完善产权制度和要素市场化配置为重点，坚决破除体制机制弊端，促进城乡要素自由流动、平等交换和公共资源合理配置，加快形成工农互促、城乡互补、全面融合、共同繁荣的新型工农城乡关系，加快推进农业农村现代化。

二、未来苏州城乡融合发展的基本原则

（一）坚持遵循规律、把握方向

顺应城镇化大趋势，牢牢把握城乡融合发展正确方向，树立城乡"一盘棋"理念，突出以工促农、以城带乡，构建促进城乡规划布局、要素配置、产业发展、基础设施、公共服务、生态保护等相互融合和协同发展的体制机制。

（二）坚持整体谋划、重点突破

围绕乡村全面振兴和社会主义现代化国家建设目标，强化统筹谋划和顶层设计，增强改革的系统性、整体性、协同性，着力破除户籍、土地、资本、公共服务等方面的体制机制弊端，为城乡融合发展提供全方位制度供给。

（三）坚持因地制宜、循序渐进

充分考虑不同地区城乡融合发展阶段和乡村差异性，稳妥把握改革时序、节奏和步骤，尊重基层首创精神，充分发挥地方积极性，分类施策、梯次推进，试点先行、久久为功，形成符合实际、各具特色的改革路径和城乡融合发展模式。

（四）坚持守住底线、防范风险

正确处理改革、发展、稳定三者的关系，在推进体制机制破旧立新的过程中，守住土地所有制性质不改变、耕地红线不突破、农民利益不受损底线，守住生态保护红线，守住乡村文化根脉，高度重视和有效防范各类政治、经济、社会风险。

（五）坚持农民主体、共享发展

发挥农民在乡村振兴中的主体作用，充分尊重农民意愿，切实保护农民权益，调动亿万农民积极性、主动性、创造性，推动农业全面升级、农村全面进步、农民全面发展，不断提升农民获得感、幸福感、安全感。

三、未来苏州城乡融合发展的主要目标

未来一段时间，既是苏州推进高质量发展、开启现代化建设新征程的关键阶段，也是苏州推进城乡融合发展，提升苏州在扬子江城市群战略、长江经济带战略及长三角一体化战略中的功能作用与角色地位的重要阶段。苏州加快推进城乡融合发展，条件已然具备，时机已然成熟，开展工作正当其时。参照中共中央、国务院发布的《关于建立健全城乡融合发展体制机制和政策体系的意见》，苏州城乡融合发展的目标分为近期目标、中期目标和远期目标。

（一）近期目标

到2025年，苏州城乡要素自由流动制度性通道基本打通，城市落户政策进一步完善，城乡统一建设用地市场基本建成，金融服务乡村振兴的能力明显提升，农村产权保护交易制度框架基本形成，基本公共服务均等化水平稳步提高，乡村治理体系不断健全，经济发达地区、都市圈和城市郊区在体制机制改革上率先取得突破。

（二）中期目标

到2035年，苏州市域城乡发展差距和居民生活水平差距显著缩小。城乡有序流动的人口迁徙制度基本建立，城乡统一建设用地市场全面形成，城乡普惠金融服务体系全面建成，基本公共服务均等化基本实现，乡村治理体系更加完善，农业农村现代化基本实现。

（三）远期目标

到21世纪中叶中华人民共和国成立100周年的时候，苏州市域的城乡全面融合发展，乡村全面振兴，全体人民共同富裕基本实现。

四、未来苏州城乡融合发展的重点任务

(一) 促进城乡要素自由等价流动

苏州要突破城乡分割的二元体制障碍,加快户籍、土地、就业、公共服务等综合配套改革步伐,必须建立并完善城乡统一的户籍登记管理制度、土地管理制度、就业管理制度、公共服务制度和行政管理制度,促进城乡要素自由流动、平等交换和公共资源均衡配置。

1. 深化农村土地制度改革

苏州要引导农民自愿有偿退出农村土地。在农户自愿的基础上,依法引导农户退出宅基地,给予宅基地补偿费,并整合利用腾退宅基地,允许让出部分权益的农民继续保留村级集体经济组织成员身份,允许村集体自行将城乡建设用地增减挂钩指标,以货币出让或指标入股等方式与用地机构交易。推动农村集体经营性建设用地入市,探索国有土地与集体土地混合出让、产业用地与住宅用地混合出让、出让与流转混合入市新模式,增强镇村级工业园改造动力。探索整块用地直接入市、零星用地整理入市、城中村腾出入市等多种方式。探索推进集体经营性建设用地使用权和地上建筑物所有权房地一体、分割转让。允许村集体有偿收回农户自愿退出的宅基地,并转变为集体经营性建设用地入市。积极开展土地经营权抵押贷款试点,充分激活土地承包经营权经济属性。鼓励和支持村级集体经济组织依法使用建设用地自办或以土地使用权入股、联营等方式与其他单位和个人共同兴办相关企业。改革城乡建设用地增减挂钩管理办法,实施"三优三保"行动升级版,按需推进村庄规划编制,进一步盘活农村存量建设用地,优先保障乡村产业发展、乡村建设用地。各区(县级市)单列不少于5%的新增建设用地计划指标用于农村第一、第二、第三产融合发展和乡村振兴项目用地。

2. 完善乡村发展投融资机制

苏州要积极争取国家城乡融合发展基金,鼓励各级财政设立城乡融合

发展专项资金支持城乡融合发展及相关项目建设，发挥乡村振兴投资基金作用，撬动更多社会资本、金融资本参与农业农村建设发展。强化金融支农政策手段，推广农村承包地经营权抵押贷款，鼓励工商资本参与乡村产业发展和基础设施建设。推动农村信用社和农商行回归服务"三农"，引导中小银行和地方银行创新金融产品，鼓励开发性银行和政策性银行加大对城乡融合项目中长期信贷的支持力度。支持区（县级市）申请发行用于城乡融合公益性项目的政府债券。推进农业保险扩面、增品、提标，支持保险机构开发地方特色险种。完善融资贷款和配套设施建设补助等政策，鼓励工商资本投资适合产业化规模化集约化经营的农业领域。建立工商资本下乡负面清单制度及工商资本租赁农地风险防范机制。规范政府性债务管理，将政府举债融资全面纳入预算监管，严控新增债务。加强审计监督和督查问责，健全地方政府性债务风险评估和预警机制。

3. 鼓励和引导人才向乡村流动

苏州要完善财税、金融、社会保障等支持政策，鼓励村级集体经济组织创新股份转让、赋予"新村民"资格及相应权能等多种方式，吸引各类人才返乡就业创业。实施乡贤回归工程，完善乡贤回乡服务保障和政策激励机制，引导乡贤参与乡村经济发展和社会治理。实施新时代优秀青年下乡计划，推进"定制村干"培育工程，搭建乡村"青创联盟"，支持返乡青年竞聘乡村振兴职业经理人。鼓励青年人才返乡入乡创业，完善乡贤回乡激励机制。建设一批返乡创业园，打造一批农创客基地。建立城乡人才交流合作机制，通过岗编适度分离等多种方式，推动城市教、科、文、卫、体等方面的人才定期服务乡村。实施职业农民培育工程，推动农业从业人员职业化，依托涉农院校开展"订单式"农业农村实用人才培养，加快形成现代"新农人"群体。

（二）构建优质均衡公共服务体系

1. 推动优质医疗资源向乡村延伸

苏州要落实江苏省"双下沉、两提升"工作机制，高水平深入推进医联体和县域医共体建设，推动城市优质医疗资源向县域下沉。以建设分级诊疗、医疗联合体为方向，推进紧密型医联体建设试点，持续推进有苏州特色的专科专病医联体建设。完善"一老一小"健康服务体系。加快构建贯通健康教育、预防保健、疾病诊治、康复护理、长期照护和安宁疗护的全链条老年健康服务体系。健全妇幼保健网络体系，扩大婴幼儿照护普惠性服务供给。打造优势鲜明的中医药服务体系，建设中医特色重点医院和中西医结合"旗舰"医院，促进中医药传承创新。建设强大的公共卫生安全体系。重点建设市公共卫生临床中心、市重大疫情救治基地等项目。持续推动本地医疗卫生机构和名医工作室"走出去"，与长三角地区特别是上海市的优质医疗资源对接合作，提高办医水平。

2. 推动城乡教育优质均衡发展

苏州要全面巩固、提升义务教育基本均衡发展成果，进一步缩小义务教育城乡、校际差距，整体提高义务教育标准化建设水平和教育质量。以公办园为示范、普惠园为主体，加快乡镇幼儿园扩容建设。补齐乡村小规模学校和乡镇寄宿制学校两类学校短板，优化校舍配置。加快发展城乡教育联合体，鼓励城乡学校开展"学校联盟"或"集团化办学"，通过组团式教育帮扶等方式，推进跨层级、跨县域的优质教育资源流动共享。推进义务教育教师"县管校聘"，积极发展名师"空中课堂"等线上教育，实现城乡结对学校管理共进、教学共研、资源共享、信息互通。

3. 完善城乡统一的养老服务体系

苏州要完善农村居家养老服务模式，为最低生活保障家庭和最低生活保障边缘家庭中的失能、失智、高龄老年人提供基本养老服务补贴。全面拓宽农村居家养老服务中心覆盖面，有序推进养老机构"公建民营"，加强养老护理人员队伍建设，积极打造一批"15分钟城乡养老服务示范圈"。加大对困难群体的帮扶力度，对低保对象、特困供养人员等困难群体，按最低标准代缴城乡居民基本养老保险，保障优质养老服务供给覆盖面；构建覆盖全域的智慧养老平台，打造面向个人、市场主体、养老从业人员和政务人员的综合性养老应用，打造苏州养老服务大数据平台；开发适老生活用品市场，持续推动、充分兼顾老年人需要的智慧社会建设，创建"示范性老年友好型社区"。

4. 提升城乡公共文体服务供给能力

苏州要打造新型文旅商业消费聚集区，完善县级公共图书馆、文化馆、博物馆，改善游客服务中心等旅游配套设施，建设体育公园和城市公园；充实乡镇公共文化设施，提升公共图书馆、乡镇综合文化站、农家书屋等公共文化设施功能，按需求足时免费开放。定期举办公益性讲座、电影放映、图片展览、图书销售等公益性流动文化活动。推进农村文化礼堂、乡镇体育馆建设。因地制宜创新打造一批优质的多样化品质化公共文化空间，鼓励社会力量参与公共文化服务体系建设。

5. 健全城乡基本公共服务普惠共享体制机制

苏州要建立健全有利于城乡基本公共服务普惠共享的体制机制，包括建立城乡教育资源均衡配置机制、健全乡村医疗卫生服务体系、健全城乡公共文化服务体系、完善城乡统一的社会保险制度、统筹城乡社会救助体系和建立健全乡村治理机制等内容。

（三）推动乡村基础设施提档升级

1. 推进城乡交通畅联

苏州要创新城乡交通基础设施融合发展投入和管护机制，推动城乡道路等公益性设施管护和运行投入纳入一般公共财政预算，鼓励以政府购买服务等方式引入专业化管护企业。高品质建设"四好农村路"，统筹并升级农村渡口、停车场地等交通基础设施，使得建、管、养、运水平保持国内领先。推进农村客运公交化改造，推广"互联网+共享出行"模式，创新发展"定制公交"等乡村旅游客运服务。

2. 推进数字乡村新基建

苏州要推动乡村生产生活基础设施数字化改造，推进乡村智慧水利、智慧交通等建设。建立乡村重要资源天空地一体化全域地理信息"一张图"，全面推进乡村"山水林田湖草"等资源、农村住房、人居环境等领域数字化管理。推进实现农村高速光纤网络、4G网络、数字电视网络全覆盖和村庄集中公共区域Wi-Fi重点覆盖,基本实现光纤到村,农村普遍接入能力达到1 000兆位(1Gbps)。推动物联网、智慧村务、智慧医疗、智慧教育和智慧旅游等建设。在在线为民服务、村民在线议事、乡村精准管控、村务在线监管、乡村电商服务等领域率先实现突破。

3. 升级乡村其他基础设施网络

苏州要完善农村供电、供水、供气、供网,升级农村抗灾防灾设施。坚持城乡同质标准,落实县级统管责任,推进农村供水管网升级改造。加快推进城乡一体化天然气管网布局建设,推广应用清洁能源,优化农村能源供给结构。加强城乡流通资源优化配置与模式创新,形成高效可达的乡村物流配送和便利经济的设施布设体系。

4. 建立健全有利于城乡基础设施一体化的体制机制

苏州要建立健全有利于城乡基础设施一体化发展的体制机制,包括建立城乡基础设施一体化规划机制、健全城乡基础设施一体化建设机制和建立城乡基础设施一体化管护机制等内容。

(四) 提高城乡产业协同发展水平

1. 建立新产业、新业态培育机制

一是要构建农村第一、第二、第三产业融合发展体系,依托"互联网+"和"双创"推动农业生产经营模式转变,健全乡村旅游、休闲农业、民宿经济、农耕文化体验、健康养老等新业态培育机制,完善农村电子商务支持政策,实现城乡生产与消费多层次对接。二是要适应居民消费升级趋势,制定便利市场准入、加强事中事后监管的政策,制定相关标准,引导乡村新产业改善服务环境、提升品质。三是要在年度新增建设用地计划指标中安排一定比例支持乡村新产业、新业态发展,探索实行混合用地等方式。四是要严格农业设施用地管理,满足合理需求。

2. 搭建城乡产业协同发展平台

苏州要培育发展城乡产业协同发展先行区,推动城乡要素跨界配置和产业有机融合。一是把特色小镇作为城乡要素融合的重要载体,打造集聚特色产业的创新创业生态圈。二是把农业园区作为重要的平台，优化提升各类农业园区。三是完善小城镇连接城乡的功能，让它承接一定的产业和公共服务。四是探索美丽乡村的特色化、差异化发展方式，盘活并用好乡村的资源资产。五是创建一批城乡融合典型项目。通过市场化方式设立城乡融合发展基金，引导社会资本，重点培育一批国家层面的城乡融合典型项目，形成示范带动效应。

3. 持续发展农村集体经济

苏州要坚持市场导向，推动农村集体经济高质量发展，到2025年全市农村集体总资产力争超过3 000亿元，村（社区）均可支配收入达到1 000万元。探索农村集体资产运营新机制，试点开展农村集体资产市场化、职业化运营模式，通过委托管理、组建平台公司、股份制、租赁等形式参与乡村产业融合发展。支持各地建立职业经理人制度，鼓励各地以镇（街道）为单位推动农村集体经济抱团异地发展，在城镇规划区、各类开发区等优势地段开发建设农贸市场、城镇综合体、科技创业园等经营性项目，到2025年镇级统筹发展村级集体经济项目占比在70%以上。鼓励村级集体经济组织创办休闲观光农业和乡村旅游合作社，或与社会资本联办休闲观光农业、乡村旅游产业和农村服务业，支持村级集体经济组织以出租、联营、入股等方式盘活空闲农房及宅基地。支持各地将成熟的农村公共服务配套项目纳入政府定点采购范围，着力拓宽农村集体经济增收渠道。持续开展"万企联万村"行动，加大村企对接力度，推动一批重大项目、重点工程、重要产业落地。

4. 建立健全乡村产业多元化发展的体制机制

苏州要建立健全有利于乡村经济多元化发展的体制机制，包括完善农业支持保护制度、建立新产业新业态培育机制、探索生态产品价值实现机制、建立乡村文化保护利用机制、搭建城乡产业协同发展平台和健全城乡统筹规划制度等内容。

（五）大力促进城乡居民共同富裕

1. 建立健全有利于农民收入持续增长的体制机制

苏州要建立健全有利于农民收入持续增长的体制机制，包括优化促进农民工资性收入增长的环境、健全农民经营性收入增长机制、建立农民财产性收入增长机制、强化农民转移性收入保障机制等内容。鼓励产业园区、农业龙头企业、小微企业以多种形式提供就业岗位，加强乡村公益性岗位开发，引导农村劳动力转移就业和就地就近转移就业。建立农民财产性收入增长机制，深化农村集体产权制度改革，推动以折股量化形式让村级集体经济组织成员长期分享资产经营收益。引导村级集体经济组织开辟资产租赁、企业股份制、农业开发、生产服务等多种路径，创新农村集体经济发展形态，提高农村集体经济收入水平。

2. 持续促进农民增收

苏州要因地制宜发展村镇主导产业、培育新兴产业、挖掘优势产业，增强产业经济对区域共同富裕的带动作用。促进农业农村现代化发展，推动科技要素融入农村农业。深化农村集体经济转型升级，紧抓农村电商、直播带货等新业态发展机遇。深化农村集体产权制度改革，将农村集体资产所有权确权到村级集体经济组织成员。持续深化农村改革，积极探索实施农村集体经营性建设用地入市制度，完善盘活农村存量建设用地政策。支持龙头企业与农民共建产业化联合体，让农民分享加工销售环节收益。完善企业与农民利益联结机制，促进小农户和现代农业发展有机衔接。加快建立新生代农民工职业技能培训制度，提升就业的针对性和有效性。积极拓宽农村转移劳动力就业渠道，提高就业质量。

3. 持续帮扶农村集体经济相对薄弱村和弱势群体

按照"标准再提高、重点再聚焦、内涵再丰富、底线再织牢"的总体要求，苏州继续对50个农村集体经济相对薄弱村实施新一轮巩固提升工作，进一步缩小收入差距、促进共同富裕。积极创新帮扶方式和途径，因地制宜制订差别化帮扶方案，增强薄弱村脱贫致富的内生动力。完善"阳光惠农"监管系统平台，健全扶贫资金和项目长效监管机制。着力完善城乡居民平等就业和充分就业制度，重点关注低收入家庭的充分就业，并单列考核指标。加大精准帮扶力度，全面推进"一户一档一策"精准帮扶机制建设。健全低收入农户人群保障机制，推进低收入农户基本同步实现现代化，稳步提高农村低保标准，多种途径提高低收入人群收入水平。加大岗位开发特别是公益性岗位采集力度，重点做好困难家庭子女就业帮扶工作，确保有就业愿望的困难家庭子女100%推荐就业。加快救助申请平台、经济状况核对等大数据平台的研究和建设，进一步优化救助申请流程、简化审批材料、完善工作机制。

（六）推动城乡融合政策体系创新

1. 健全城乡产业融合发展政策体系

产业兴旺是城乡融合发展的重要标志。苏州必须高质量推进乡村产业发展，增强农村"造血"功能和内在动力。一是合理调整城乡产业布局。建立健全引导城市产业、消费、要素向农村流动的政策体系，推动城乡互动、产业融合。尤其是要将资源型产品开发、农业初级产品加工和一些劳动密集型产业更多地布局到广大农村，降低生产成本，增加农村就业机会，活跃农村经济。二是推进农业供给侧结构性改革。农业的主要矛盾已由总量不足转变为结构性矛盾，因此，必须转变农业发展方式，提高农业创新力、竞争力和全要素生产率，走质量兴农之路。特别是要利用苏州农业科技贡献率高的优势，整合农业科技创新资源，培育农业创新团队，加快形成一批农业科技原始性和自主性创新成果。三是积极推动第一、第二、第三产业融合发展。推动农业与精深加工业、现代流通业融合，延伸产业链、价值链。推动农业与旅游、教育、文化、康养等产业融合，挖掘绿水青山、田园风光、乡土文化等资源禀赋优势，打造一批休闲观光农业特色村庄和精品旅游线路。推动农业与互联网、物联网技术融合，发展"互联网+"现代农业，培育智慧农业、创意农业等新型业态，积极推进农村电子商务发展。

2. 健全城乡要素合理配置政策体系

要素资源在城乡之间的流动是城乡融合发展的前提，必须依靠改革扫除制约城乡融合发展的制度障碍，全面激活市场、激活要素、激活主体，为农业农村发展增添新动能、注入新动力。一是保障产权要素，促进农村各类资产资源合理流动和优化配置。深化集体产权制度改革，健全农村产权交易市场体系，赋予农民更多的财产权利。完善农村集体资产清查登记、经营、招投标等各项制度建设，促进农村集体经济规范健康发展。深化农村土地"三权分置"改革，全面完成农村土地承包经营权确权登记颁证工作，引导土地承包经营权规范有序流转。二是激活资本要素，开拓金融支持与投融资渠道。健全投入保障制度，创新投融资机制，加快形成财政优先保障、金融重点倾斜、社会积极参与的多元投入格局，确保投入力度不断加大、总量持续增加。发挥财政政策导向功能和财政资金杠杆作用，引导工商资本和社会资本投向农业农村，探索政府和社会资本合作模式在农业农村基础设施建设中的运用。提高金融服务水平，健全适合农业农村特点的农村金融体系，把更多金融资源配置到农村经济社会发展的重点领域和薄弱环节。三是汇聚人才要素，鼓励高素质人才"上山下乡"。必须突破人才瓶颈，把人力资本开发放在首要位置，畅通智力、技术、管理下乡通道，造就更多乡土人才，鼓励城镇各类人才到农村创业创新。营造良好环境，加大对返乡下乡"双创"人员的支持力度，解决好用地、信贷、保险、社保等方面遇到的困难。

3. 健全城乡公共服务均等政策体系

一是加快农村基础设施建设提档升级，推动城乡基础设施互联互通。强化片区规划理念，形成统一规划布局重大基础设施、重大产业和社会发展项目的城乡建设新格局。建设集社区公共服务、居家养老服务、文化服务、社会组织服务于一体的多功能综合服务体，促进公共资源共建、共享、共用。推进"智慧农村"建设，提升农村社区服务中心功能。二是促进城乡教育均衡发展。要针对当前农村教育质量不高的突出问题，加大城乡教育资源的均衡配置力度，通过财政拨款、设备添置和教师配置等向农村学校倾斜资源。关爱留守儿童，加强农村寄宿制学校建设，改善普惠性民办义务教育学校的办学条件。三是推动农村社会治理创新。健全自治、法治、德治相结合的乡村治理体系，培养造就一支懂农业、爱农村、爱农民的"三农"工作队伍。加强党对"三农"工作的领导，加强基层党建，建设法治型党组织。规范完善村民自治组织和村级集体经济组织运行机制，深化以村民会议、村民代表会议、议事协商为主要形式的民主决策。推行综合网络化服务管理模式，促进乡村治理精细化。四是加强乡风文明建设。深入开展社会主义核心价值观宣传教育，提高农民文明素质和农村社会文明程度，焕发乡风文明新气象。利用农村极具特色的民俗乡情、历史积淀等文化资源，保护和弘扬优秀传统文化，大力发展乡村文化产业，丰富村民精神生活。

4. 健全城乡居民收入均衡政策体系

推进城乡融合发展，最根本的是提高城乡居民的富裕程度和生活质量。必须坚持市场无形之手、政府有形之手、农民勤劳之手"三手发力"，拓宽新渠道，挖掘新潜力，培育新动能，促进城乡居民收入差距进一步缩小。一是增加工资性收入。苏州90%以上的农村居民实现了非农化就业，农村居民工资性收入占比达59.1%。苏州应利用本地市场主体多、民营经济活跃的优势，千方百计增加农民就业机会，巩固农民增收主渠道作用。完善城乡平等的就业制度和公共就业服务体系，帮助更多的农村居民向高层次行业、高收入岗位转移就业，不断提高农村居民就业质量和劳动报酬水平。二是挖掘经营性收入增长潜力。农民创业，不仅可以增加收入，还可以发展当地经济，以创业带动就业，为其他农民创造更多的工资性收入。加快实施农村创业富民行动计划，积极落实各类创业扶持政策，带动农民就业和增收。三是释放财产性收入增长红利。大力发展农村劳务合作社、民宿合作社、休闲观光农业和乡村旅游合作社等股份合作经济组织，拓展新型农村集体经济发展路径，支持村级集体经济组织抱团、联合、异地发展，做大、做强富民载体，让广大农民获得稳定分红收入。四是拓展转移性收入增长空间。坚持"全覆盖、多层次、保基本、可持续"的方针，建立健全社会保障托底网络。推进城乡居民养老保险全覆盖，完善农村低保制度，完善城乡统一的基本医疗保险和大病保险制度。加大精准帮扶力度，健全"救急难"长效机制，落实专项救助制度，解决困难群众突发性、紧迫性、暂时性生活困难。

5. 健全城乡生态文明建设政策体系

古镇古村、古迹古韵、田园风光、秀美山水是苏州的宝贵资源，必须加强乡村环境治理与保护，切实改善城乡生态人居环境。一是优化空间布局。从土地利用计划安排、用地结构调整、国土开发空间优化等方面，引导土地等生产要素合理配置，科学确定村庄布局，形成布局合理、层级分明、职能明确、特色鲜明的镇村体系和城乡空间格局。二是加强环境治理。深入实施村庄环境改善提升行动，全面实施农村生活污水治理，实现重点村、特色村全覆盖。推进农业面源污染治理，实施化肥、农药"零增长"行动，开展规模畜禽场综合治理。建立农村垃圾收转运系统和无害化处理系统，提高镇（街道）、村（社区）生活垃圾无害化处理率。三是推进生态建设。加强农业资源保护，划定全域永久基本农田，加强湿地保护与修复，确保农业各类资源得到有效保护、高效利用。完善生态补偿政策，加强对生态补偿资金安排、使用的考核，提升生态补偿资金利用成效。四是美化人居环境。改善小城镇环境，大力保护历史文化名镇名村，着力培育一批有特色的美丽乡村。探索以产业为支撑、各具特色的美丽宜居小镇建设模式，建设景观优美、出行便捷、服务完善、居住舒适、邻里融洽的宜居环境。

参考文献

[1] 毕夫. 城乡融合是带动乡村振兴的核心引擎[N]. 中国青年报, 2018-01-22（2）.

[2] 查雅雯, 曹立. 缩小差距促进共同富裕：主要挑战、现实基础与实现路径[J]. 理论视野, 2022（5）：52-57.

[3] 陈丹, 张越. 乡村振兴战略下城乡融合的逻辑、关键与路径[J]. 宏观经济管理, 2019（1）：57-64.

[4] 陈坤秋, 龙花楼. 中国土地市场对城乡融合发展的影响[J]. 自然资源学报, 2019, 34（2）：221-235.

[5] 陈艳清. 关于城乡融合发展的思考与实践：兼谈城乡融合的五种模式[J]. 中国农垦, 2015（9）：30-32.

[6] 陈志钢, 茅锐, 张云飞. 城乡融合发展与共同富裕：内涵、国际经验与实现路径[J]. 浙江大学学报（人文社会科学版）, 2022, 52（7）：68-78.

[7] 陈宗胜, 等. 中国居民收入分配通论：由贫穷迈向共同富裕的中国道路与经验：三论发展与改革中收入差别变动[M]. 上海：格致出版社, 2018.

[8] 陈宗胜, 杨希雷. 论中国共同富裕测度指标和阶段性进展程度[J]. 经济研究, 2023, 58（9）：79-97.

[9] 陈宗胜, 张杰. 中国收入差别变动趋势总体考察：从"先富"到"共富"[J]. 经济学动态, 2023（5）：17-34.

[10] 邓小平. 邓小平文选：第三卷[M]. 北京：人民出版社, 1993.

[11] 段锴丰, 施建刚, 吴光东, 等. 城乡融合系统：理论阐释、结构

解析及运行机制分析［J］. 人文地理, 2023, 38（3）: 1-10.

［12］ 范根平. 新中国成立以来我国城乡关系的演进脉络及趋势展望［J］. 辽宁行政学院学报, 2023（1）: 78-83.

［13］ 费尔南·布罗代尔. 15 至 18 世纪的物质文明、经济和资本主义: 第一卷: 日常生活的结构: 可能和不可能［M］. 顾良, 施康强, 译. 北京: 生活·读书·新知三联书店, 1992.

［14］ 高帆. 城乡融合发展如何影响中国共同富裕目标的实现［J］. 中国经济问题, 2022（5）: 12-24.

［15］ 龚志伟. 乡村振兴视阈下社会组织参与公共服务研究［J］. 广西社会科学, 2020（4）: 79-83.

［16］ 郭磊磊, 郭剑雄. 城乡融合: 中国西部地区的分化［J］. 西安财经学院学报, 2019, 32（1）: 62-68.

［17］ 郭星华, 刘朔. 中国城乡关系七十年回望: 国家权力的下沉、回缩与再进入: 有关城乡关系变迁的社会学思考［J］. 社会科学, 2019（4）: 81-90.

［18］ 韩理. 要注意城乡融合的动向［J］. 瞭望, 1984（8）: 21-22.

［19］ 韩文龙, 祝顺莲. 新时代共同富裕的理论发展与实现路径［J］. 马克思主义与现实, 2018（5）: 31-37.

［20］ 何仁伟. 城乡融合与乡村振兴: 理论探讨、机理阐释与实现路径［J］. 地理研究, 2018, 37（11）: 2127-2140.

［21］ 胡湘湘, 宋金昭, 于军琪. 黄河流域城乡融合系统耦合协调研究: 指标体系构建、实证测度与时空演进［J/OL］. 西北人口, 2024, 45（4）: 1-13［2024-06-29］. http://kns.cnki.net/kcms/detail/62.1019.C.20240308.1112.002.html.

［22］ 黄承伟. 论乡村振兴与共同富裕的内在逻辑及理论议题［J］. 南京农业大学学报（社会科学版）, 2021, 21（6）: 1-9.

［23］ 黄锡生, 王中政. 论城乡融合发展的双重逻辑及制度统合［J］. 现代经济探讨, 2021（5）: 1-9.

[24] 黄瑛, 张伟. 大都市地区县域城乡空间融合发展的理论框架 [J]. 现代城市研究, 2010 (10): 74-79.

[25] 霍华德. 明日的田园城市 [M]. 金经元, 译. 北京: 商务印书馆, 2000.

[26] 蒋永穆, 谢强. 扎实推动共同富裕: 逻辑理路与实现路径 [J]. 经济纵横, 2021 (4): 15-24.

[27] 李春玲. 迈向共同富裕阶段: 我国中等收入群体成长和政策设计 [J]. 北京工业大学学报 (社会科学版), 2022, 22 (2): 38-48.

[28] 李红玉. 城乡融合型城镇化: 中国新型城镇战略模式研究 [J]. 学习与探索, 2013 (9): 98-102.

[29] 李军鹏. 共同富裕: 概念辨析、百年探索与现代化目标 [J]. 改革, 2021 (10): 12-21.

[30] 李宁. 城乡融合发展驱动共同富裕的内在机理与实现路径 [J]. 农林经济管理学报, 2022, 21 (4): 473-480.

[31] 李实, 陈基平, 滕阳川. 共同富裕路上的乡村振兴: 问题、挑战与建议 [J]. 兰州大学学报 (社会科学版), 2021, 49 (3): 37-46.

[32] 李实, 吴彬彬. 中国外出农民工经济状况研究 [J]. 社会科学战线, 2020 (5): 36-52.

[33] 李文宇. 城乡分割会走向城乡融合吗: 基于空间经济学的理论和实证分析 [J]. 财经科学, 2015 (6): 71-83.

[34] 李逸飞. 面向共同富裕的我国中等收入群体提质扩容探究 [J]. 改革, 2021 (12): 16-29.

[35] 李昀励. 新阶段共同富裕的制度优势、挑战与对策 [J]. 学校党建与思想教育, 2021 (14): 88-90.

[36] 林志鹏. 乡村振兴战略需要坚持城乡融合发展的方向 [J]. 红旗文稿, 2018 (18): 23-24.

[37] 刘培林, 钱滔, 黄先海, 等. 共同富裕的内涵、实现路径与测度方法 [J]. 管理世界, 2021, 37 (8): 117-129.

[38] 刘彦随. 中国新时代城乡融合与乡村振兴［J］. 地理学报，2018，73（4）：637-650.

[39] 刘易斯·芒福德. 城市发展史：起源、演变和前景［M］. 倪文彦，宋俊岭，译. 北京：中国建筑工业出版社，1989.

[40] 龙花楼，邹健，李婷婷，等. 乡村转型发展特征评价及地域类型划分：以"苏南—陕北"样带为例［J］. 地理研究，2012，31（3）：495-506.

[41] 卢文. 我国城乡关系的新发展［J］. 中国农村经济，1986（11）：29-31，28.

[42] 罗新阳. 城乡融合：和谐社会的根基：从生态视角审视［J］. 中共杭州市委党校学报，2005（4）：59-62.

[43] 马骏. 共同富裕视域下城乡高质量融合发展论析［J］. 求索，2023（2）：119-129.

[44] 马晓河，刘振中. 农村基础设施和公共服务需要明确攻坚方向［J］. 中国党政干部论坛，2020（1）：68-70.

[45] 穆怀中，沈毅，樊林昕，等. 农村养老保险适度水平及对提高社会保障水平分层贡献研究［J］. 人口研究，2013，37（3）：56-70.

[46] 年猛. 中国城乡关系演变历程、融合障碍与支持政策［J］. 经济学家，2020（8）：70-79.

[47] 漆莉莉. 中部地区城乡融合度的综合评价与分析［J］. 江西财经大学学报，2007（4）：10-13.

[48] 乔惠波. 试论共同富裕的内涵、基础及推进路径［J］. 东岳论丛，2022，43（2）：21-29.

[49] 宋迎昌. 城乡融合发展的路径选择与政策思路：基于文献研究的视角［J］. 杭州师范大学学报（社会科学版），2019，41（1）：131-136.

[50] 孙博文. 坚持城乡融合发展，持续缩小城乡差距，促进实现共同富裕：学习阐释党的二十大精神［J］. 生态经济，2023，39（2）：

13-25.

[51] 孙久文,李承璋. 共同富裕目标下推进乡村振兴研究[J]. 西北师大学报(社会科学版),2022,59(3):12-19.

[52] 汪巽人. 初探马克思主义的城乡融合学说[J]. 福建论坛,1983(3):46-50.

[53] 王虎学,王薪岩. 新时代"共同富裕论"的四维透视[J]. 河北学刊,2023,43(2):1-8.

[54] 王振亮. 城乡空间融合论:我国城市化可持续发展过程中城乡空间关系的系统研究[M]. 上海:复旦大学出版社,2000.

[55] 王志锋,吕京根. 城乡融合发展:实现共同富裕的实践路径和制度框架[J]. 中央社会主义学院学报,2023(1):161-174.

[56] 魏后凯. 深刻把握城乡融合发展的本质内涵[J]. 中国农村经济,2020(6):5-8.

[57] 魏后凯. 实现共同富裕需显著缩小城乡差距[J]. 财贸经济,2021,42(8):9-12.

[58] 魏后凯. 新常态下中国城乡一体化格局及推进战略[J]. 中国农村经济,2016(1):2-15.

[59] 魏清泉. 城乡融合发展的动态过程:经济结构与城乡关系的改变[J]. 现代城市研究,1998(2):22-25,62.

[60] 邬志辉,李静美. 农民工随迁子女在城市接受义务教育的现实困境与政策选择[J]. 教育研究,2016,37(9):19-31.

[61] 吴海江. 三种分配方式协调联动是实现共同富裕的关键[J]. 人民论坛,2021(28):21-23.

[62] 吴卫星. 推进金融改革创新 助力实现共同富裕[J]. 财贸经济,2021,42(8):16-19.

[63] 吴忠民. 论"共同富裕社会"的主要依据及内涵[J]. 马克思主义研究,2021(6):83-92,164.

[64] 习近平. 把握新发展阶段,贯彻新发展理念,构建新发展格局

[J]. 求是, 2021 (9): 4-18.

[65] 习近平. 高举中国特色社会主义伟大旗帜　为全面建设社会主义现代化国家而团结奋斗: 在中国共产党第二十次全国代表大会上的报告 (2022 年 10 月 16 日) [J]. 求是, 2022 (21): 4-35.

[66] 习近平. 关于《中共中央关于制定国民经济和社会发展第十四个五年规划和二〇三五年远景目标的建议》的说明 [N]. 人民日报, 2020-11-04 (2).

[67] 习近平. 决胜全面建成小康社会　夺取新时代中国特色社会主义伟大胜利: 在中国共产党第十九次全国代表大会上的报告 (2017 年 10 月 18 日) [N]. 人民日报, 2017-10-28 (1).

[68] 习近平. 扎实推动共同富裕 [J]. 求是, 2021 (20): 4-8.

[69] 夏怡然, 陆铭. 城市间的"孟母三迁": 公共服务影响劳动力流向的经验研究 [J]. 管理世界, 2015 (10): 78-90.

[70] 徐宏潇. 城乡融合发展: 理论依据、现实动因与实现条件 [J]. 南京农业大学学报 (社会科学版), 2020, 20 (5): 94-101.

[71] 徐杰舜. 城乡融合: 新农村建设的理论基石 [J]. 中国农业大学学报 (社会科学版), 2008, 25 (1): 61-67.

[72] 徐维祥, 李露, 刘程军. 乡村振兴与新型城镇化的战略耦合: 机理阐释及实现路径研究 [J]. 浙江工业大学学报 (社会科学版), 2019, 18 (1): 47-55.

[73] 许彩玲, 李建建. 城乡融合发展的科学内涵与实现路径: 基于马克思主义城乡关系理论的思考 [J]. 经济学家, 2019 (1): 96-103.

[74] 杨长福, 杨苗苗. 高质量发展与共同富裕及其辩证关系研究 [J]. 重庆大学学报 (社会科学版), 2023, 29 (5): 278-290.

[75] 杨宜勇, 王明姬. 共同富裕: 演进历程、阶段目标与评价体系 [J]. 江海学刊, 2021 (5): 84-89.

[76] 姚喜新. 锦溪发放 1 230 万生态补偿款 [N]. 苏州日报, 2011-

02-14（5）.

[77] 叶剑平,丰雷,蒋妍,等.2016年中国农村土地使用权调查研究:17省份调查结果及政策建议[J].管理世界,2018,34（3）:98-108.

[78] 郁建兴,任杰.共同富裕的理论内涵与政策议程[J].政治学研究,2021（3）:13-25,159-160.

[79] 岳文泽,钟鹏宇,甄延临,等.从城乡统筹走向城乡融合:缘起与实践[J].苏州大学学报（哲学社会科学版）,2021,42（4）:52-61.

[80] 张海鹏.中国城乡关系演变70年:从分割到融合[J].中国农村经济,2019（3）:2-18.

[81] 张景星,王婷.论实现共同富裕的所有制基础[J].社会科学战线,2014（6）:265-266.

[82] 张来明,李建伟.促进共同富裕的内涵、战略目标与政策措施[J].改革,2021（9）:16-33.

[83] 张明皓,叶敬忠.城乡融合发展推动共同富裕的内在机理与实现路径[J].农村经济,2022（11）:1-10.

[84] 张帅梁.共同富裕与农民发展权:理论探源、历史经纬与现实进路[J].理论月刊,2023（2）:32-41.

[85] 张小林.助推城乡统筹重构乡村空间[N].中国国土资源报,2010-06-25（7）.

[86] 张占斌.中国式现代化的共同富裕:内涵、理论与路径[J].当代世界与社会主义,2021（6）:52-60.

[87] 赵民,陈晨,周晔,等.论城乡关系的历史演进及我国先发地区的政策选择:对苏州城乡一体化实践的研究[J].城市规划学刊,2016（6）:22-30.

[88] 赵树枫.北京郊区城市化探索[M].北京:首都师范大学出版社,2001.

[89] 中共中央马克思恩格斯列宁斯大林著作编译局. 马克思恩格斯选集：第一卷［M］. 北京：人民出版社，2012.

[90] 中共中央马克思恩格斯列宁斯大林著作编译局. 马克思恩格斯选集：第二卷［M］. 北京：人民出版社，2012.

[91] 中共中央马克思恩格斯列宁斯大林著作编译局. 马克思恩格斯选集：第三卷［M］. 北京：人民出版社，2012.

[92] 中共中央文献研究室. 建国以来重要文献选编：第四册［M］. 北京：中央文献出版社，1993.

[93] 钟军委，林永然. 地方政府竞争、资本流动与区域经济的空间均衡［J］. 云南财经大学学报，2018，34（9）：23-33.

[94] 周江燕，白永秀. 中国城乡发展一体化水平的时序变化与地区差异分析［J］. 中国工业经济，2014（2）：5-17.

[95] 朱志伟. 长三角城乡融合发展推动共同富裕的协同治理与范式创新［J］. 苏州大学学报（哲学社会科学版），2024，45（1）：33-43.